D1329924

Regreso al **víncu**lo **fami**liar

Protege a tus Hijos

La relación
niño-adulto
cuenta hoy
más que nunca

Por qué los padres
deben importar
más que los amigos

**DR. GORDON NEUFELD
& DR. GABOR MATÉ**

HARA PRESS

Título original: *Hold on to Your Kids* del Dr. Gordon Neufeld y del Dr. Gabor Maté

© 2004 Gordon Neufeld y Gabor Maté
Publicado en convenio con Alfred A. Knopf Canadá, una división de Random House Canadá Limitada
© 2008 Hara Press USA, LLC para la lengua española

Todos los derechos reservados

www.harapress.com

Traducción: Manuel Arbolí
Revisión: Sophie Calisto, Margarita Carrasco
Diseño de la tapa: Rafael Soria

ISBN: 978-0-9777899-5-5 (0-9777899-5-0)

Library of Congress Control Number 2008927596

Colección: Familia sana para un planeta sano

Impreso en México

Dedicamos este libro a nuestros hijos
y tanto a los presentes como a los futuros
hijos de nuestros hijos.

Ellos han inspirado estas ideas
y nos han dado la motivación para expresarlas.

Tamara, Natasha, Bria, Shay y Braden

Daniel, Aarón y Hannah

Kiara, Julian y Sineadz

La acción tiene significado sólo en la relación, de manera que si no se entiende la relación, la acción –a cualquier nivel– sólo generará conflicto. Entender la relación es infinitamente más importante que la búsqueda de un plan de acción.

J. Krishnamurti

Nota al lector

Gordon Neufeld y yo nos conocemos desde hace muchos años. La primera vez que nos vimos fue cuando mi esposa Rae y yo fuimos a pedirle consejo para nuestro hijo mayor, que tenía en aquel entonces ocho años. Pensábamos que el niño era problemático, pero Gordon nos mostró que no había ningún problema con el chico ni tampoco con nosotros, sino que el problema residía sólo en la manera de llevar nuestra relación con él.

Algunos años después, nos preocupaba que nuestro segundo hijo, entonces joven adolescente, parecía no aceptar más nuestra autoridad y ni siquiera nuestra compañía. De nuevo fuimos a ver a Gordon, y su respuesta fue que teníamos que reconquistar a nuestro hijo para que restableciera su relación con nosotros y se apartara de sus compañeros. Fue en esta ocasión cuando me enteré por primera vez del concepto de orientación a los iguales del Dr. Neufeld. Este concepto se refiere al hecho de que los compañeros sustituyen a los padres como influencia primaria sobre los hijos. Me enteré que este cambio, endémico en la sociedad moderna, acarrea muchas consecuencias negativas.

Desde aquel entonces, he tenido muchas razones para estar agradecido por los conocimientos que Rae y yo adquirimos gracias al Dr. Neufeld.

Gordon y yo hemos escrito este libro con la intención de despertar los instintos naturales de paternidad y maternidad de la gente. Si logramos este propósito, la manera en que hoy día criamos y educamos a los niños va a cambiar radicalmente. Nuestro enfoque no estriba en lo que los padres deberían hacer, sino en lo que necesitan *ser* para sus hijos. Ofrecemos aquí una manera de comprender al niño, su desarrollo, y también exponemos los obstáculos que hoy impiden el desarrollo saludable de nuestros hijos. De esta comprensión y del profundo compromiso de los padres surgirá la sabiduría espontánea y compasiva, que es la fuente de una paternidad exitosa.

Hoy día hay una verdadera obsesión por ejercer el oficio de padres, entendido como un conjunto de aptitudes que se han de poner en práctica de acuerdo con lineamientos recomendados por expertos. Esta obsesión es en realidad el resultado de una intuición perdida y de la también perdida relación con los hijos, que generaciones anteriores daban por sentadas.

El oficio de padres es sólo eso: una relación. Entramos en ella sea por la biología, el matrimonio o la adopción, pero sólo una conexión bidireccional con el hijo puede garantizar su éxito. Cuando nuestro oficio de padres es sólido, se activan instintos naturales que dictan, mucho más sagazmente que cualquier experto, cómo cuidar y enseñar a los jóvenes que están bajo nuestro cuidado. El secreto consiste en honrar la relación con nuestros hijos en todo trato que tengamos con ellos.

En el mundo actual, por razones que esclareceremos en el libro, ese oficio de padres está siendo socavado. Nos enfrentamos a una insidiosa competencia que pretende apartarnos de nuestros hijos, y también a fuerzas que intentan alejarnos de nuestro oficio de padres. Ya no contamos con el soporte económico y social de una cultura que apoye ese oficio y considere esa misión como sagrada. Si culturas anteriores daban por sentado que el vínculo de los hijos con sus padres era firme y perdurable hoy, ya no podemos darnos ese lujo.

Como padres modernos hemos de ser conscientes de lo que está faltando, del porqué y del cómo las cosas andan mal en nuestro oficio de padres y educadores de niños y adolescentes. Tener esta conciencia nos preparará para el reto de crear una relación con nuestros hijos en la que, como adultos encargados de su cuidado, tengamos de nuevo el mando, sin tener que recurrir a coerciones y a procedimientos artificiales para granjearnos la cooperación, el asentimiento y el respeto de nuestros hijos. Es en este contexto que éstos se volverán seres independientes, automotivados y maduros que se valorarán a sí mismos y que, al mismo tiempo, respetarán los sentimientos, los derechos y la dignidad de los demás.

Regreso al vínculo familiar está dividido en cinco partes. La primera explica qué es la "orientación hacia los iguales" y cómo se ha convertido en una dinámica tan común en nuestra cultura. Las segunda y tercera partes detallan los numerosos impactos de la "orientación hacia los iguales", respectivamente en nuestra capacidad de ejercer como padres y en el desarrollo de nuestros hijos. Asimismo, en estas tres primeras partes se dan los lineamientos para un desarrollo saludable de los niños, en contraposición al desarrollo perverso que fomenta la cultura hacia los iguales. La cuarta parte brinda un programa para construir un nexo duradero con nuestros hijos, a saber, una relación que proteja su madurez. La quinta y última parte explica cómo prevenir que nuestros hijos sean seducidos por el mundo de sus compañeros.

La carrera y la experiencia del Dr. Neufeld como psicólogo y su brillante trabajo son el origen de la tesis que aquí presentamos y de los consejos que ofrecemos. En tal sentido, él es el único autor. Muchos de los miles de padres y educadores que han asistido a los seminarios de Gordon a lo largo de decenios le preguntaban con cierta impaciencia: "¿Cuándo va a salir su libro?" El que la preparación y publicación de *Regreso al vínculo familiar* se haya dado, es mi contribución. La planeación, redacción y conformación del libro nacen de nuestro esfuerzo conjunto.

Me siento orgulloso de contribuir a que las estimulantes ideas de Gordon Neufeld lleguen a un público mucho más vasto. Esto era una deuda muy atrasada y ambos nos sentimos satisfechos de haber establecido una amistad y una asociación eficaces que han hecho posible la edición de este libro. Esperamos –y, lo que es más, tenemos la confianza– que el lector encuentre que nuestra colaboración ha resultado afortunada.

Queremos expresar nuestro reconocimiento a nuestras dos encargadas de edición: Diane Martin en Toronto y Susana Porter en Nueva York. Diane captó las posibilidades de este libro desde el primer momento y durante todo el tiempo le dio su animoso apoyo; Susana, paciente y experta, se abrió camino por los meandros de un manuscrito algo túrgido y atiborrado y, con sus atinadas sugerencias, contribuyó a que preparáramos una versión más ligera y mejor organizada, donde el mensaje apareciera con mayor claridad. El resultado es un libro que los lectores encontrarán más atractivo y del que los autores ciertamente están satisfechos.

Dr. Gabor Maté

Reconocimientos

Siete personas nos han proporcionado su imprescindible asistencia para la formación y preparación de este libro: Gail Carney, Christine Dearing, Sheldon Klein, Joy Neufeld, Kate Taschereau, Suzanne Walker y Elaine Wynne. Las llamábamos el "Grupo de los martes por la noche", porque nos reuníamos con ellas cada semana, desde los primeros borradores hasta que el manuscrito estuvo listo para la imprenta. Deliberaban, debatían y criticaban: primero, los conceptos que se les presentaban y, luego, capítulo tras capítulo, la obra que se iba plasmando hasta convertirse en *Regreso al vínculo familiar*.

El grupo se comprometió a que el libro reflejara fielmente nuestro mensaje e intención y, al mismo tiempo, respetara las necesidades y sensibilidades del lector. Nosotros los autores, ibamos con mucho gusto a esas juntas llenas de espíritu y buenas ideas, y sentimos mucha nostalgia y tristeza cuando el manuscrito quedó completado y las reuniones llegaron a su fin.

Reconocemos agradecidamente nuestra deuda para con el "Grupo de los martes por la noche", pues sin su dedicado apoyo nuestra tarea habría sido más pesada y el resultado menos satisfactorio.

Contenido

PARTE IV

Cómo conectar con nuestros hijos (o cómo recuperarlos)

PARTE V

Cómo prevenir la orientación hacia los compañeros

PARTE I

El fenómeno
de la orientación hacia los compañeros

1

Por qué los padres importan hoy más que nunca

Javier, de 12 años, está encorvado sobre el teclado, los ojos clavados en la pantalla de su ordenador. Son las ocho de la noche y la tarea de la escuela está lejos de estar acabada, pero los repetidos recordatorios de su padre urgiéndolo de que acabe con ella le entran por un oído y le salen por el otro. Javier está en el MSN Messenger intercambiando mensajes con sus amigos: chismes sobre quién está enamorado de quién, opinando sobre quién pertenece a la lista de los amigos o de los enemigos; discutiendo quién dijo qué en la escuela aquella mañana o lo último sobre quién está de moda o no lo está. "Deja de molestarme", le contesta a su padre, quién, una vez más, se ha acercado para decirle que acabe su tarea. "Si estuvieras haciendo lo que tienes que hacer –le contesta su padre, con tono de frustración–, no te estaría molestando." La batalla verbal aumenta, las voces se vuelven estridentes y, al cabo de un momento, Javier le grita: "¡Tú no entiendes nada!", y se marcha cerrando la puerta de un golpe.

El padre está indignado, furioso con Javier, pero sobre todo está enojado con él mismo. "Otra vez lo eché todo a perder –piensa para sí–. No sé como comunicarme con mi hijo." Tanto él como su esposa están preocupados: Javier era un chico dócil, pero ahora es imposible controlarlo o aconsejarlo. Su atención parece estar exclusivamente enfocada en sus amigos. Esta misma escena conflictiva ocurre en la casa varias veces a la semana y ni el chico ni los padres logran encontrar nuevas alternativas o acciones para salir del problema. Los padres se sienten desamparados e impotentes. Nunca han creído demasiado en los castigos, pero ahora están más y más inclinados a "ponerle un alto". No obstante, cuando lo hacen, su hijo siente resentimiento y se vuelve aún más desafiante.

¿Es tan difícil ser padres? ¿Siempre ha sido así? La gente mayor, en el pasado, se quejaba de que sus hijos no eran tan respetuosos y disciplinados como lo habían sido ellos, pero hoy muchos padres saben intuitivamente que algo anda verdaderamente mal. Los niños no son iguales a lo que recordamos haber sido nosotros a la misma edad. Prestan muy poca atención a los adultos y no tienen tanto miedo de meterse en líos. También parecen menos inocentes e ingenuos; es decir, carecen de aquel asombro que lleva a que el niño se entusiasme por las cosas del mundo, ansíe explorar las maravillas de la naturaleza o de la creatividad humana. Muchos niños dan la impresión de ser indebidamente sofisticados, incluso parecen de alguna manera hastiados, como pseudo-maduros antes de tiempo. Se aburren fácilmente cuando no están con los amigos o cuando no están manipulando instrumentos tecnológicos. El juego creativo, a solas, parece un vestigio del pasado. "De niña me entusiasmaba sacar arcilla de un hoyo que había cerca de mi casa –recuerda una madre de 44 años–. Me encantaba cómo se sentía tocarla; me gustaba moldearla o amasarla en las manos. Y, sin embargo, no me imagino a mi hijo de seis años jugando solo, si no es con el ordenador, el Nintendo o los videojuegos."

El oficio de padres parece también haber cambiado. Nuestros padres estaban más seguros de sí mismos y, para bien o para mal, nos impactaban más. A muchos en la actualidad, el oficio de padres no les parece natural.

Los padres actuales aman a sus hijos como los han amado siempre todos los padres, pero ese amor no logra comunicarse. Tenemos también mucho que enseñarles, pero nuestra capacidad de transferir ese conocimiento, de cierta forma, ha disminuido. No nos sentimos capacitados para instar a nuestros hijos a que aprovechen su potencial. Ellos, a veces, viven y actúan como si hubieran sido seducidos por algún canto de sirenas que nosotros no logramos oír. Tememos, aunque sea vagamente, que el mundo se haya vuelto menos seguro para ellos y que somos impotentes para protegerlos. La brecha que se abre entre niños y adultos a menudo parece irreparable.

Nos esforzamos por conformarnos con la imagen que teníamos de lo que debían ser los padres. Al no lograr los resultados que pretendemos, rogamos a nuestros hijos, los halagamos, los sobornamos, los recompensamos o los castigamos. Nos escuchamos dirigiéndonos a ellos en tonos que nos parecen rudos y hasta extraños para nuestra manera de ser. Sentimos que nos volvemos fríos en tiempos de crisis, precisamente cuando desearíamos avivar nuestro amor incondicional por ellos. Nos sentimos lastimados como padres, y rechazados. Nos culpamos a nosotros mismos de fracasar en el quehacer de padres, o culpamos a nuestros hijos de ser recalcitrantes, o a la televisión por distraerlos, o al sistema escolar por no ser lo bastante estricto. Cuando nuestra impotencia se vuelve insoportable buscamos fórmulas simplistas, autoritarias, ajustadas a la moral del "arréglatelas como puedas" o de las soluciones rápidas.

La importancia misma del oficio de padres para el desarrollo y maduración de los seres humanos jóvenes ha sido puesta en tela de juicio. "¿Importan los padres?" fue el título de un artículo de fondo de la revista *Newsweek* en 1998. "El oficio de padres se ha exagerado –se decía en un libro que recibió atención internacional ese mismo año–. Se les han convencido que tenían más influencia sobre la personalidad de sus hijos de lo que tienen en realidad"[1]

La cuestión de la influencia de los padres no sería tan crucial si las cosas marcharan bien con nuestros jóvenes. El hecho de que nuestros hijos parecen no escucharnos, ni aceptar nuestros valores como suyos propios sería quizá en sí aceptable, si ellos fueran verdaderamente autosuficientes, supieran dirigirse a sí mismos o estuvieran bien enraizados, si tuvieran una visión positiva de quiénes son y si mostraran un sentido claro del rumbo y propósito que quieren en la vida. Pero vemos que en tantos niños y jóvenes adultos esas cualidades faltan. En los hogares, en las escuelas, en varias comunidades, los jóvenes han perdido sus amarras. Muchos carecen de autocontrol y cada vez están más propensos a la alienación, al uso de drogas, a la violencia o, sin más, a una falta general de orientación. No se prestan a que se les enseñe y es más difícil tratarlos. Muchos han perdido su capacidad de adaptarse, de aprender de experiencias negativas y de madurar. Un número sin precedentes de niños y adolescentes tiene que ser medicado contra la depresión, la angustia y una serie de otros

---

I. Harris, Judith, *The Nurture Assumption*. Simon & Schuster, Nueva York 1999.

diagnósticos. La crisis de los jóvenes se manifiesta ominosamente en el creciente problema de los bravucones o matones en las escuelas y en casos extremos, en el asesinato entre niños. Tales tragedias, si bien raras, son sólo las erupciones visibles de un malestar más extendido, un rasgo agresivo que pulula en la actual cultura de los jóvenes.

Los padres responsables y entregados se sienten frustrados. A pesar de nuestros cuidados amorosos, los niños parecen estresados. Los padres y otras personas mayores ya no dan la impresión de ser los mentores naturales de los jóvenes, como ha sido siempre con los seres humanos y sigue siendo con otras especies que viven en su hábitat natural. Las generaciones de gente mayor nos miran con asombro: "Nosotros, en nuestra época, no necesitábamos manuales para educar; simplemente lo hacíamos y ya," nos dicen con cierta mezcla de verdad y de incomprensión.

Este estado es irónico, si pensamos que ahora se conoce más acerca del desarrollo del niño como en ninguna otra época anterior y que tenemos más acceso a cursos y a libros sobre este tema que cualquiera de las generaciones anteriores.

El contexto faltante en el oficio de padres

Así pues, ¿qué ha cambiado? El problema, en pocas palabras, es el *contexto*. Por bien intencionados, capaces o comprensivos que seamos, el oficio de padres no es algo que podamos llevar a cabo, sin más, con cualquier niño. Para que la educación parental sea efectiva se requiere de un contexto. Los niños tienen que ser receptivos si queremos lograr cuidarlos, confortarlos, guiarlos y dirigirlos. Los niños no nos conceden automáticamente la autoridad de educarlos sólo porque somos adultos o porque los amamos o porque pensamos que sabemos lo que es bueno para ellos o porque actuamos con el mejor de los intereses. Los padrastros y las madrastras suelen toparse con este hecho y lo mismo les pasa a otras personas que tienen bajo su cuidado a niños que no son suyos, sean padres adoptivos, cuidadores (niñeras/os), encargados de centros diurnos o maestros. Incluso con los propios hijos, la autoridad natural de padres puede perderse si el contexto se erosiona.

Si la habilidad de los padres no es suficiente, ¿qué es entonces lo que se necesita? Se requiere una clase de relación especial, sin la cual los padres carecen de un fundamento firme. Los desarrollistas –psicólogos u otros científicos que estudian el desarrollo humano– le dan el nombre de *vínculo*. Para que un niño se abra a ser dirigido por un adulto tiene que sentir un activo vínculo con ese adulto, desear su contacto y sentirse cercano a él. Al comienzo de la vida, ese impulso a vincularse es del todo físico: el bebé se adhiere literalmente a los progenitores y quiere que lo sostengan en brazos. Si todo ocurre como debe suceder, el vínculo se transformará en una cercanía emocional, hasta que por fin llegará a la intimidad psicológica. Con los niños que carecen de este tipo de conexión con las personas que les cuidan, es muy difícil ejercer el oficio de padres y a menudo, cuesta incluso que aprendan. Sólo la relación de vinculación puede proporcionar el contexto apropiado para la crianza.

El secreto de ser padres no estriba en lo que un padre o madre *hace*, sino en lo que ambos padres *son* para el niño. Cuando un niño busca contacto y cercanía con nosotros, nos convertimos en criadores, confortadores, guías, modelos, maestros o entrenadores. Para un niño bien vinculado con nosotros, somos la base desde donde puede aventurarse al mundo; somos el refugio al cual se puede retraer; su fuente de inspiración. Aun los padres más capaces del mundo no podrán compensar la falta de vínculo. Aun los padres más amorosos del mundo no podrán abrirse paso sin el cordón umbilical psicológico creado por el vínculo con el niño.

La relación de vinculación del niño con sus padres necesita durar al menos mientras el niño requiera de ellos. Esto es lo que se está volviendo cada vez más difícil en el mundo actual. No es que los padres hayan cambiado: no se han vuelto menos competentes o menos entregados. Tampoco ha cambiado la naturaleza fundamental del niño: no se ha vuelto menos dependiente o más rebelde. Lo que ha cambiado es la cultura en la que criamos a nuestros hijos. Los vínculos de los niños con los padres ya no son fomentados por la cultura y la sociedad. Incluso las relaciones entre padres e hijos, que en un principio son poderosas y sirven para su crianza, pueden debilitarse por un mundo que ya no aprecia o refuerza la vinculación. Los niños, cada vez más, forman vínculos que compiten con el vínculo con los padres, de allí resulta que el contexto apropiado para ejercer el oficio de progenitores está cada vez más débil. No es falta de amor o de conocimiento lo que vuelve inefectiva la crianza, sino más bien la erosión o el desgaste del contexto de la vinculación.

El impacto de la cultura de los compañeros

El principal y más demandante de los vínculos que compite y mina la autoridad y el amor de los padres es la cada vez mayor vinculación de los hijos con sus iguales, con sus compañeros. La tesis de este libro, precisamente, es que el trastorno que afecta a las generaciones de niños y adolescentes que ahora se encaminan hacia la adultez radica en que los jóvenes han perdido la orientación hacia los adultos que los cuidan y están presentes en sus vidas. Lejos de pretender añadir aquí un trastorno médico-psicológico más –que es lo último que los desconcertados padres necesitan–, el uso que haremos de la palabra *trastorno* se refiere a su sentido más básico: una disrupción o ruptura del orden natural de las cosas. Por primera vez en la historia, los jóvenes recurren –para su instrucción, para buscar sus modelos y para ser guiados– no a los padres y madres, a los maestros o a otros adultos encargados de ellos, sino a gente a la que la naturaleza nunca pretendió colocar en el papel de tutores: sus semejantes, sus compañeros o amigos. Los jóvenes ya no se dejan manipular, enseñar, y no maduran porque ya no toman sus directrices de los adultos, sino que, por el contrario, son educados por personas inmaduras que no pueden llevarlos a la madurez: se educan unos a otros.

El término que parece más adecuado para designar este fenómeno es el de *orientación hacia los compañeros*. Es esa orientación hacia los compañeros que ha acallado nuestros instintos de padres, erosionado nuestra natural autoridad y causado que tengamos que efectuar el oficio de padres no desde el corazón, sino desde la cabeza (con manuales, recurriendo al consejo de "expertos" y tomando en cuenta las confusas expectativas de la sociedad).

¿Qué es la orientación hacia los compañeros?

La orientación, el impulso de ubicarse y familiarizarse con el entorno, es un instinto y necesidad humana fundamental. La desorientación es una de las experiencias psicológicas menos tolerables. Vínculos y orientación están inextricablemente entrelazados. Los humanos y otros seres vivientes se orientan de manera automática tomando ejemplo de aquellos con los que sienten un vínculo.

Los niños, al igual que los jóvenes de las especies homeotermas [de sangre caliente, por oposición a las poiquilotermas o de sangre fría, como los reptiles] poseen un instinto innato de orientación: requieren recibir su sentido de orientación de alguien más. Al igual que un imán gira automáticamente hacia el polo norte, así los niños tienen una necesidad connatural de tomar su propia orientación recurriendo a una fuente de autoridad, contacto y cariño. Los niños no soportan la falta de una figura así en sus vidas; y si esto les pasa se sienten desorientados. No soportan lo que llamo un *vacío de orientación*[2]. Los padres o cualquier adulto que actúe como padre es el polo de orientación natural para el niño; de la misma manera que los individuos adultos son la influencia orientadora en las vidas de los animales que crían a sus pequeños.

Ocurre que este instinto de orientación de los humanos es similar al fenómeno de "grabación" en la memoria (*imprinting*) de los patitos. Una vez salido del cascarón, el pato de inmediato se "imprime" hacia la madre-pata y la sigue a todas partes, tomándola de ejemplo hasta madurar y desarrollar total independencia. Desde luego, es el modo como lo quisiera la naturaleza. Pero en ausencia de la madre-pata, el patito seguirá al primer objeto que vea que se mueve (puede ser un ser humano, un perro o incluso un juguete mecánico)[3]. Huelga decir que ni el ser humano ni el perro ni el juguete mecánico son tan adecuados como la madre-pata para criar al patito hasta su adultez. De igual manera, si no encuentra a ningún padre, el niño humano se orientará hacia cualquiera con quien se tope. Las tendencias sociales, económicas y culturales de los últimos cinco o diez decenios han desplazado a los padres de su incumbencia natural como influencia orientadora del niño, y el grupo de los compañeros se ha trasladado a ese "vacío de orientación", con deplorables resultados.

Como veremos, los niños no pueden orientarse hacia los adultos y hacia los otros chicos simultáneamente. Nadie puede seguir dos direcciones contrapuestas al mismo tiempo. El cerebro infantil debe escoger automáticamente entre los valores de los padres y los valores de sus camaradas; entre la guía de los padres y la guía de los compañeros; entre la cultura de los padres y la cultura de sus iguales, siempre que las dos parezcan estar en conflicto.

¿Estamos diciendo que los niños no deben tener amigos de su edad o formar relaciones con otros niños? Al contrario, tales nexos

---

2. Salvo que se señale expresamente, la primera persona del singular en este libro se refiere a Gordon Neufeld.
3. El *imprinting* fue descubierto por el zoólogo austriaco Konrad Lorenz (1903-1989). Lorenz consiguió que un patito lo siguiera como si fuera su mamá porque Lorenz fue el primer ser en movimiento que el animalito vio.(N del T.)

son naturales y sirven a un alto propósito. En las culturas orientadas a los adultos, donde los principios guías y los valores son los de las generaciones más maduras, los niños tienen vínculos recíprocos, sin perder su orientación ni rechazar la guía de los padres. En nuestra sociedad ya no es así. Los lazos entre iguales han sustituido las relaciones con los adultos como fuente de orientación primaria de los niños. Lo que es contra-naturaleza no es el contacto con los compañeros, sino que los niños se hayan convertido en la influencia predominante en el desarrollo mutuo.

Normal, pero no natural ni sano

Tan ubicua es la orientación a los compañeros, que se ha convertido en la norma. Muchos psicólogos y educadores, tanto como el público, ven esa orientación ya como algo natural o, frecuentemente, ni siquiera la reconocen como un fenómeno específico que quepa distinguir. Sencillamente, se da por sentado, según están las cosas. Pero lo que es "normal", en el sentido de ajustarse a una norma, no es necesariamente lo mismo que "natural" o "sano". La orientación hacia los compañeros no tiene nada de sano o natural. Sólo recientemente esta contrarrevolución que trastorna el orden natural ha triunfado en los países más industrializados, por razones que exploraremos más adelante (ver capítulo 3). La orientación hacia los compañeros sigue siendo extraña a las sociedades indígenas e incluso en muchos lugares del mundo occidental que no sean los centros urbanos "globalizados". A lo largo de la evolución humana y hasta casi la Segunda Guerra Mundial, la orientación a los adultos era la norma en el desarrollo humano. Nosotros, los adultos que tenemos a cargo niños (progenitores y maestros), hemos perdido nuestra influencia sólo recientemente, sin siquiera habernos dado cuenta de que el fenómeno había ocurrido.

La orientación a los compañeros se enmascara como natural o pasa inadvertida porque nos hemos divorciado de nuestras intuiciones y porque, sin percatarnos, nos hemos vuelto orientados a los iguales nosotros también. En el caso de los miembros de las generaciones de la posguerra, nacidos en Inglaterra, Norteamérica y en muchas otras partes del mundo industrializado, nuestra propia preocupación con los iguales nos ciega frente a la seriedad del problema.

La cultura, hasta fechas recientes, se transfería siempre verticalmente, de generación a generación. Durante milenios, escribía el especialista estadounidense en mitología y religiones comparadas, Joseph Campbell (1904-1997), "los jóvenes recibían educación y los ancianos se transformaban en sabios" a través del estudio, la experiencia y la comprensión de las formas tradicionales de cultura. Los adultos desempeñaban un papel crítico en la transmisión de la cultura, tomando lo que habían recibido de sus propios padres para pasarlo a sus hijos. Ahora la cultura a la que son introducidos *nuestros* hijos es mucho más probable que sea la de sus compañeros en vez de la nuestra. Los jóvenes generan su propia cultura, que es muy diferente de la de sus padres y, en ciertos aspectos, muy ajena. La cultura, en vez de transferirse verticalmente, se transmite horizontalmente.

Los elementos esenciales de cualquier cultura son sus costumbres, su música, su atavío, sus celebraciones, sus relatos. La música que los jóvenes escuchan tiene poco parecido con la música de sus abuelos. La forma como visten es dictada por la manera como otros jóvenes andan vestidos, no por el legado cultural de sus progenitores. Sus fiestas de cumpleaños y ritos de iniciación están influenciados por las prácticas de otros jóvenes de su medio, no por las costumbres de sus padres. Si todo esto nos parece normal, es sólo debido a nuestra propia orientación hacia nuestros iguales. La existencia de una cultura juvenil, separada y distinta de la de los adultos, se remonta sólo a unos cincuenta años. Y si bien medio siglo es un tiempo relativamente breve en la historia de la humanidad, en la vida de cada persona constituye toda una era. Muchos de los lectores de este libro habrán ya crecido en una sociedad donde la transmisión ha sido horizontal, no vertical. Con cada nueva generación, este proceso potencialmente corrosivo para la sociedad civilizada cobra nuevo impulso y velocidad. Incluso en los veintidós años que median entre mi primer y mi quinto hijo, parece que los padres han perdido terreno.

De acuerdo con un vasto estudio internacional, encabezado por el pediatra sir Michael Rutter y el criminólogo David Smith, la cultura juvenil surgió tras la Segunda Guerra Mundial y ha sido uno de los fenómenos sociales más dramáticos y nefastos del siglo XX.[4] Este estudio, en el que participaron importantes eruditos de dieciséis países, dejó en claro la conexión entre el incremento de la conducta

---

4. Rutter, Michael y Smith, David J. (eds.), *Psychological Disorders in Young People: Time Trends and Their Causes.* John Wiley and Sons, Inc., Nueva York 1995.

antisocial y la caída de la transmisión vertical de la cultura general. El surgimiento de la cultura juvenil, como algo aparte y distinto de la cultura del común de la gente, venía acompañado de aumentos en la delincuencia, la violencia, el acoso y la criminalidad en los jóvenes.

Esas tendencias culturales corren parejas con patrones similares en el desarrollo de nuestros hijos como individuos. Quiénes queremos ser y a quién nos queremos parecer se define por nuestra orientación, la persona a la que elegimos como nuestro modelo, por la persona con quién nos identificamos. La actual literatura psicológica subraya el papel de los iguales en la conformación de la identidad del niño.[5] Cuando a los jóvenes se les pide definirse a sí mismos, a menudo no mencionan a sus padres, sino a los valores y expectativas de otros chicos y de los grupos de compañeros a los que pertenecen. Algo significativamente sistémico[6] ha cambiado. Para muchísimos jóvenes actuales, los compañeros han sustituido a sus padres en la conformación del núcleo de sus personalidades.

Hace unas cuantas generaciones, todo indicaba que lo más importante eran los padres. El psicólogo y psiquiatra suizo Carl Gustav Jung (1875-1961) recalcaba que no es, ni con mucho, lo que ocurre en la relación padres-hijos lo que más impacto ejerce sobre el niño. Es lo que falta en ella lo que deja una gran cicatriz en la personalidad del joven —o, para decirlo con las palabras del gran pediatra británico, D.W. Winnicott "nada está pasando, cuando podría haber pasado algo provechoso". Temible pensamiento, pero más temible aún si los compañeros han sustituido a los adultos como las personas que más importan, y lo que falte en esas relaciones entre iguales será lo que más profundo impacto tendrá. Y lo que falta por completo en las relaciones entre iguales es el amor y la aceptación incondicionales, el deseo de cuidar, la disponibilidad a hacer algo a favor del otro, la voluntad de sacrificarse por el crecimiento y desarrollo del otro. Cuando comparamos las relaciones entre iguales con las relaciones con los padres, respecto de lo que falta, los padres pasan por verda-

---

5. Ésta fue la conclusión del profesor David Shaffer, importante investigador y autor de libros de texto de psicología evolutiva, luego de revisar la literatura sobre la influencia de los iguales. Al comentar acerca de los resultados de las actuales investigaciones señala: "... es apegado a la realidad decir que los iguales son el primer grupo de referencia en cuestiones de '¿Quién soy yo?' ". Shaffer, David R., *Developmental Psychology: Childhood and Adolescence* (2ª ed). Brooks/Cole Publishers, Pacific Grove, California 1989, p. 65.
6. Sistémico: término médico que se refiere a todo un sistema, no a un ordenamiento, como con la palabra sistemático. (N del T.)

deros santos. Los resultados de esto serán desastrosos para muchos de los niños.

El incremento en la orientación hacia los compañeros en nuestra sociedad corre paralelo con un aumento desconcertante y trágico del índice de suicidios entre jóvenes, que se ha multiplicado por cuatro en los últimos cincuenta años en Norteamérica para las edades de diez a catorce años. Los índices de suicidio en ese grupo son los de más rápido crecimiento, con un incremento del 120% ya sólo entre 1980 y 1992. En las ciudades del interior, donde es más probable que los compañeros sustituyan a los padres, esos índices de suicidio han aumentado todavía más.[7] Lo que hay detrás de esos suicidios es muy revelador. Al igual que tantos otros estudiosos del desarrollo humano, siempre supuse que el rechazo de los padres sería el factor más precipitante. Pero ya no es así. Durante un tiempo trabajé con delincuentes juveniles y parte de mi trabajo fue investigar la dinámica psicológica de niños y adolescentes que habían intentado suicidarse. Para mi absoluto asombro, el principal desencadenante, en la mayoría de los casos, fue cómo habían sido tratados por sus compañeros, no por sus padres. Mi experiencia no era aislada, como se confirma con las crecientes cifras de informes de suicidios infantiles motivados por el rechazo de los compañeros y el acoso de los matones escolares. Cuanto más importantes son los iguales, más niños quedan devastados por la falta de sensibilidad de sus compañeros, por el hecho de no encajar entre ellos y por el rechazo y el ostracismo percibidos por los afectados.

No hay ni sociedad ni cultura que sean inmunes. En Japón, por ejemplo, los valores tradicionales que eran transmitidos por los ancianos han sucumbido a la occidentalización y a la prevalencia de la cultura joven. Ese país casi estaba libre de delincuencia y de problemas escolares entre jóvenes hasta muy recientemente, pero ahora experimenta los más indeseables productos de la orientación hacia los compañeros, como ilegalidad, suicidio infantil y un índice creciente de deserción escolar. La revista *Harper's* recientemente

---

7. Las estadísticas sobre suicidios son del National Center for Injury Prevention and Control de Estados Unidos y de la McCreary Centre Society de Canadá. Las estadísticas sobre intentos de suicidio son aún más alarmantes. Urie Bronfenbrenner cita estadísticas que indican que los intentos de suicidio entre adolescentes casi se triplicaron en el periodo de veinte años entre 1955 y 1975. (Bronfenbrenner, Urie, *The Challenges of Social Change to Public Policy and Development Research*. Ponencia presentada en la junta bienal de la Society for Research and Child Development. Denver, Colorado, abril 1975.)

publicó una selección de notas dejadas por niños suicidas japoneses: muchos de ellos daban como razón de su decisión de quitarse la vida el intolerable acoso de los matones escolares.[8]

Los efectos de la orientación hacia los compañeros son muy obvios en los adolescentes, pero sus primeros signos se perciben ya desde el segundo o tercer grado de primaria. Los orígenes se remontan incluso hasta antes de la guardería o el jardín de infancia y deberían ser entendidos por todos los padres, especialmente los padres de niños pequeños que deseen evitar el problema o revertirlo en cuanto aparezca.

La llamada de atención

El primer aviso llegó hace unas cuatro décadas. Los libros de texto que yo empleaba para enseñar psicología evolutiva y relaciones padres-hijos contenían referencias a un investigador estadounidense de principios de los 60, el cual había sonado la alarma de que los padres estaban siendo sustituidos por los compañeros como fuente primaria de orientación en la conducta y los valores. En un estudio sobre siete mil jóvenes, el Dr. James Coleman había descubierto que las relaciones con los amigos eran prioritarias frente a las de los padres. Estaba preocupado porque en la sociedad estadounidense había ocurrido un cambio fundamental.[9] Sin embargo, los eruditos se mostraron escépticos e hicieron notar que eso ocurría en Chicago y no en todo los Estados Unidos. Estaban optimistas de que ese resultado probablemente se debía al trastorno causado por la Segunda Guerra Mundial y desaparecería cuando las cosas volvieran a la normalidad. La idea de que los compañeros se convirtieran en la influencia dominante en el chico se debía a casos atípicos de la periferia de la sociedad, sostenían sus críticos. Las inquietudes de James Coleman fueron desechadas como alarmistas.

También yo enterré la cabeza en la arena, hasta que mis hijos me hicieron abrir los ojos repentinamente. Nunca habría pensado que yo pudiera perder a mis hijos frente a sus compañeros. Para mi decepción, me percaté de que, mis dos hijas mayores, al llegar a

---

8. *Harper's*, diciembre 2003.
9. El profesor James Coleman publicó sus hallazgos en el libro *The Adolescent Society*. Free Press, Nueva York 1961.

la adolescencia, comenzaron a orbitar alrededor de sus amistades, siguiendo su dictado, imitando su manera de hablar, internalizando sus valores. Cada vez resultaba más difícil llamarlas al orden. Todo lo que hacía por imponer mis deseos y expectativas empeoraba la situación. Era como si la influencia que mi esposa y yo habíamos dado por sentada se hubiera esfumado de repente. Compartir nuestros hijos es una cosa, verse sustituido es otra. Yo había pensado que mis hijos eran inmunes: no mostraban interés por pertenecer a pandillas o por cometer delitos, habían sido educados en un contexto de relativa estabilidad y en una familia extendida donde eran muy queridos, vivían en una comunidad sólidamente orientada hacia la familia y su juventud no había sido trastornada por una gran guerra mundial. Los resultados de Coleman, no parecían tener nada que ver con la vida de mi familia. Sin embargo, cuando comencé a juntar las piezas, hallé que lo que estaba ocurriendo con mis hijos era más típico que excepcional.

"Pero, ¿no se supone que debíamos darles libertad?", preguntan muchos padres. "¿No tienen nuestros hijos que volverse independientes de nosotros?" Desde luego que sí, pero sólo una vez que hayamos realizado nuestro trabajo y sólo en la medida en que sirva para que se encuentren a sí mismos. Encajando en las inmaduras expectativas de sus iguales no es como los jóvenes llegarán a ser adultos independientes que se respeten a sí mismos. La orientación a los iguales, al debilitar los lineamientos naturales de la vinculación y la responsabilidad, socava el sano desarrollo.

Los jóvenes pueden saber qué es lo que desean, pero es peligroso suponer que saben lo que necesitan. Al joven orientado a sus iguales le parece natural preferir el contacto de sus amigos a la cercanía de la familia, estar con ellos el mayor tiempo posible, ser como ellos lo más que se pueda. Pero los jóvenes no están al tanto de sus necesidades. Los padres que se orienten por las preferencias de su hijo se encontrarán jubilados aun antes de empezar su trabajo. Para criar a nuestros hijos, tenemos que re-orientarlos hacia nosotros y volver a satisfacer sus necesidades de formar vínculos.

Las manifestaciones extremas de orientación hacia los compañeros captan la atención de los medios: los acosos violentos de los matones escolares, los asesinatos de compañeros, los suicidios juveniles. Si bien todos esos dramáticos eventos nos sobrecogen, muchos no nos sentimos afectados de modo directo. Y no son el enfoque de este libro. Pero esas tragedias son sólo los signos más sobresalientes de la orientación hacia los compañeros, un fenómeno que ya no se limita a las junglas de cemento y al caos cultural de los grandes centros urbanos, como Chicago, Nueva York, Toronto, Los Ángeles. Ya ha tocado los barrios donde viven familias, aquellas comunidades caracterizadas por hogares de clase media y buenas escuelas. El tema de este libro no es lo que ocurre más allá, a un paso lejos de nosotros, sino lo que está ocurriendo adentro de nuestras propias casas.

En el caso de ambos autores de este libro, el despertador sonó con la creciente orientación hacia los iguales por parte de nuestros propios hijos. Esperamos que este libro sirva de alarma para los padres dondequiera que se encuentren y para la sociedad en general.

Buenas noticias

Quizá no podamos contrarrestar las fuerzas sociales, culturales y económicas que impulsan la orientación hacia los compañeros, pero hay mucho que podemos hacer en nuestros hogares y en las escuelas para impedir que seamos reemplazados prematuramente. Como la cultura ya no encauza a nuestros hijos en la dirección correcta –hacia una genuina independencia y madurez–, los padres y demás adultos que tienen a su cargo la crianza de niños importan hoy más que nunca.

No se puede hacer más que colocar la relación padres-hijo (adulto-jóvenes) sobre sus cimientos naturales. Así como la relación es el centro de las actuales dificultades para ejercer como padres y educadores, también la relación es el centro de la solución. Los adultos que fundan su oficio de padres en una relación sólida con el niño, proceden intuitivamente. No necesitan recurrir a técnicas o manuales, sino que actúan a partir de la comprensión y de la empatía. Si sabemos cómo hemos de ser con nuestros hijos y quiénes ser para ellos, no vamos a necesitar tantos consejos sobre qué hacer. Los enfoques prácticos surgen espontáneamente de nuestra propia experiencia, una vez que la relación ha quedado restablecida.

La buena noticia es que la naturaleza está de nuestra parte. Nuestros hijos quieren pertenecer a nosotros, aunque no lo sientan así e incluso aunque sus palabras o acciones parezcan indicar lo opuesto. Podemos reclamar nuestro papel como sus cuidadores y mentores. En la Parte IV de este libro presentamos un programa detallado para mantener a nuestros hijos cerca de nosotros hasta que maduren y para restablecer la relación, si se ha debilitado o perdido. Siempre hay cosas que podemos hacer. Si bien no se puede garantizar que un determinado método funcionará en todas las circunstancias, según mi experiencia hay muchos, muchos más éxitos que fracasos una vez que los padres entienden hacia dónde enfocar sus esfuerzos. Pero la cura, como siempre, depende del diagnóstico. Primero examinaremos qué es lo que está faltando y cómo las cosas se han desquiciado.

2

Vínculos distorcionados, instintos trastornados

Los padres de Isabel, una chica de catorce años de edad, estaban confundidos y angustiados. Por razones que no lograban entender, el comportamiento de su hija había ido cambiando durante el último año. Se había vuelto contestona, hermética y a veces hostil. Hosca cuando se encontraba con ellos, parecía feliz y encantadora sólo con sus amigos. Era obsesiva respecto de su privacidad e insistía en que sus padres no tenían por qué meterse en su vida. A éstos les resultaba difícil hablar con ella porque los hacía sentir como entrometidos. Su antes amable hija parecía no estar más a gusto en su compañía. Isabel ya no disfrutaba de las comidas familiares y, a la primera oportunidad, se levantaba de la mesa y se marchaba. Era imposible mantener una conversación con ella. Las únicas veces que su madre lograba compartir alguna actividad común con ella era cuando le proponía irse de compras. La chica a la que hasta ahora pensaban conocer bien se había transformado en un enigma.

A los ojos de su padre, la inquietante nueva actitud de Isabel era sólo un problema de conducta. Quería algunas sugerencias sobre cómo volver a la rutina normal, pues los métodos usuales de disciplina le habían fallado: imponer sanciones, no darle dinero, prohibir salidas. Todas estas medidas sólo habían conducido a mayores dificultades. Por otro lado, la madre se sentía explotada por su hija e incluso sentía que su hija abusaba de ella. No lograba entender el comportamiento de Isabel. ¿Era una rebelión normal en una adolescente? ¿Era todo cuestión de hormonas? ¿Tenían ellos que preocuparse? ¿Cómo debían reaccionar?

La causa de la desconcertante conducta de Isabel se aclara enseguida al imaginar la misma situación en el reino de los adultos. Imagina que tu cónyuge o pareja, de golpe, comience a actuar de modo extraño: no te mira a los ojos, rechaza tu contacto físico, te habla con monosílabos y de mala gana, evita interacciones y esquiva tu compañía. Luego imagina que busques asesoramiento con un amigo o amiga. Tu amigo o amiga te diría: "¿Has probado darte un tiempo de aclaración? ¿Has impuesto límites y has dejado en claro tus expectativas?". A todo el mundo le resultaría obvio que, en el caso de los adultos, no se trata de un problema de conducta, sino de un problema de relaciones. Y probablemente la primera sospecha que resaltaría es que tu consorte o tu pareja tiene una aventura extra-marital.

Lo que nos parece tan claro en adultos nos desconcierta cuando ocurre entre padres e hijos. A Isabel lo único que le importaba eran sus amigos. La única búsqueda que tenía en mente, estar en contacto con sus amigos, competía con el vínculo con su familia. Era como si tuviera "una aventura amorosa".

La analogía con la relación amorosa cuadra por distintas razones, no siendo la menor de ellas la sensación de frustración, de rechazo, de traición y de dolor, que experimentaban los padres de Isabel. Los humanos pueden tener muchos vínculos –con el trabajo, la familia, los amigos, un equipo deportivo, un icono cultural, una religión–, pero no soportamos vínculos en competencia. En el caso del matrimonio, cuando un vínculo –el que sea– interfiere o amenaza la cercanía y relación de la pareja, se experimentará como un engaño en el sentido emocional de esa palabra. El hombre que evita a su esposa y obsesivamente pasa su tiempo en Internet suscitará en ella emociones de abandono y celos. En nuestra cultura, las relaciones entre compañeros compiten con los vínculos de los niños por los adultos. Con toda la ingenuidad, pero con devastadores efectos, los niños están involucrados en "aventuras" entre ellos.

Por qué debemos volvernos conscientes del vínculo

¿Qué es el vínculo? Dicho muy sencillamente, es una fuerza de atracción que acerca a dos cuerpos. Sea en sentido físico, eléctrico o químico, es la fuerza más poderosa del universo. Lo damos por sentado cada día de nuestras vidas. Nos mantiene apegados a la Tierra y hace que nuestros cuerpos sean de una sola pieza. Preserva juntas las partículas del átomo y mantiene a los planetas en órbita en torno al Sol. Da su forma al universo.

En el campo de la psicología, el vínculo es el meollo de las relaciones y del funcionamiento social. Entre humanos, el vínculo es la búsqueda y el mantenimiento de la proximidad, de la cercanía y de la conexión: física, conductual, emocional y psicológica. Al igual que en el mundo material, es invisible y, como sea, resulta fundamental para nuestra existencia. Una familia no será tal sin vínculos. Cuando hacemos caso omiso de sus inexorables leyes, caemos en problemas.

Somos criaturas enlazadas, seamos o no conscientes de ello. Lo ideal sería que ni siquiera llegáramos a ser conscientes de los vínculos, para sentir su fuerza como algo natural: como la gravedad que mantiene nuestros pies sobre el suelo, los planetas en su órbita, la brújula indicando al polo norte. No es preciso entender el vínculo ni siquiera saber que existe para beneficiarnos de su operación y potencial, del mismo modo como no se requiere entender de computación para usar el ordenador, ni es necesario saber de motores para conducir un coche. Sólo cuando las cosas dejan de funcionar es cuando se requiere ese conocimiento. Es primordialmente el vínculo lo que orquesta los instintos del niño, lo mismo que los de los padres. Mientras el vínculo funcione, nos basta con seguir nuestros instintos —automáticamente y sin pensar-. Cuando los vínculos se desvían, lo mismo ocurre con nuestros instintos. Afortunadamente, nosotros los humanos podemos contrarrestar nuestros instintos distorsionados, incrementando nuestro conocimiento de lo que se ha dañado.

¿Por qué debemos volvernos conscientes de los vínculos en la actualidad? Porque ya no vivimos en un mundo en que podamos dar por sentado dicho vínculo. La economía y la cultura actuales ya no nos proporcionan el contexto para el vínculo natural de los niños con aquellos adultos que los cuidan. Respecto del vínculo podemos decir, en verdad, que como sociedad vivimos en una época sin precedentes desde el punto de vista histórico (en el siguiente capítulo examinaremos cómo las bases sociales, económicas y culturales de los vínculos sanos entre hijos y padres han quedado erosionados).

Para regresar al oficio natural de padres, que es el que mejor sirve para el desarrollo sano del niño, tenemos que ser plenamente conscientes de la dinámica de la vinculación. En un mundo de creciente turbulencia cultural, la conciencia de los vínculos es probablemente el conocimiento más importante que pueden poseer los padres. Pero no basta con entender los vínculos desde fuera, sino que los hemos de conocer desde dentro. Las dos formas de conocer –conocer acerca de y experimentar íntimamente– deben fundirse. Hemos de sentir los vínculos en nuestros huesos.

El vínculo es la médula de nuestro ser, pero está muy alejado de nuestra conciencia. En ese sentido, es como el cerebro mismo: cuanto más hondo penetramos en él, menos conciencia encontramos. Nos gusta considerarnos como criaturas con intelecto. A nuestra especie la llamamos *Homo sapiens*, 'hombre que sabe', pero la parte pensante de nuestro cerebro es, con todo, sólo una capa delgada, mientras que una parte mucho mayor de nuestros circuitos cerebrales está dedicada a la dinámica psicológica que soporta a la vinculación. Ese aparato que acertadamente se le ha denominado "cerebro del vínculo" es donde nuestras emociones inconscientes y nuestros instintos residen. Nosotros los humanos compartimos esa parte de nuestro cerebro con otros muchos seres, pero solos nosotros tenemos la capacidad de ser conscientes del proceso de vinculación.

En la vida psicológica del ser humano joven y en desarrollo –y esto vale también para muchos adultos–, el vínculo es lo que más cuenta. Para los niños es una necesidad absoluta: incapaces de funcionar por ellos mismos, tienen que apegarse a un adulto. El vínculo físico en el útero es necesario hasta que el feto sea lo bastante desarrollado para nacer. Asimismo nuestros hijos tienen que permanecer apegados emocionalmente a nosotros hasta que sean capaces de actuar por su cuenta, pensar por sí mismos y determinar hacia dónde dirigirse.

Vínculo y orientación

El vínculo –que está estrechamente relacionado con el instinto de orientación del cual hablábamos en el capítulo anterior– es indispensable para ejercer el oficio de padres, para la educación y para la transmisión de la cultura. Al igual que el vínculo, el instinto de orientación es básico para nuestra naturaleza, por más que rara vez seamos conscientes de él. La orientación, en su forma más concreta y física, supone que uno se ubique en el espacio y el tiempo. Cuando no lo conseguimos, nos angustiamos. Si cuando nos despertamos no sabemos donde estamos o dudamos si estamos despiertos o todavía dormidos, nuestra prioridad inmediata será la de ubicarnos en el espacio y el tiempo. Si nos perdemos durante un paseo, no nos detendremos a admirar la flora y la fauna, ni nos dedicaremos a sopesar nuestras metas en la vida o a pensar en comer; saber dónde nos encontramos ocupará toda nuestra atención y consumirá toda nuestra energía.

Esa necesidad de orientación no es sólo física. La orientación psicológica es igual de importante en el desarrollo humano. A medida que los niños maduran, sienten una creciente necesidad de orientarse, de hacerse una idea de quiénes son, de lo que es la realidad, del porqué de la vida, de qué es bueno, de lo que significan las cosas. Sufrir desorientación, es verse perdido psicológicamente: un estado que nuestros cerebros tienen programado evitar a todo costo. Los niños son totalmente incapaces de orientarse por sí mismos. Necesitan ayuda.

El vínculo proporciona esta ayuda. El primer cometido del vínculo es crear un punto cardinal en la persona por la que se siente vinculación. Mientras el niño pueda relacionarse con este punto cardinal, no se sentirá perdido. Los instintos que se activan en el niño lo propulsan a mantenerse cada vez más ajustado a ese punto cardinal. El vínculo le permite al niño apegarse a los adultos, los cuales, al menos en la mente del niño, son más capaces de orientarse y encontrar el camino.

Lo que los niños temen más que nada, además del daño físico, es sentirse perdidos. Para ellos, estar perdido significa perder el contacto con su punto cardinal. Los vacíos de orientación, aquellas situaciones en que no encontramos nada o no encontramos a nadie que nos oriente, son absolutamente intolerables para el cerebro humano. Incluso los adultos, que logran relativamente auto-orientarse, pueden sentirse algo perdidos cuando en algún momento de sus vidas pierden el contacto con la persona que funciona como su punto cardinal.

Si nosotros adultos podemos experimentar desorientación cuando estamos separados de aquellos por los que sentimos vinculación, ¡cuánto más extraviados se sentirán los niños! Todavía recuerdo lo abandonado que me sentí cuando se fue la señora Ackerberg, mi maestra de primer grado, a la que yo estaba muy apegado. Me sentí como un alma perdida, a la deriva, sin propósito.

El padre o la madre (u otro adulto como un maestro o una maestra que actúe como sustituto de los padres) es sin la menor duda el mejor punto cardinal para el niño. Pero determinar de quién se convertirá en punto cardinal será función del vínculo. Y el vínculo, como todos sabemos, puede ser inconstante. El hecho tan crucial de orientarse puede llegar a recaer en alguien totalmente inepto, como por ejemplo, un compañero. Cuando un niño se siente tan enlazado con sus compañeros que prefiere estar con ellos y ser como ellos –sea con uno en particular o con el grupo– dichos compañeros se convierten en el punto cardinal. Buscará la cercanía con sus compañeros y de ellos recabará el ejemplo de cómo comportarse, qué ponerse, qué apariencia tener, qué decir y qué hacer. Sus camaradas se convertirán en su árbitro de lo que es bueno, de la interpretación de los sucesos, de lo que es importante y hasta de cómo definirse a sí mismo. Esto precisamente es lo que le ocurrió a Isabel; en su universo emocional, sus compañeros habían sustituido a sus padres como centro de gravedad. Ella giraba en torno a ellos –una completa subversión del orden natural de las cosas.

Sólo recientemente se han logrado dibujar y entender los patrones del vínculo psicológico de los niños. Está absolutamente claro que éstos están hechos para que giren alrededor de los padres y demás adultos responsables de ellos, como los planetas giran alrededor del Sol, y cada vez más los niños giran alrededor unos de otros.

Lejos de estar calificados para orientar a nadie, los niños no son siquiera capaces de auto-orientarse de manera realista. Los amigos de nuestros hijos no son personas de las que deseamos que ellos dependan; no están habilitados para dar a nuestros hijos un sentido a su ser, para discriminar entre lo bueno y lo malo, distinguir entre el hecho y la fantasía, identificar lo que funciona y lo que no, y dirigirlos hacia dónde ir y cómo llegar allí.

¿Qué sacan los niños de orientarse mutuamente? Imaginémonos a nosotros mismos, una vez más, en un oscuro y enredado sendero de una selva desconocida. Solos, podríamos sentir un intenso miedo e incluso pánico. Al ser dirigidos por un guía que parece saber adónde va o así creeemos, seguiremos adelante con confianza. No habría motivo para que se disparara la alarma, a menos que, nuestro guía se mostrase angustiado.

Asimismo al usar a sus compañeros como punto cardinal, los niños se defienden contra la angustia de experimentar un vacío de orientación. A nivel consciente pueden evitar sentirse perdidos, confusos o desconcertados. Los niños orientados hacia sus iguales carecen sorprendentemente de esas emociones. Y ésta es la ironía: parecen ciegos guiando a otros ciegos –como un banco de peces donde giran unos en torno a otros– pero se *sienten* a gusto. No parece importar que sus puntos cardinales resulten inadecuados, inconsistentes y poco fiables. Estos niños están perdidos y del todo desorientados, sin sentirse trastornados por ello.

A los niños que han sustituido a los adultos por otros niños parece bastarles el estar juntos, por más que estén por completo fuera del mapa. No piden directrices de los adultos ni buscan asesoramiento. Nos frustran con su aparente certeza de que están perfectamente bien, por más que con toda claridad veamos que van en la dirección equivocada o carecen en absoluto de dirección. Muchos padres han pasado por la frustrante experiencia de intentar señalarle la realidad a un adolescente, cuyo mundo puede estar destrozado, pero que frívola y tercamente insiste en que todo marcha a las mil maravillas.

En la superficie uno podría decir que los vínculos con los compañeros son positivos y que, de momento, no se ven perdidos y desconcertados. Pero en la realidad ellos están perdidos y sólo se libran de *sentirse* perdidos.

Las seis formas de vinculación

Si queremos cuidar de nuestros hijos con éxito o si los vamos a reorientar hacia nosotros una vez han sido seducidos por la cultura de sus iguales, tenemos que entender cómo funciona la vinculación. La siguiente explicación pretende ayudar a los padres a que obtengan un conocimiento funcional de esta dinámica crucial. "Si no entiendes a tu hijo –dijo una mamá entrevistada para este libro–, no puedes estar a su lado para auxiliarlo." Entender la vinculación es el factor más importante para entender al niño desde dentro hacia fuera. También nos permite identificar las señales de advertencia destacando que nuestro hijo se está orientando hacia sus compañeros.

Podemos distinguir seis formas de vinculación, cada una de las cuales nos proporciona una pista sobre el comportamiento de nuestros hijos y, a menudo, sobre nuestro propio comportamiento. Estas seis formas ascienden desde la más sencilla a la más compleja. Note que los niños orientados hacia sus iguales suelen emplear los modos más básicos cuando se apegan uno al otro.

1. Los sentidos

La proximidad física es la meta de la primera forma de vinculación. El niño necesita sentir a la persona a la que está apegado, sea a través del olfato, la vista, el oído o el tacto. Hará lo que sea para mantener el contacto con esta persona. Cuando esa cercanía se ve amenazada o se deshace, expresará alarma y protestará amargamente.

Aunque el hambre de la proximidad física comienza en la infancia, jamás desaparece. Cuanto más inmadura una persona, más buscará esta forma básica de vinculo. Los jóvenes orientados hacia sus compañeros, como Isabel, insisten en estar juntos, estar en el mismo lugar, visitarse y mantener el contacto. Cuando el vínculo es así de primitivo, sus conversaciones tienen poco sentido. "Mi amigo y yo hablamos durante horas sin decirnos nada –contaba Pedro, de quince años–. Todo es '¿qué pasa?, ¿qué ocurre?, ¿tienes un cigarro? y ¿adónde vamos? o ¿dónde está fulano?'." El hablarse no tiene nada que ver con comunicar algo, sino que se reduce a un ritual de vinculación con el simple propósito de hacer contacto auditivo. Los niños orientados hacia sus iguales no tienen idea de lo que los impulsa tan intensamente; a ellos les resulta absolutamente natural y hasta urgente desear siempre estar juntos. No hacen más que seguir sus instintos distorsionados.

2. Semejanza

La segunda forma de vinculación se manifiesta ya cuando el niño comienza a caminar. La criatura busca ser como aquellos con los que más cerca está. Trata de asumir el mismo tipo de existencia o de expresión a través de la imitación y la emulación. Esta forma de vinculación resalta particularmente a la hora de aprender a hablar y en la transmisión de la cultura. Se ha señalado que desde la Segunda Guerra Mundial, el vocabulario promedio del niño se ha reducido significativamente. ¿Por qué? Porque los niños ahora adquieren el lenguaje unos de otros. Los niños orientados hacia sus iguales modelan recíprocamente su manera de caminar y de hablar, sus preferencias y ademanes, su aspecto y sus actitudes.

Otro medio de vinculación a través de la semejanza es la identificación. Identificarse con alguien o algo es ser uno con esa persona o cosa. El sentido de sí mismo se funde con el objeto de la identificación. Esa entidad puede ser uno de los padres, un héroe, un grupo, un país, un equipo deportivo, una estrella del rock, una idea o incluso el trabajo que uno realiza. El nacionalismo extremo y el racismo se basan en identificar el sentido de sí mismo con el propio país o el grupo étnico al que uno pertenece.

Cuanto más dependiente es un niño, o cualquier otra persona, más intensas serán esas identificaciones. En nuestra sociedad, los compañeros –o los iconos pop de la cultura joven– se han convertido en el foco de la identificación, en lugar de los padres o de las figuras sobresalientes de la historia y la cultura.

3. Pertenencia y lealtad

Si todo está bien, la tercera forma de vinculación asoma ya cuando el niño empieza a andar. Una vez que está connectado con alguien considera a esa persona como de su propriedad. El bebé, en esta etapa, se apodera de cualquiera o de cualquier cosa con la que sienta un vínculo, sea la mamá o el papá o el osito de peluche o una hermanita. De igual manera, los niños orientados hacia sus iguales tratan celosamente de poseerse unos a otros y protestan si no lo consiguen. Los conflictos generados por el hecho de ser posesivo pueden volverse crueles e intensos. Quién es el mejor amigo de quién se transforma en una cuestión de vida o muerte para muchos adolescentes. Este modo inmaduro de vinculación predomina en las relaciones entre niños orientados a sus iguales, en especial en el caso de las niñas.

Justo después de la pertenencia viene la lealtad, o sea, ser fiel y obediente a las figuras con las que uno ha escogido vincularse. Los niños orientados hacia sus compañeros sólo siguen sus instintos naturales de vinculación cuando guardan los secretos de los demás del grupo, se ponen del lado de éstos y hacen lo que el grupo quiere. La lealtad puede ser intensa, pero meramente relacionada al vínculo. Si este vínculo cambia, también cambiará su sentido de pertenencia y lealtad.

Los niños altamente orientados hacia sus iguales son notoriamente leales unos con otros y con su grupo. Muchos adolescentes sabían de la muerte de Reena Virk (la adolescente asesinada en Victoria), pero ningún adulto se enteró sino hasta varios días después.

4. Ser significativo

La cuarta forma de mantener la cercanía y la conexión es buscar ser significativo, lo cual equivale a sentir que somos importantes para alguien. Está en la naturaleza humana buscar la cercanía de lo que valoramos. Querer a alguien conlleva buscar su proximidad y la conexión con él. El niño preescolar, en su búsqueda de vinculación, trata ardientemente de agradar y de asegurarse la benevolencia de quien le gusta. Es en extremo sensible a las miradas despreciativas y de desaprobación. Esos niños viven pendientes de la cara contenta de aquellos con los que sienten un vínculo. Los niños orientados hacia sus iguales actúan igual, pero el rostro de aprobación que buscan es el de sus amigos. Aquellos a los que el niño llama "buena onda" son de ordinario quienes se llevan bien con él y aprueban su manera de ser, por más que este mismo individuo sea aborrecido por otros.

El problema de esta forma de vinculación es que vuelve vulnerable al niño y hace que se sienta herido. Querer ser significativo para alguien más implica sufrir al sentirse rechazado por esa persona. Un niño sensible puede sentirse fácilmente aplastado cuando los ojos que él escudriña en busca de cariño y simpatía no brillan en su presencia. Y es más fácil que esto pase con sus compañeros que con sus padres.

5. Sentimientos

Una quinta forma de vinculación es a través de los sentimientos de amor, de afecto. La emoción forma siempre parte del vínculo, pero en un niño preescolar, que puede sentir profunda y vulnerablemente, la búsqueda de la intimidad emocional se intensifica. Los niños que buscan la conexión de esta forma se enamoran de las personas con las que sienten un vínculo. El niño que vive esta intimidad emocional con sus padres no sufre tanto cuando está separado físicamente de ellos. Si el vínculo a través de los sentidos –la forma primera y más primitiva de vínculo– es el brazo corto de la vinculación, el amor sería el brazo largo. El niño lleva en su mente la imagen del padre amante y amado, y se siente así animado y confortado aunque el no esté.

Pero estamos entrando en territorio peligroso. Si andamos con el corazón en la mano, es fácil que nos lo rompan. Hay personas que nunca desarrollan la capacidad de ser emocionalmente abiertas y vulnerables, en general, debido al hecho de sentirse rechazado y abandonado en temprana edad. Aquellos que han amado y fueron heridos suelen replegarse a modos de vinculación menos vulnerables. Y, como mostraremos, es justo lo que hacen los niños orientados a sus iguales. Cuando las formas de vinculación parecen demasiado riesgosas, predominarán las que lo son menos. La intimidad emocional es mucho menos común entre los niños orientados a los iguales que en los otros.

6. Ser conocido

La sexta forma de vinculación es ser conocido. Los primeros signos de esta última forma de vinculación se observan de ordinario cuando el niño entra en la escuela. Estar cerca de alguien es ser conocido por ese alguien. De cierta manera se trata de repetir las modalidades del vínculo a través de los sentidos (el primer tipo de vínculo), salvo que el ser visto y oído se experimenta ahora psicológicamente, en vez que estrictamente de forma física. En busca de esa cercanía, el niño comparte sus secretos. De hecho la cercanía en este caso se puede definir como compartir secretos. A los niños orientados a sus padres no les gusta guardar secretos con ellos, por la resultante pérdida de cercanía. Para un niño orientado hacia sus compañeros, su mejor amigo es aquel que no tiene secretos para él. Exponerse psicológicamente es la forma más peligrosa de vulnerabilidad. Abrirse con alguien y luego ser mal entendido o rechazado es para muchos un riesgo que no vale la pena tomar. Por ello, esta intimidad es tan rara. Y también es la razón por la que tantos nos rehusemos a compartir, incluso con los seres más queridos, nuestras preocupaciones más hondas y nuestras inseguridades. Con todo, no hay sensación de proximidad más bella que la de sentirse conocido, amado incondicionalmente, aceptado y acogido.

Cuando observamos que nuestros niños intercambian secretos afanosa y furtivamente podemos suponer que se están volviendo vulnerables. En realidad, los secretos que más comparten son sobre todo chismes referentes a otras personas. La verdadera intimidad psicológica es escasa entre los niños orientados hacia sus amigos, probablemente porque los riesgos son demasiado grandes. Los niños que comparten sus secretos con sus padres son vistos a menudo como raros por sus amigos. "Mis amigos no pueden creer que yo te cuente tantas cosas –decía una chica de catorce años a su padre durante una caminata que hicieron juntos–. Creen que es una estupidez."

Seis formas de vinculación, pero sólo un impulso subyacente para la conexión. Si el desarrollo es sano, estas seis hebras se entretejen formando una fuerte soga de conexiones que puede mantener la cercanía, incluso bajo las circunstancias más adversas. Un niño plenamente apegado tiene muchas formas de sentirse connectado, aunque físicamente esté separado. En el niño menos maduro, su modo de vincularse será más primitivo (más como el de un niño pequeño o de un bebé). No todos los niños se percatan de su potencial de formar vínculos y menos que nadie quienes están orientados a sus iguales. Por razones que esclareceremos más adelante, los niños orientados hacia sus compañeros permanecerán probablemente inmaduros y su capacidad de relación emocional se centrará en evitar toda sensación consciente de vulnerabilidad (cuestión que trataremos más adelante en los capítulos 8 y 9). Los niños orientados a sus iguales viven en un universo de vínculos muy limitados y superficiales. Dado que la búsqueda de semejanza es la forma de vinculación donde menos riesgos de ser heridos se corren, es la que de ordinario escogen los niños que se ven impelidos a buscar el contacto de sus iguales. De ahí su impulso a ser lo más posible como los demás, pareciéndose a ellos en su aspecto exterior, su conducta, manera de pensar, gustos y valores.

Comparados con los niños que tienen sanos vínculos con sus padres, los chicos orientados hacia sus compañeros quedan limitados a sólo dos o tres formas de conexiones entre sí. Y siendo estas formas muy pocas, ellos dependen mucho de ellas. De la misma forma que las personas que han perdido el sentido de la vista, mucho más dependen de sus otros sentidos. Si sólo hay una forma de vinculación, es muy probable que ésta se vuelva intensa y desesperada. Y ya sabemos que los niños orientados a sus iguales se vinculan unos a otros intensa y desesperadamente.

Cuando vínculos importantes compiten entre sí

Dada la importancia central de los vínculos en el psiquismo del niño, quienquiera que sea aquella persona con la que más vinculado esté el niño será la que más impacto produzca en su vida.

¿No es posible que los niños se conecten con sus padres y maestros, y al mismo tiempo también lo hagan con sus iguales? Esto no sólo es posible, sino deseable, mientras esos distintos vínculos no entren en competencia recíproca. Lo que no funciona -ni puede funcionar- es la coexistencia de vínculos primarios en competencia, relaciones referentes a la orientación que estén en competencia; en otras palabras, relaciones referentes a la orientación, con valores y mensajes en conflicto. Cuando los vínculos primarios compiten, uno de ellos saldrá perdiendo, y es fácil ver por qué. Un marino que tuviera dos brújulas no encontraría el rumbo si cada una de las agujas magnéticas señalara hacia un polo norte diferente. Tampoco un niño podría usar simultáneamente a sus compañeros y a sus adultos como puntos cardinales. El niño se orientará o bien por los valores del mundo de sus iguales o bien por los valores de sus padres, pero no por ambos. Una de las dos culturas dominará. El cerebro de vinculación de los seres inmaduros no puede tolerar dos influencias orientadoras de igual fuerza; dos conjuntos de mensajes disonantes entre sí. Tiene que escoger uno u otro; de otro modo, las emociones resultarían confusas, la motivación se paralizaría y la acción sería deficiente. El niño no sabría hacia dónde dirigirse. Del mismo modo, cuando los ojos de un niño divergen tanto que tiene visión doble, el cerebro automáticamente suprime la información visual de uno de los ojos. El ojo ignorado se volverá ciego.

Los niños, en comparación con los adultos -me refiero a adultos maduros-, son impulsados mucho más intensamente por sus necesidades de vinculación. Los adultos también pueden sentir potentes necesidades de vincularse, como muchos sabemos, pero con la verdadera madurez logramos mantener esas necesidades a raya. Los niños carecen de esa capacidad. Cuando sus energías se vuelcan a una relación que compite con el vínculo con sus padres, los efectos en su personalidad y conducta son dramáticos. El fuerte tirón de la gravedad proveniente de las relaciones con los compañeros, fue lo que, por desgracia, estaban presenciando los padres de Isabel.

Bajo el enfado y la frustración de muchos padres se halla una sensación de haber sido heridos y traicionados. Sin embargo, solemos ignorar o descartar ese aviso interior. Tratamos de apaciguar nuestra inquietud imputando el asunto a simples problemas de conducta o a las hormonas o a la "rebelión normal de los adolescentes". Estas explicaciones pseudo-biológicas o presunciones psicológicas nos distraen del verdadero problema, que es la existencia de vínculos incompatibles. Las hormonas siempre han sido parte de la conformación psicológica normal de los seres humanos, pero no siempre han conducido a la masiva enajenación de los padres que estamos experimentando hoy. Comportamientos irritantes y groseros son siempre las manifestaciones superficiales de problemas profundos. Tratar de castigar o controlar los comportamientos sin solventar la dinámica subyacente sería proceder como aquel médico que prescribiera algo para los síntomas y se desentendiera de las causas de éstos. Una comprensión más profunda de sus hijos dotará a los padres de medios para hacer frente, de una forma realmente eficaz, a la "mala conducta", como demostraremos a lo largo de este libro. Por lo que respecta a la rebelión "normal" de los adolescentes, el impulso a formar parte de un grupo de compañeros, a encajar y adaptarse, a expensas de su verdadero individualismo, no tiene nada que ver con una maduración y desarrollo sanos, como se verá en capítulos posteriores.

El problema principal al que los padres tenemos que enfrentarno es el de los vínculos en competencia que han seducido a nuestros hijos y los han apartado de nuestro amoroso cuidado.

Cuando el vínculo se vuelve contra nosotros

Ahora que entendemos cómo los compañeros de Isabel sustituyeron a sus padres, nos surge una inquietante pregunta: ¿cómo explicar la conducta hostil contra su madre y su padre? Muchos padres de adolescentes y también de niños más pequeños están molestos con el lenguaje agresivo y desconsiderado de sus hijos cuando se dirigen a ellos. ¿Por qué la influencia de las relaciones con los amigos conduce a que los hijos se enajenen de los padres?

La respuesta estriba en el carácter bipolar del vínculo. El vínculo humano se parece a los vínculos afines del mundo material, como el magnetismo. El magnetismo tiene polarización: un polo atrae la aguja de la brújula y el otro polo la repele. Así, el término bipolar significa que existen dos polaridades. Nada hay de anormal en esta polaridad; es la naturaleza intrínseca de la vinculación.

Cuanto más se acerca uno al polo norte, más se aleja del polo sur. Este paralelismo vale para la personalidad humana, en especial en el caso de niños y de otros seres inmaduros. Un niño que persiga la proximidad de una persona probablemente se opondrá a todo aquel que perciba como competencia respecto de esa persona, como es el caso del adulto que se enamora de alguien nuevo y considera insoportable a la persona que antes amaba. Pero esta última persona no ha cambiado, solo cambiaron los vínculos. Las mismas personas pueden ser deseadas o rechazadas, dependiendo de hacia dónde apunte la brújula de la vinculación. Cuando el vínculo primario cambia, las personas que hasta ese momento nos eran cercanas pueden convertirse de repente en objeto de desprecio y ser repudiadas. Esos cambios pueden ocurrir repentinamente, como muchos padres experimentan cuando su hijo llega a casa llorando, contrariado y descorazonado por alguna reacción inesperada de su "mejor amigo".

La mayoría de nosotros tenemos un sentido intuitivo de la naturaleza bipolar del vínculo. Sabemos de la rapidez con que el ansiar se vuelve distanciamiento; el agrado, repulsión; el afecto, desprecio; el amor, aborrecimiento. Pero pocos se percatan de que esas fuertes emociones e impulsos son las dos caras de la misma moneda.

Es indispensable que los padres entiendan la bipolaridad de la vinculación. Mientras la orientación hacia los compañeros va en aumento, lo hace también el distanciamiento respecto de los padres, con todos los problemas que esto acarrea. Actualmente, los niños no sólo se vuelcan hacia sus amigos, sino que, al igual que Isabel, se apartan activa y enérgicamente de sus padres. Vincularse no es nada neutral. En la medida en que el vínculo gobierna al niño, las relaciones cambiarán correspondientemente. El vínculo divide el mundo del niño entre aquellas personas que le gustan y las que le repelen, aquellas a las que se acerca y aquellas que evita. En el mundo actual, con demasiada frecuencia, padres y compañeros se han convertido en vínculos que compiten, como si se tratara de enamorados que rivalizaran por la misma persona amada. Como tantos padres han experimentado con tristeza, los niños no pueden estar orientados hacia sus compañeros y sus padres al mismo tiempo.

La actitud enajenada de un niño respecto de sus padres no representa un trastorno de la personalidad, una tosquedad inveterada o la existencia de problemas de comportamiento, sino que es lo que vemos cuando los instintos de vinculación se han desviado.

En circunstancias normales, el carácter bipolar del vínculo sirve al benigno propósito de mantener al niño cerca de los adultos que lo cuidan. Su primera expresión ocurre en la infancia y se suele denominar "protesta contra los extraños". Cuanto más fuertemente el niño esté apegado a determinados adultos, tanto más resistirá el contacto con otras personas. Cuando un niño pequeño está contigo y se acerca alguien desconocido para él, se apartará del intruso y se apretará contra ti. Es instinto puro. Nada podría ser más natural que el distanciamiento de los extraños que se acercan demasiado, causándole por lo mismo inquietud. Con todo, conocemos a padres que reprenden a sus hijos por esta actitud de extrañamiento y se excusan ante esos adultos por la "falta de educación" de sus hijos.

Los adultos encuentran estas reacciones aún menos aceptables cuando se trata de bebés y les parecen por completo intolerables en niños mayores. La orientación hacia los iguales redirige hacia los padres del niño las respuestas naturales e instintivas de protesta del niño contra los extraños. La expresión de inversión de vínculos en el adolescente quizá no sea tan gráfica como la del bebé que saca la lengua, pero hay otras actitudes de enajenación que son igualmente efectivas: los ojos que indican distanciamiento, la mirada petrificada, abstenerse de sonreír, bajar la mirada, la negativa a mirarte, la resistencia a la conexión y al contacto.

A veces podemos sentir el cambio de polaridad. Imagina que eres la madre de Raquel, muchacha de tercer grado de primaria. Tú has tenido la maravillosa experiencia de acompañarla de la mano a la escuela desde el jardín de infancia. Antes de dejarla, siempre la abrazabas y besabas y le decías al oído unas palabras cariñosas. Pero últimamente, Raquel se interesa más por sus amigas y no quiere dejarlas ni un momento. Cuando regresa a casa trae cosas que son de ellas, como sus ademanes, su lenguaje, sus preferencias en la manera de vestir e incluso de reír. Un día sales con ella como siempre, llevándola de la mano, con un deseo mutuo de cercanía y conexión. De camino se encuentra con algunas de sus compañeras. Algo cambia. Todavía la llevas de la mano, pero ella la retrae. Parece estar un paso adelante o atrás, no alineada contigo. A medida que más niños se juntan ya cerca de la escuela, el abismo se abre. De repente, deja tu mano y se echa a correr. Cuando llegas, te inclinas para darle el abrazo acostumbrado y ella te aparta, como temiendo hacer el ridículo. En vez de que te abrace con afecto, te mantiene a distancia y apenas si te mira mientras te dice adiós. Es como si hubieras violado algunos instintos básicos. Lo que en realidad has experimentado es el lado oscuro e invertido del vínculo, el rechazo de lo que antes era mantenido cercano; todo porque ha aparecido una relación nueva y tenida en más alta estima. Dicho sencillamente, nuestros hijos nos están dejando atrás desaprensivamente por sus compañeros.

Este polo negativo del vínculo se manifiesta de varias maneras. El rechazo de la semejanza es una. La búsqueda de semajanza desempeña un papel protagónico en la conformación de la personalidad y la conducta del niño. Los niños bien apegados a sus padres se esfuerzan por ser como ellos. Hasta entrada la etapa de la adolescencia, se alegran de las semejanzas y parecidos que otros notan con sus padres, trátese del mismo sentido del humor, las mismas preferencias por la comida, las mismas ideas sobre determinado tema, las mismas reacciones a una película, el mismo gusto en música. (Algunos lectores recibirán esta afirmación con incredulidad, como irremediablemente idealista y anticuada. En tal caso, es sólo un índice de hasta qué grado las generaciones de adultos se han vuelto orientadas a sus iguales en los últimos decenios; hasta qué punto la orientación a los iguales se ha aceptado como la norma.)

Los niños orientados a sus iguales rechazan que se los comparen a sus papás y desean ser lo más diferentes que puedan de ellos. Dado que semejanza significa cercanía, buscar la diferencia es un modo de distanciarse. Tales niños se esforzarán en lo posible por adoptar el punto de vista opuesto y tener preferencias contrarias. Están llenos de opiniones y juicios adversos.

Podemos confundir esta obsesiva necesidad de diferencia respecto de sus padres con la búsqueda de individualidad. Esto sería una mala lectura de la situación. La individuación genuina se manifestaría en todas las relaciones del niño, no sólo en sus relaciones con los adultos. Un niño que realmente trate de ser él mismo afirma su semejanza oponiéndose a las presiones que tratan de hacer que acepte las situaciones. Muy por el contrario, muchos de esos niños "fuertemente individualistas" quedan consumidos en la fusión con su grupo de amigos y los deprime todo cuanto pueda hacerlos diferentes de ese grupo. Lo que los adultos ven como el individualismo del niño enmascara un intenso impulso a conformarse a sus iguales.

Una de las conducta más alienante como humanos es remedar y ridiculizar a aquellos de los que queremos alejarnos. Esta conducta parece ser intercultural, lo que atestigua que sus raíces instintivas son hondas. El instinto de remedar es el polo opuesto del intento de lograr la cercanía a través de la imitación y la emulación. Ser imitado puede ser el mayor cumplimiento que se le haga a la persona que se imita, pero ser remedado o parodiado es uno de los desprecios más ofensivos.

Entre más cercanía busca un niño con sus compañeros a través de la semejanza, más propenso será a burlarse de los adultos. Que un profesor sea remedado por los alumnos o los padres por los propios hijos llega hasta la médula; prende todos los botones. Cuando esto pasa, estamos ante un índice poderoso de orientación a los iguales. Los polos opuestos de la apreciación y la aprobación son el desprecio y el desdén. Cuando los niños están orientados hacia sus compañeros, los padres suelen convertirse en objeto de burlas y ridículo, insultos y menosprecios. Las virulentas críticas suelen comenzar a espaldas de los padres, a menudo como una forma de ganar puntos con los amigos, pero a medida que la orientación a ellos se intensifica, el ataque puede volverse descarado. Esa actitud hostil debe reservarse a los enemigos, donde quemar los puentes es exactamente lo que se pretende. El que nuestros hijos nos traten como enemigos carece por completo de sentido, para nosotros, para ellos y para nuestra relación. No puede en absoluto ser bueno para un niño el que ataque la mano que lo alimenta. Sin embargo, el niño orientado hacia sus compañeros hace lo que parece del todo natural y de acuerdo con sus instintos. Nuevamente, son sus instintos que están desarreglados; el comportamiento es solo el resultado de ese hecho. Tal es lo que ocurre cuando los vínculos compiten y se polarizan.

A menudo el repudio es pasivo. Los chicos mal orientados suelen actuar, especialmente entre ellos, como si no tuvieran padres. No se mencionan. Se les ignoran aun en asuntos referentes a la escuela.

Jesús captó la incompatibilidad de los vínculos en competencia e incluso la naturaleza bipolar de éstos cuando dijo: "Nadie puede servir a dos maestros, porque o aborrecerá a uno y amará al otro, o defenderá a uno y despreciará al otro" (Mt 6:24). Cuando la lealtad se dirige hacia sus compañeros, el chico no se sentirá bien poniéndose de nuestro lado o cumpliendo nuestra voluntad.

Los muchachos no son desleales adrede, sino que simplemente siguen sus instintos —instintos que han sido subvertidos por razones que están más allá de su control.

3

¿Por qué estamos en desventaja?

¿Por qué, en el mundo de hoy, los niños transfieren tan fácilmente sus vínculos a sus compañeros, en vez de entregarlos a los adultos que los cuidan? No se trata de ningún fracaso por parte de los padres, sino de un colapso cultural sin precedentes. Nuestra sociedad no atiende las necesidades evolutivas de los niños.

Al tiempo que los investigadores del siglo XX iban descubriendo el papel clave de los vínculos para el sano crecimiento psicológico de los niños, sutiles cambios en la sociedad dejaban indefensa la orientación de los jóvenes hacia los adultos. Las fuerzas económicas y las tendencias culturales predominantes en los últimos decenios han desmantelado el contexto social en el cual se desarrollan naturalmente tanto los instintos de los padres como los impulsos de vinculación de los hijos.

Si bien el joven humano se ve empujado a vincularse por un poderoso impulso genético, no existe ningún arquetipo de padres o maestros implantado en algún lugar del cerebro del niño. El cerebro está programado sólo para orientarse, apegarse y, finalmente, mantener contacto con cualquiera que se convierta en el punto cardinal del momento. Nada induce al niño a buscar sólo a alguien que se parezca a su mamá o a su papá o a alguien que lo cuide con capacidad y madurez. No existe ninguna preferencia inherente para escoger al adulto idóneo. No hay respeto –en el primitivo cerebro de vinculación– hacia aquella persona que haya recibido una licencia del gobierno o que se haya especializado en la crianza.

Ningún circuito cerebral innato reconoce los papeles asignados socialmente, ni le importa que el maestro, el asistente social o ultimadamente incluso los padres, tengan -"supuestamente"- que ser obedecidos y respetados.

Históricamente nunca se ha necesitado tal programación. Al igual que con muchos mamíferos y otros animales, el orden natural de las cosas era que el mismo impulso innato de vinculación uniera a los jóvenes con sus cuidadores -los adultos de la misma especie- hasta la madurez. Ésta es la forma que tiene la naturaleza para garantizar la supervivencia de los jóvenes. Ése es el contexto en el que los jóvenes realizan su potencial genético y en el que los instintos reciben plena y vigorosa expresión.

En nuestra sociedad, ese orden natural ha sido subvertido. Desde temprana edad, lanzamos a nuestros hijos a muchas situaciones e interacciones que fomentan la orientación hacia los iguales. Inconscientemente promovemos el fenómeno mismo que, a largo plazo, erosiona la base misma para un desarrollo sano: el vínculo de los jóvenes con los adultos responsables de su crianza. Colocar a nuestros niños en una posición en que sus instintos de vinculación y de orientación se dirijan hacia sus iguales es una aberración. No estamos preparados para ello; nuestros cerebros no están organizados para adaptarse exitosamente a su agenda natural cuando ésta se encuentra tan distorsionada.

John Bowlby, psiquiatra británico y gran pionero de la investigación sobre vínculos, escribía que "la conducta de una especie puede estar estupendamente adecuada para vivir dentro de un ambiente, pero puede también llevar a la esterilidad y a la muerte cuando se manifieste en otro ambiente". Cada especie tiene lo que Bowlby llamaba su "ambiente de adaptación", a saber, las circunstancias en las que su anatomía, fisiología y sus capacidades psicológicas mejor responden. En cualquier otro ambiente, el organismo o especie no puede llevar a cabo su desarrollo, sino que incluso exhibirá una conducta "que -en el mejor de los casos- será inusual, pero -en el peor de ellos- será muy desfavorable para su supervivencia".[1] En la sociedad post-industrial, el ambiente ya no anima a nuestros hijos a que se desarrollen conforme a los normas naturales de la vinculación.

---

1. Bowlby, John, *Attachment* (2ª ed.) Basic Books, Nueva York 1982, p. 46.

Una cultura de vínculos faltantes

Los contrastes entre las culturas multi-generacionales tradicionales y la actual sociedad norteamericana son sorprendentes. En esta moderna y urbanizada sociedad, lo mismo que en otros países industrializados donde el estilo de vida estadounidense es la norma, los niños suelen encontrarse con vacíos de vínculos, o sea en situaciones en las que carecen de conexiones congruentes y profundas con los adultos que los crían. Son muchos los factores que activan esta tendencia.

Uno de los resultados de los cambios económicos ocurridos tras la Segunda Guerra Mundial es que los niños son colocados desde muy temprana edad, incluso desde recién nacidos, en entornos donde pasan gran parte del día en compañía unos de otros. La mayor parte de sus contactos son con otros niños, no con adultos que puedan influir en sus vidas. Pasan mucho menos tiempo vinculándose con sus padres y otros adultos, y a medida que crecen este proceso no hace sino acelerarse.

La sociedad presiona para que padre y madre trabajen fuera de casa, incluso cuando los niños aún son muy pequeños. Y a cambio la sociedad no aporta prácticamente nada que satisfaga las necesidades de alimento emocional de los niños. Por sorprendente que parezca, a los educadores, maestros y psicólogos –para no hablar de médicos y psiquiatras– rara vez se les enseña sobre los vínculos. En nuestras instituciones de cuidado infantil y de educación no existe conciencia colectiva respecto a la importancia primordial de las relaciones de vinculación. Aunque muchos cuidadores y maestros captan intuitivamente la necesidad de formar una conexión con los niños, no es raro que tales personas tengan dificultades con un sistema que no apoya esta manera de ver la situación.

Como en nuestra sociedad el cuidado de los niños está subvaluado, no hay suficiente dinero para las instituciones. Es difícil que alguien que no sea pariente cumpla plenamente las necesidades de vinculación y de orientación del niño, especialmente si tiene que cuidar a varios otros niños y bebés. Si bien muchas guarderías funcionan bien y están provistas de personal dedicado (pero mal pagado), los estándares están lejos de ser uniformemente satisfactorios. Por ejemplo, el estado de Nueva York exige que, bajo el cuidado de una persona, no haya más de siete bebés, una proporción desesperadamente inmanejable. La importancia de las conexiones con los adultos no es apreciada. En tales situaciones, a los niños no les queda más opción que formar vínculos entre ellos.

Lo que perjudica no es el hecho de que ambos padres trabajen; el quid del problema está en la falta de consideración que concedemos a los vínculos respecto a la escuela maternal. No existe costumbre cultural en la sociedad en general que convierta en asunto de primordial importancia para los cuidadores de maternal y para las maestras de preescolar formar conexiones con los padres y luego, mediante un trato amistoso, cultivar los vínculos con el niño. Tanto los padres como los profesionales son dejados a su intuición o, más bien, a la falta de la misma. Por carencia de conciencia colectiva, la mayoría de los adultos simplemente siguen la práctica corriente, que no ha sido diseñada teniendo en mente los vínculos. Una costumbre que era seguida en muchos lugares –el que los maestros de jardín de infancia y de preescolar visitaran los hogares de sus futuros alumnos– ha desaparecido en su mayoría, salvo quizá en escuelas privadas con abundantes medios económicos. A la hora de cortar gastos, nadie pudo explicar adecuadamente la función vital que esa costumbre desempeñaba. La economía es mucho más fácil de entender que los vínculos.

El meollo del problema no estriba en el cambio social por sí, sino en la falta de compensaciones frente a ese cambio. Si vamos a compartir con otros la tarea de criar a nuestros hijos, necesitamos construir el contexto para que esto se de, creando lo que llamo un "pueblo de vínculos" –un conjunto de relaciones cariñosas de los adultos que sustituya el contexto que hemos perdido–. Hay muchas formas de hacerlo, como lo mostraré en el capítulo 18.

Luego de la escuela maternal y el jardín de niños, nuestros niños entran en la escuela. Ahora la mayor parte del día la pasarán en compañía de sus amigos, en un ambiente donde los adultos tienen cada vez menos primacía. Si existe una intención deliberada de crear la orientación hacia los iguales, las escuelas, tal como actualmente se manejan, son nuestro mejor instrumento. Los niños, asignados a grandes aulas con maestros sobrecargados de trabajo, no pueden sino formar conexiones entre ellos. El reglamento tiende a mantenerlos fuera del aula antes de que las clases comiencen, con lo que se logra que se las arreglen entre ellos sin mucho contacto con los adultos. Los recesos y el recreo los pasan en compañía unos de otros.

El entrenamiento de los maestros no incluye la importancia de la vinculación; así, los educadores aprenden sobre las *materias* que deberán enseñar, pero no sobre la esencial importancia de las *relaciones* que tienen que ver con el proceso de aprendizaje de los jóvenes. A diferencia de hace algunos años, los maestros no se mezclan con los alumnos en los corredores o en el patio de juego y se les disuade de que traten con éstos de una manera más personal. A diferencia de las sociedades más tradicionales, la vasta mayoría de los alumnos en Norteamérica no va a sus casas para comer con sus padres.

"Hay quinientos alumnos en la escuela a la que van mis hijos –dice Cristina, madre de dos niños que están en tercero y séptimo grado–. Los recojo para el almuerzo cada día, pero son sólo unos pocos los que van a casa para el almuerzo. Y hay incluso presión de parte de los maestros para que se queden en la escuela. Parece que piensan que soy algo rara, una especie de entrometida mamá gallina. Sin embargo, considero que ese tiempo en que tengo conmigo a mis hijos es esencial. Mis hijos tienen tanto que contarme, tanto que entender de lo que sucede en la escuela: lo que encuentran difícil, lo que los entusiasma..." "Mi hija venía corriendo al coche –cuenta otra madre que solía llevar a sus hijos a almorzar a casa–. Solía contarme todo lo que había ocurrido, sobre lo que le parecía, cómo se sentía cuando hacía algo mal o hacía algo muy bien..." Uno se pregunta, al escuchar a esas dos madres, ¿qué multitud de experiencias y sentimientos quedan inexpresados y sin procesar en muchos niños?

En general, nos preocupamos más de que nuestros hijos se alimenten, que de los rituales de comida que nos mantienen conectados. En el trascendental libro *The Sibling Society* [La sociedad hermana], el poeta estadounidense Robert Bly describe muchas manifestaciones de orientación a los iguales y señala sus causas. Si bien Bly no analiza plenamente el fenómeno, sus intuiciones deberían haber recibido más atención. "Las comidas familiares, las charlas, la lectura juntos, ya no tienen lugar –escribe Bly– Lo que los jóvenes necesitan –como estabilidad, presencia, atención, consejo, buen alimento psíquico, narraciones bienintencionadas– es lo que la sociedad ya no les da.[2]

En la sociedad actual abunda el vacío de vínculos. Se ha abierto un abismo con la pérdida de la familia extendida. Los niños suelen

---

2. Bly, Robert, *The Sibling Society*. Vintage Books, Nueva York 1977, p. 132.

carecer de relaciones estrechas con las personas mayores. Es decir, que ya no cuentan con las personas que, desde siempre, han sido más capaces –hasta más que los padres mismos– de ofrecer una aceptación amorosa incondicional que es el fundamento sólido de la seguridad emocional. La tranquilizadora y congruente presencia de los abuelos, tías y tíos, el abrazo protector de la familia multi-generacional es algo que pocos niños hoy pueden disfrutar.

Una poderosa influencia que favorece la orientación hacia los compañeros es la mayor movilidad actual, porque interrumpe la continuidad cultural. Ya no vivimos en pueblos y, por tanto, ya no estamos conectados con aquellos que viven junto a nosotros. El incesante trasplante nos ha vuelto anónimos, creando la antítesis del "pueblo de vínculos".

Debido a los traslados geográficos y frecuentes mudanzas, y a la creciente orientación hacia los iguales de parte de los propios adultos, los niños actuales probablemente no disfrutarán de la compañía de gente mayor, que podría intervenir en su bienestar y desarrollo. Esta falta va más allá de la familia y caracteriza prácticamente todas las relaciones sociales. Por lo general, faltan vínculos con los adultos que asumen cierta responsabilidad por el niño.

Un ejemplo de especie en peligro de extinción es el médico de cabecera, una persona que conocía generaciones de una familia y que era una figura estable, emocionalmente presente en las vidas de los miembros de la casa, tanto en tiempos de crisis como de celebración. El doctor sin rostro del Seguro Social o de una clínica o consultorio particular no logra sustituir al médico de cabecera. De la misma manera, el dueño o la dueña de la tienda de la esquina y el zapatero han sido sustituidos, hace mucho, por negocios genéricos sin nexo local y sin conexiones personales con las comunidades donde funcionan. Los cariñosos personajes de la serie televisiva *Plaza Sésamo* son ahora sólo una benigna ficción. Éstos son asuntos que no se circunscriben a lo económico, sino que van al corazón mismo de lo que es el "pueblo de vínculos". ¿Dónde están los abuelos, los tíos sustitutos que suplían a la familia, tanto nuclear como extendida, en el pasado? ¿Dónde estaría la red de seguridad de los vínculos de los adultos, si los padres llegasen a faltar? ¿Dónde están los mentores que guían a nuestros adolescentes? Nuestros niños crecen ricos en compañeros y pobres en adultos.

Otro vacío de vinculación ha sido generado por la secularización de la sociedad. Independientemente de la religión, la comunidad de la iglesia, el templo, la mezquita o la sinagoga funcionaban como un importante grupo de apoyo para los padres y un "pueblo de vínculos" para los niños. La secularización ha significado algo más que la simple pérdida de la fe o la erradicación espiritual: ha traído también consigo la pérdida de esa comunidad de vínculos. Más allá de esto, el trato con los iguales se ha convertido en una prioridad para muchas iglesias; por ejemplo, muchas de ellas dividen a la familia en cuanto pisa el umbral, agrupando a los miembros más por edad que por familia. Hay grupos para adolescentes, maternales, iglesias de jóvenes y hasta clases para mayores. A quienes no se percatan de la importancia de los vínculos y de los peligros que plantea la orientación a los compañeros les parece evidente de por sí que cada uno vaya con los de su edad. Las grandes organizaciones religiosas se han dedicado a tratar sólo con los jóvenes o con los jóvenes adultos, promoviendo inadvertidamente la pérdida de las conexiones multi-generacionales.

Nexos familiares rotos

Se dice que el nucleo familiar es la unidad básica de la sociedad, una unidad que en sí misma está bajo extrema presión. Los índices de los divorcios se han disparado. El divorcio supone un doble mal para los niños, porque crea vínculos rivales, así como vacíos de vínculos. Los niños quieren que todos los vínculos que les funcionan queden bajo un mismo techo. El que los padres estén juntos les permite satisfacer su deseo de cercanía y de contacto con ambos simultáneamente. Además, muchos niños están apegados a sus padres como *pareja*. Cuando los padres se divorcian les resulta imposible estar cerca de ambos a la vez, al menos físicamente. Los niños más maduros, que han logrado desarrollar más completamente los vínculos con sus padres, están mejor equipados para mantenerse cerca de ambos. Pero muchos niños, incluso los de más edad, no consiguen manejar esto. Los padres que compiten entre sí o que tratan al otro progenitor como *persona non grata* colocan al niño (o, más precisamente, al cerebro de vinculación del niño) en una situación imposible: para estar cerca de uno de sus padres, el niño tiene que separarse del otro, tanto física como psicológicamente.

El problema de la competencia entre los vínculos puede exacerbarse cuando los padres tienen otra pareja. De nuevo, los niños instintivamente evitarán el contacto con el padrastro o la madrastra para mantener su cercanía con el progenitor natural. El reto, tanto para los padres biológicos como para el padrastro o la madrastra, es facilitar un nuevo vínculo que no compita y, mejor aún, que apoye la relación existente. Sólo cuando las relaciones son complementarias puede el cerebro de vinculación del niño bajar la guardia y volverse receptivo a las actitudes de acogida de ambos lados.

Debido al conflicto marital que precede al divorcio, los vacíos de vínculos se pueden manifestar ya desde antes de que ocurra el divorcio. Cuando los padres pierden el reciproco apoyo emocional o están centrados en su conflicto, se vuelven menos accesibles a los hijos. Privados del contacto emocional con los adultos, los niños se vuelcan hacia sus compañeros. Asimismo, en circunstancias estresantes es tentador para los padres mismos buscar algún alivio en las responsabilidades de la crianza. Una de las maneras más fáciles de hacerlo es facilitar que el hijo trate con sus compañeros. Cuando los niños están juntos, nos exigen menos a los adultos.

Según los estudios, los niños de padres divorciados resultan más propensos a tener problemas en la escuela y a manifestar agresividad. También es más probable que tengan problemas de conducta.[3] Los estudios, empero, no han podido señalar por qué ocurre así. Con la inteligencia de lo que son los vínculos vemos que estos síntomas resultan ser la consecuencia de la pérdida de conexión emocional con sus padres y una entrega excesiva a las relaciones con los amigos.

Nada de esto sugiere que los padres tengan que quedarse en un matrimonio plagado de conflicto, para el bien de los niños.[4] Pero, de nuevo, hemos de volvernos más conscientes del impacto que

---

3. Éstos fueron los hallazgos cuando dos estudiosos examinaron los resultados de noventa y dos alumnos entre trece mil alumnos. Amén de más problemas escolares y de comportamiento, también adolecían de conceptos de sí mismos más negativos y tenían más dificultad en llevarse bien con los padres. Los resultados fueron publicados en *Psychological Bulletin* 110 (1991), pp. 26-46. El artículo se titula "Parental Divorce and the Well-being of Children: A Meta-analysis". Indirectamente relacionada está una encuesta de 1996 realizada por Statistics Canada, la cual arrojó que los niños de padres solos tienen mucha más probabilidad de repetir curso, ser diagnosticados con trastorno conductual o tener problemas de angustia, depresión y agresividad.
4. La investigación efectuada por el psiquiatra británico sir Michael Rutter es esclarecedora: halló que los problemas conductuales eran más probables en niños de matrimonios intactos pero discordantes, que en niños de divorcio si vivían en hogares relativamente sin conflicto. (Rutter, Michael, "Parent-Child Separation: Psychological Effects on the Children," *Journal of Child Psychology and Psychiatry* 12 (1971), pp. 233-256.

ejercen las peleas entre los padres sobre los vínculos de los niños. Independientemente de si somos menos accesibles por tensiones maritales o por divorcio, haríamos bien en procurar que otros adultos se encargaran de los niños. En vez de usar a los compañeros de nuestros niños para que nos descarguen de nuestros deberes de padres, deberíamos recurrir a nuestros parientes y amigos para que llenen el vacío y creen una red de seguridad de vínculos.

Incluso las familias unidas son vulnerables a los vacíos de vínculos. Hoy a menudo se requiere que ambos padres trabajen de tiempo completo para mantener el mismo nivel de vida que un solo asalariado ganaba hace treinta o cuarenta años. Las tensiones sociales y el creciente sentido de inseguridad económica, incluso en medio de un relativo bienestar económico, se combinan creando un medio donde el ejercicio pacífico del oficio de padres es cada vez más arduo. Precisamente hoy que los padres y otros adultos necesitan formar con sus hijos nexos más fuertes que nunca, disponen de menos tiempo y energía para hacerlo.

Robert Bly señala que "en 1935, el trabajador promedio tenía cuarenta horas a la semana libres, incluido el sábado. Para 1990, tenía sólo diecisiete horas. Las veintitrés horas perdidas de tiempo libre a la semana desde 1935 son precisamente aquellas durante las cuales el padre podía ser un padre cuidador y la madre podía sentir que realmente tenía esposo".[5] Los patrones de vida actuales afectan no sólo los primeros años del oficio de padres, sino que también infancias enteras. Si bien muchos padres hoy son más conscientes de participar en la responsabilidad que su rol implica, el estrés de la vida moderna y la falta crónica de tiempo subvierten sus mejores intenciones.

Nuestra sociedad pone más énfasis en el consumismo que en el sano desarrollo de los niños. Por razones económicas, los vínculos naturales de los niños con sus padres dejan de ser fomentados. Como médico de familia, mi coautor a menudo se ha visto en la lastimosa situación de tener que escribir cartas a los empleadores, donde justificaba por "motivos de salud" la decisión de una recién mamá de quedarse en casa unos meses más para poder amamantar a su bebé. No obstante ya se haya probado ampliamente que la lactancia es una necesidad fisiológica esencial para el bebé, y que ejerce una potente función natural de vinculación en todas las especies de mamíferos,

---

5. Bly, *The Sibling Society*, p. 36.

en especial en los seres humanos. Es por razones económicas que el oficio de padres no tiene hoy el respeto que debiera. El que vivamos donde vivimos y no donde está nuestro grupo de apoyo -amigos, familia extendida y comunidades de origen- ha ocurrido por razones económicas, a menudo más allá del control de los padres, como cuando empresas enteras son cerradas o transferidas a otro lugar. Es por razones económicas que construimos escuelas demasiado grandes para que pueda tener lugar la conexión y que tengamos clases demasiado numerosas para que los niños reciban atención individual.

Como veremos en la Parte III, la orientación hacia los iguales exige costos inmensos a la sociedad en cuanto promueve la agresividad y la delincuencia, vuelve a los alumnos menos dispuestos a aprender y fomenta opciones de vida insalubres. Si tuviéramos que estimar la verdadera pérdida económica que representa para la sociedad la orientación a los compañeros -en las áreas del sistema de justicia, educación y salud- no quedaría ni sombra de duda sobre nuestra actual miopía. Algunos países se han percatado de esto y otorgan desgravaciones fiscales y hasta apoyo directo para que los padres, antes de regresar al trabajo, se queden en casa más tiempo luego del nacimiento o adopción de niños.

Cambio rápido: la tecnología desbordante

Más que otra cosa, hemos perdido las costumbres y tradiciones culturales que reúnen a las familias extendidas, vinculando a adultos y niños en relaciones de crianza y dando a los adultos, amigos de los padres, un lugar en las vidas de sus hijos. Es papel de la cultura cultivar conexiones entre dependientes y sostenedores e impedir que ocurran vacíos de vínculos. Entre todas las numerosas razones por las que la cultura nos falla, dos merecen mencionarse.

La primera es el vertiginoso cambio de las sociedades industriales en el siglo veinte y veintiuno. Se requiere tiempo para establecer costumbres y tradiciones que sirvan a desarrollar los vínculos. Y se requieren siglos para crear una cultura idónea para un ambiente social y geográfico determinado. Ahora bién, nuestra sociedad ha cambiado mucho, con demasiada celeridad, para que la cultura pueda desarrollarse al mismo ritmo. El psicoanalista Eric H. Erikson dedicó un capítulo del libro que le valió el premio Pulitzer, *Childhood and Society*, a sus reflexiones sobre la identidad estadounidense. "Este país dinámico —escribía— somete a sus habitantes a más extremos contrastes y cambios en el tiempo de una generación, que cuanto ocurre normalmente en otras grandes naciones."[6] Esas tendencias no han hecho sino acelerarse desde que Erikson escribió esa observación en 1950. Tienen ahora lugar más cambios en un solo decenio que antes en un siglo. Cuando las circunstancias cambian más rápidamente de lo que nuestra cultura alcanza a asimilarlas, las costumbres y tradiciones se desintegran. No ha de sorprender que la cultura de hoy fracase en su función tradicional de sustentar los vínculos adultos-niños.

Parte de este cambio tan rápido se debe a la transmisión electrónica de la cultura. Ésta ha permitido que una cultura comercialmente enpacada y congeniada entrara directamente en nuestros hogares, y en las mentes de nuestros niños. La cultura instantánea ha sustituido lo que antes llegaba a través de la costumbre y la tradición, pasando de una generación a otra. "Casi cada día me encuentro luchando contra la cultura a la que están expuestos mis hijos," expresaba un frustrado padre entrevistado para este libro. No sólo el contenido suele ser ajeno a la cultura de los padres, sino que el proceso de transmisión ha sacado del ciclo a los abuelos y los ha dejado fuera de contacto con la realidad.

Los juegos también se han vuelto electrónicos. Siempre han sido un instrumento de cultura que ha conectado a la gente entre sí, en especial a los niños con los adultos. Ahora los juegos se han convertido en actividad solitaria, que se mira en las emisiones deportivas de la televisión o se practica en aislamiento frente al ordenador.

El cambio más significativo de los últimos tiempos ha sido el desarrollo tecnológico de la comunicación: primero el teléfono y luego Internet (a través del correo electrónico y la mensajería instantánea). Estamos enamorados de la tecnología de las comunicaciones, sin percatarnos de que una de sus funciones primarias es facilitar los vínculos. Sin darnos cuenta, la hemos puesto en las manos de los niños, quienes la usan, desde luego, para conectarse entre sí. Dadas las fuertes necesidades de vinculación que tienen, el contacto con sus compañeros es en alto grado adictivo y a menudo se convierte en insistente obsesión. Nuestra cultura no ha logrado que las costumbres y tradiciones evolucionen y consigan detener ese desarrollo. La

---

6. Erikson, Eric, *Childhood and Society.* W.W. Norton, Nueva York, 1985.

maravillosa nueva tecnología sería un poderoso instrumento positivo si se usara para facilitar las conexiones niños-adultos, como ocurre cuando, por ejemplo, facilita la comunicación entre los alumnos que viven fuera de su casa y sus padres. Si no se le pone un alto, la tecnología promoverá cada vez más la orientación hacia los compañeros.

Cómo funciona una cultura de vínculos

La deficiencia de la cultura norteamericana se destaca cuando observamos alguna sociedad donde todavía se respetan los vínculos tradicionales. Tuve oportunidad de presenciarlo cuando, junto con mi esposa Joy y nuestros hijos, pasamos un tiempo, no hace mucho, en el pueblo de Rognes en la región de Provenza, en Francia.

La Provenza de inmediato nos trae imágenes de una cultura atemporal. El soleado clima, las uvas, el encanto de un mundo tradicional y la comida suscitan sentimientos de nostalgia. Pero también es instructivo contemplar la sociedad provenzal desde otro punto de vista: lo que nos podría enseñar sobre vínculos. Como veremos en el capítulo final, incluso en el diversísimo entorno de la Norteamérica post-industrial, no estaría tan difícil aplicar algunas de las lecciones que nos brinda la Provenza, al tiempo que recrearíamos nuestro propio "pueblo de vínculos", como me gusta llamarlo.

La primera vez que llegamos allá, esperaba obviamente encontrar una cultura diferente. Pero, teniendo en mente los vínculos, se me hizo obvio que se trataba de mucho más que de una simple diferencia: estaba yo observando una cultura viva y además una cultura que funcionaba. Los niños saludaban a los adultos y los adultos saludaban a los niños. La socialización involucraba familias enteras; no adultos con adultos y niños con niños. Sólo había una actividad en el pueblo por vez, así que las familias no se veían empujadas en varias direcciones. La tarde del domingo era para que las familias pasearan por los alrededores. Incluso en la fuente del pueblo, el lugar de reunión local, los adolescentes se mezclaban con las personas mayores. Fiestas y celebraciones, de las que había muchas, eran actos para toda la familia. La música y el baile juntaban a las generaciones, en vez de separarlas. La cultura prevalía sobre el materialismo. No se podía comprar una barra de pan sin antes realizar los correspondientes rituales de saludo. Las tiendas del pueblo cerraban tres horas al mediodía, al tiempo que las escuelas se vaciaban y las familias se reunían. La comida tenía lugar campechanamente en grupos multi-generacionales sentados en torno a la mesa, compartiendo conversación y manjar.

Las costumbres de vinculación, en el caso de la escuela primaria del pueblo, eran igualmente impresionantes. Los niños eran acompañados personalmente a la escuela y recogidos por sus padres o sus abuelos. La escuela tenía cerradas las puertas, salvo una por la que se podía entrar y salir. Allí estaban los maestros esperando que se les entregaran los alumnos. De nuevo, la cultura dictaba que la conexión se estableciera con los consabidos saludos entre los acompañantes adultos de los niños y los maestros, así como entre éstos y los alumnos. A veces, cuando el grupo de un maestro se había reunido, pero todavía no sonaba la campana de la escuela, éste llevaba su grupo al patio de juego, y los controlaba y protegía. Si bien a los ojos norteamericanos esto puede parecer un ritual preescolar e incluso absurdo, en la Provenza era parte de la naturaleza de las cosas. Cuando los niños salían de la escuela, era siempre una clase por vez, con el maestro al frente. El maestro esperaba en la puerta con los alumnos, hasta que éstos habían sido recogidos por sus acompañantes adultos. Sus maestros eran sus maestros tanto en la escuela como en el mercado o en la fiesta del pueblo. No había muchas rendijas por donde caer. La cultura provenzal mantenía fuertemente los vínculos.

Yo me atreví a hacer preguntas acerca de esto o de aquello. Nunca me dieron una respuesta. Me quedé con la impresión de que mis preguntas estaban fuera de lugar, como si hubiera una especie de tabú contra el análisis de las costumbres y tradiciones. La cultura era para practicarla, no para cuestionarla. La sabiduría de los vínculos estaba en la cultura misma, no en la conciencia de la gente. ¿Cómo había hecho la sociedad provenzal para retener el poder tradicional de las generaciones anteriores y transmitir a sus hijos la cultura y valores de sus mayores? ¿Por qué los jóvenes de la campiña francesa podían formar vínculos con sus compañeros que no parecían competir con los nexos con los adultos? La respuesta está en la manera como se forman estos vínculos.

El modo natural de formar vínculos

Los vínculos, en general, se generan de una de dos maneras. O son el resultado natural de lazos existentes o surgen cuando la falta de esos lazos se vuelve intolerable.

El primero de éstos es evidente ya en la infancia. Para los primeros seis meses de edad, la mayoría de los niños muestra resistencia al contacto y a la intimidad con aquellos con los que no tienen vínculos. Superar esto requiere cierto tipo de trato entre el niño y el "extraño". Por ejemplo, si la madre mantiene durante un periodo contactos amistosos con el extraño, cuidando de no forzar a su hijo al contacto, sino simplemente dejando que el bebé observe, la resistencia de éste de ordinario se ablandará y el bebé se volverá receptivo a las conexiones con el recién llegado. Tiene que haber una introducción amistosa, una "bendición", por así decir. Una vez que los instintos de vinculación del bebé se han activado y ha disfrutado de un tiempo de proximidad, el niño de ordinario se moverá hacia el contacto con esa nueva persona y dejará que ésta cuide de él. El adulto, antes "extraño" –un amigo de la familia, por ejemplo; o una niñera–, se habrá granjeado el "permiso" del niño para convertirse en su cuidador.

Es un instinto ingenioso. Cuando un nuevo vínculo nace de entre las relaciones existentes del niño, hay mucha menos probabilidad de que se convierta en una fuerza en competencia. La vinculación con los padres muy probablemente se respetará. Los padres se mantienen como los puntos cardinales definitivos y la relación con ellos continuará teniendo el primer lugar. Los contactos con los hermanos, con los abuelos, con la familia extendida y los amigos de la familia no apartarán normalmente al niño de sus padres, aunque el pequeño trate con sus amigos.

La capacidad de los vínculos para generar nuevas relaciones permite la creación de lo que he llamado un "pueblo de vínculos", originado en lo esencial por los padres.

Los vínculos propios de los padres, ultimadamente, se convierten en los del niño y proporcionan un contexto dentro del cual es posible criarlo apropiadamente. Por esto, los vínculos con los iguales entre los niños de Rognes no parecían competir con los vínculos con sus padres. Y también era la razón por la que los niños provenzales aceptaran ser cuidados por casi cualquier adulto del pueblo.

Los vínculos provenientes del vacío

En la sociedad estadounidense, lo mismo que en otras sociedades que funcionan según el modelo americano, la mayoría de los vínculos con los compañeros no surgen naturalmente. Brotan de la incapacidad del joven para soportar un vacío de vínculos —los vacíos que ocurren cuando los nexos tradicionales se erosionan y el niño se encuentra privado de un punto cardinal natural. En tal situación, el cerebro está programado para buscar un sustituto, alguien que funja de vínculo funcional. Para un niño con esa necesidad, esta agenda adquiere la más alta prioridad.

Como la historia y la leyenda nos enseñan, los vínculos que se forman por necesidad son básicamente indiscriminados y accidentales: derivados de la coincidencia y del caos. Los gemelos Rómulo y Remo, fundadores míticos de Roma, se quedaron sin vínculos y luego fueron criados por una loba. Tarzán sufrió el mismo destino, pero fue adoptado por algunos monos. En el clásico infantil de Majorie Kinnan Rawlings, *The Yearling*, un cervato huérfano es criado por un niño. Una gacela puede apegarse a un león; un gato, a un perro. Mi mascota, un gallo bántam, pensaba que su mamá era la Harley-Davidson de mi hermano.

Los vacíos de vínculos, situaciones en que los vínculos naturales del niño faltan, son peligrosos precisamente porque sus resultados son muy indiscriminados. Como he señalado antes, si la madre pata no está presente cuando el patito nace, éste formará un vínculo con el primer objeto en movimiento que vea. En el caso de los niños, el proceso de la "grabación" en la memoria (*imprinting*) es mucho más complicado, pero el punto cardinal será muy probablemente la primera persona que parezca ofrecerle alivio del vacío de vínculos. La programación del vínculo humano es ciega a factores como dependencia, responsabilidad, seguridad, madurez y cuidado. A la cuestión de la sustitución no se aplica inteligencia alguna. Muchos de nuestros vínculos, incluso como adultos, son triste testimonio de este hecho. En el niño no puede intervenir ninguna entrevista, ni siquiera un cuestionamiento interno. En la conciencia del niño no entran los importantes problemas de la vinculación: ¿está mi punto cardinal alineado con los de mis padres?, ¿estaré en posibilidad de mantenerme cerca de ambos simultáneamente?, ¿puedo fiarme de esta persona?, ¿puede esta relación ofrecerme una aceptación incondicional y cariñosa?, ¿puedo confiar en la dirección y guía de esta persona?, ¿se me está invitando a ser lo que soy? Con mucha frecuencia, los adultos encargados de cuidar son remplazados por el grupo de compañeros. Lo que comienza como una sustitución temporal en situaciones específicas, si existe un vacío de orientación, se transforma, al final, en una sustitución permanente.

La probabilidad de que un vínculo se convierta en una "aventura" que compita con el vínculo con los padres es mucho mayor cuando nace de un vacío que se origina en una relación existente. Las relaciones con los amigos son de lo más seguras cuando derivan naturalmente de vínculos con los padres. Por desgracia, lejos de surgir de la conexión, la mayor parte de las veces esas relaciones con compañeros provienen de la desconexión.

Cuanto más los niños forman vínculos con amigos que no conocemos, mayor es la probabilidad de incompatibilidad. El resultado es una espiral, en constante crecimiento, de orientación hacia los compañeros. Nuestros padres estaban menos orientados a sus iguales que cuanto lo hemos estado nosotros, y nuestros hijos es probable que lo sean más, a menos que logremos hacer algo al respecto.

La actual inmigración hacia Norteamérica constituye una ilustración dramática de la orientación a los iguales que socava las viejas conexiones culturales. Los vacíos que experimentan los hijos de inmigrantes son profundos. Los padres, en su duro trabajo, están dedicados a sostener económicamente a sus familias y, desconociendo el idioma y las costumbres de su nueva sociedad, no están en posibilidad de orientar a sus hijos con autoridad y firmeza. Los compañeros son a menudo las únicas personas que están al alcance de esos niños. Lanzadas a una cultura de orientación a los compañeros, las familias inmigrantes corren el riesgo de desintegrarse pronto. El abismo entre el niño y sus padres podría abrirse más, hasta el punto de volverse irreparable. Los padres de estos niños pierden su dignidad, su poder y su liderazgo. Los compañeros, ultimadamente, sustituyen a los padres, al tiempo que las pandillas, cada vez más, reemplazan a las familias enteras. De nuevo, el problema no es la inmigración o la necesaria reubicación de la gente desplazada por la guerra o la pobreza. Las culturas tradicionales sucumben cuando son trasplantadas a la sociedad norteamericana en la que priman los iguales. Les fallamos a nuestros inmigrantes por nuestro propio fracaso como sociedad respecto a la relación niños-padres.

En algunas partes del país todavía se ven familias, con frecuencia de Asia, que se reúnen en grupos multi-generacionales y hacen salidas juntos. Padres, abuelos e incluso frágiles bisabuelos se mezclan, ríen y socializan con sus hijos y los hijos de sus hijos. Por desgracia, esto sólo se ve entre inmigrantes relativamente recientes. A medida que la juventud se incorpora a la sociedad norteamericana, las conexiones con sus mayores se desvanecen. Se distancian de sus familias. Sus ídolos son figuras creadas artificialmente e hipersexualizadas, commercializadas en masa por Hollywood y la industria de la música. Rápidamente quedan enajenados de las culturas que, generación tras generación, mantuvieron a sus mayores. A medida que observamos la rápida disolución de las familias de inmigrantes, presenciamos –como en un video en *fast-forward* [avance rápido]–, su disolución cultural, como la que nosotros hemos venido sufriendo en los últimos cincuenta años.

Sería alentador creer que otras partes del mundo lograrán resistir exitosamente a las tendencias que hemos descrito. Pero es probable que ocurra justo lo contrario, en cuanto que la economía globalizada ejerce su corrosiva influencia en las culturas tradicionales de otros continentes. Los problemas de la enajenación de los adolescentes se ven ahora mucho en países que han seguido muy de cerca el modelo estadounidense, como Gran Bretaña, Australia y Japón. Podemos predecir que se seguirá el mismo curso en otras partes, a resultas de los cambios económicos y los masivos cambios poblacionales. Por ejemplo, trastornos atribuibles al estrés proliferan entre la niñez rusa. De acuerdo con un informe del *New York Times*, desde el colapso de la Unión Soviética, hace algo más de un decenio, casi un tercio de los estimados 143 millones de habitantes que constituyen la población rusa –o sea, 45 millones– han cambiado de residencia. La orientación a los compañeros amenaza con convertirse en una de las peores exportaciones culturales de los Estados Unidos.

PARTE II

*Saboteados:
cómo la orientación hacia los compañeros
socava el oficio de los padres*

4

El poder se nos escapa de las manos

Claudia tenía siete años cuando sus padres vinieron a mi consulta, preocupados por el súbito cambio que mostraba su hija. Solía hacer lo contrario de lo que debía y a veces se portaba insolentemente con sus padres, en especial cuando sus amigas estaban presentes. Los padres estaban perplejos. Antes de cursar segundo grado, Claudia, que era la mayor de tres hermanas, había sido una niña cariñosa con sus padres y se esforzaba en complacerlos. " Educar a Claudia era una experiencia maravillosa," recordaba su madre. Ahora la criatura era renuente y difícil de tratar. Ponía mala cara a cualquier cosa que le mandaran por insignificante que fuese y todo terminaba en pelea. La madre había descubierto un aspecto de su propia personalidad que jamás había pensado que existiera: se hallaba enojada y hasta enrabiada; gritaba y la atemorizaba escuchar las palabras que se le escapaban de la boca. El padre encontraba la atmósfera tan tensa y la fricción tan desgastante que, cada vez más, se ensimismaba en su trabajo. Como muchos padres en situaciones parecidas, recurrían con más frecuencia al regaño, las amenazas y los castigos, pero sin resultados.

Quizá sorprende oír que ser padres debería ser un asunto bastante fácil. Hacer que nuestros hijos sigan nuestras indicaciones, cumplan nuestras órdenes o respeten nuestros valores no debería suponer tensión, peleas o coerción y tampoco deberíamos tener que recurrir al señuelo de las recompensas. Si se requieren tácticas de presión, algo anda mal. Los padres de Claudia recurrieron a la fuerza porque, sin darse cuenta, habían perdido el *poder de ejercer como padres*.

Ser padres implica el uso del poder. En este sentido hay un parecido con los coches de lujo cuyos frenos, dirección y hasta ventanas trabajan con potencia eléctrica. Sin esta potencia, es muy difícil manejar aquellos vehículos. Lo mismo pasa con los hijos. Relacionarse con ellos cuando nuestro poder ha quedado anulado es casi imposible y, sin embargo, millones de padres tratan precisamente de hacer esto. Pero mientras es relativamente fácil encontrar a un buen mecánico que arregle un coche, los expertos cuya ayuda los padres solicitan para solucionar problemas relacionados con la educación de sus hijos no siempre logran asesorar el problema correctamente. A menudo se culpa a los hijos de volverse difíciles o a los padres de ser ineptos o de tener técnicas de crianza inadecuadas. Por lo general, ni los padres ni los profesionales reconocen que la raíz del problema no estriba en la ineptitud de los padres, sino en la impotencia de éstos en el más estricto sentido de la palabra: carecer del suficiente poder.

Lo que falta es el poder, no el amor, ni el conocimiento, la dedicación o la habilidad. Nuestros predecesores tenían mucho más poder que los padres de hoy. Para lograr que sus hijos les obedecieran, nuestros abuelos tenían un poder que ni nuestros padres ni nosotros tenemos. De continuar esta tendencia, nuestros hijos tendrán una grandísima dificultad cuando les toque el turno de ejercer como padres. El poder para ser padres se está esfumando.

La autoridad espontánea para ser padres

Es difícil reconocer la impotencia de ejercer como padres, y admitirla es angustiante. Nuestra mente busca explicaciones más aceptables: nuestros hijos ya no nos necesitan o nuestros hijos son particularmente difíciles o nuestra capacidad para ejercer como padres es deficiente.

Actualmente mucha gente se resiste al concepto de poder. De niños, algunos de nosotros fuimos expuestos demasiado al poder de nuestros padres y sufrimos de abuso. Nos percatamos muy bien que el poder es tentador y hemos experimentado que no se puede confiar en individuos que buscan ejercer poder sobre los demás. La palabra "poder" ha logrado un significado peyorativo como en "perseguir el poder a toda costa" o "hambriento de poder". No ha de sorprender por lo tanto que muchos eviten el concepto –una actitud que encuentro con frecuencia entre padres y educadores–.

Muchos, además, confunden poder y fuerza. No es en este sentido como utilizamos la palabra *poder* en este libro. En nuestro estudio del oficio de padres y del vínculo (en los capítulos 1, 2), "poder" significa *autoridad espontánea para desempeñarse como padres*. Esta autoridad espontánea fluye no de la coerción o de la fuerza, sino de una relación debidamente alineada con el niño. El poder de desempeñarse como padres surge cuando las cosas están en su orden natural y aparece sin esfuerzo, sin necesidad de adoptar posturas o tener que insistir. Es cuando carecemos de ese poder que nos vemos obligados a recurrir a la fuerza. Cuanto más poder irradian los padres, menos fuerza requieren en el diario quehacer de la crianza. Por otro lado, cuanto menos poder poseemos, más impulsados nos sentimos a levantar la voz, a endurecer nuestras actitudes, a externar amenazas y a buscar apoyos para hacer que nuestros hijos cumplan nuestras órdenes. La falta de poder que experimentan los padres hoy ha resaltado, en la literatura sobre la educación parental, técnicas que se percibirían como soborno o amenazas en casi cualquier otra situación. Hemos disfrazado esos signos de impotencia con eufemismos, como recompensas y "consecuencias naturales".

El poder es absolutamente necesario para tener éxito en la tarea de ser padres. ¿Por qué necesitamos ese poder? Porque tenemos responsabilidades. El oficio de padres no fue concebido sin el poder de cumplir con las responsabilidades que comporta. No hay forma de entender la dinámica de desempeñarse como padres sin tratar la cuestión del poder.

El poder que hemos perdido es el poder de exigir la atención de nuestros hijos, de pedirles buenas intenciones, de merecer su deferencia y asegurar su cooperación. Sin esas cuatro aptitudes, solo nos queda la coerción y el soborno. Éste era el problema de los padres de Claudia cuando acudieron a mi consultorio, acongojados por la reciente actitud recalcitrante de su hija. Usaré la relación de Claudia con sus padres como ejemplo de la pérdida de la autoridad natural, junto con otros dos casos que describiré y que también servirán para demostrar el significado del poder de los padres. Hay nueve personas en este elenco: tres parejas de padres y tres hijos. Sus casos son típicos del dilema al que se enfrentan muchas familias hoy.

Los padres de Santiago, de nueve años, estaban divorciados, sin que ninguno de los dos se hubiera vuelto a casar y la relación entre ambos era lo bastante buena como para buscar ayuda juntos. Las dificultades para educar a Santiago habían llevado a su separación. Los primeros años con su hijo habían sido relativamente fáciles, pero los últimos dos resultaron horrendos. Insultaba a sus padres y pegaba a su hermana menor. Aunque era muy inteligente, no había razonamiento que lo incitara a hacer lo que se le pedía. Los padres habían recurrido a varios expertos y habían leído muchos libros donde se recomendaban diversos enfoques y técnicas. Nada parecía funcionar con Santiago. Incluso los castigos usuales sólo empeoraban las cosas. Mandarlo a su cuarto no producía ningún impacto aparente. Si bien la madre no creía que fuera apropiado golpearlo, a veces, por desesperación recurrió al castigo físico. Ambos padres habían desistido de ganarse el asentimiento de Santiago aun en asuntos tan sencillos como estar sentado a la mesa durante la cena de la familia. Tampoco lograban que hiciera sus tareas escolares. Antes de que el matrimonio fracasara, la hosca resistencia de Santiago volvía insoportable el ambiente de la casa. Tan desmoralizados estaban los padres que ninguno de los dos lograba despertar sentimientos de cariño hacia su hijo.

Magdalena tenía trece años. Su padre apenas podía contener su enfado cuando hablaba de su hija. La vida con ella había cambiado desde la muerte de su abuela, cuando Magdalena estaba en sexto grado. Hasta entonces, Magdalena había cooperado en casa, había sido una buena estudiante en la escuela y era afectuosa con su hermano, tres años mayor. Ahora Magdalena se saltaba las clases y no le importaban los deberes escolares. Se salía de la casa en cuanto podía, se rehusaba a hablar con sus padres y comía sola en su cuarto. La madre se sentía traumatizada. Se pasaba mucho rato suplicando a su hija que se portara bien, que llegara a tiempo a casa y que no se saliera constantemente. El padre no soportaba la insolente actitud de Magdalena. Creía que la solución estaba en enseñar a la adolescente "una lección de la que se acordara toda su vida". A su manera de ver, todo lo que no fuera mano dura era condescender con la inaceptable conducta de la niña y empeoraba las cosas. Y lo que más le disgustaba era que hasta este abrupto cambio, su hija había sido "la hija de papi", dulce y obediente.

Tres situaciones diferentes, tres diversos conjuntos de circunstancias y tres criaturas muy distintas –aunque ninguno de estos casos es único–. La frustración como educadores que estos padres experimentaban la comparten muchos otros progenitores. Las manifestaciones de la dificultad difieren de un caso a otro, pero el estribillo es notablemente el mismo: el oficio de padres es más difícil de lo que uno se esperaba. La letanía de lamentaciones de los padres ahora es común: "Los niños de hoy no parecen respetar la autoridad a la que nosotros nos sometimos cuando fuimos niños; no logro que mi hijo se esfuerce en su tarea escolar, haga su cama, cumpla con sus obligaciones o limpie su habitación". O la queja irónica tantas veces oída: "¡Si educar es tan importante, los niños deberían llegar con un manual!".

El secreto del poder de los padres

Mucha gente ha llegado a la conclusión de que los padres no pueden saber cómo tienen que actuar sin una preparación formal. Ahora se dan toda clase de cursos de educación parental y hasta hay clases para enseñar a los padres canciones de cuna para sus bebés. Sin embargo, los expertos no pueden enseñar lo más fundamental. El poder para desempeñarse como padres no proviene de las técnicas, por bien pensadas que estén, sino de una relación de vínculo. En los tres ejemplos de arriba ese poder faltaba.

El secreto del poder de los padres es la dependencia del hijo. Los niños nacen por completo dependientes, incapaces de abrirse camino en este mundo. Su falta de viabilidad como seres individuales les vuelve completamente dependientes de otros para atenderlos, guiarlos, darles sustento y acogerlos, proporcionarles un sentido de hogar y de pertenencia a una familia. En primer lugar, es el estado de dependencia del niño que vuelve necesario el oficio de padres. De no necesitarnos nuestros hijos, no necesitaríamos el poder de educarlos.

A primera vista, la dependencia de los hijos parece bastante clara. Pero aquí está el escollo: el ser dependientes no garantiza que se escojan los cuidadores correctos. Todo niño nace con la necesidad de ser criado, pero luego de pasar de bebé y de niño pequeño, no todos recurren a sus padres para que le proporcionen el cuidado que les hace falta. Nuestro poder como padres se basa no en el hecho que nuestro hijo sea dependiente, sino que sea específicamente dependiente de nosotros. El poder de ejercer nuestras responsabilidades parentales estriba no en la necesidad de nuestros hijos, sino en que nos busquen como respuesta a sus necesidades.

No podemos cuidar de un niño que no cuenta con nosotros para que lo cuidemos o que depende de nosotros sólo por su alimentación, vestir, cobijo y otras necesidades materiales. No podemos sustentar emocionalmente a un niño que no se apoya en nosotros para sus necesidades psicológicas. Es frustrante dirigir a un niño que no se acoge a nosotros; es irritante y decepcionante ayudar a alguien que no busca nuestro auxilio.

Tal fue la situación a que se enfrentaban los padres de Claudia, Santiago y Magdalena. Claudia ya no buscaba a sus padres para sus necesidades de apego o para sus directrices sobre cómo ella tenía que ser o qué tenía que hacer. A la tierna edad de siete años ya no recurría a ellos para buscar su cobijo y crianza. La actitud de Santiago iba más allá de esto: había desarrollado una arraigada resistencia a ser dependiente de su padre y de su madre. Dicha resistencia, así como la de Magdalena, se extendía hasta la alimentación o, más exactamente, al ritual de la alimentación que tiene lugar en la mesa de la familia. Magdalena, al entrar en la adolescencia, ya no buscaba a sus padres por un sentido de hogar o una conexión con ellos. No tenía deseo alguno ni de que la entendieran ni de que la conocieran íntimamente. Ninguno de los tres niños se sentía dependiente de sus padres, y ésta era la raíz de la frustración, de las dificultades y de los fracasos que experimentaban las tres parejas de padres.

Desde luego, todos los niños inician la vida dependiendo de sus padres. Algo cambió para estos tres jóvenes, como ocurre con tantos niños ahora. No es que ya no necesitaran que los cuidasen: mientras un niño sea incapaz de funcionar independientemente, necesitará depender de alguien. Aparte de lo que estos niños hayan pensado o sentido, no estaban dispuestos, ni con mucho, a arreglárselas por ellos mismos. Todavía eran dependientes, sólo que no se experimentaban como dependientes de sus padres. Sus necesidades de dependencia no se habían desvanecido; sólo de quién dependían. El poder de crianza se transferirá a cualquiera de quien dependa el niño, sea o no que se pueda depender de esa persona, o de que sea apropiada, responsable o comprensiva, independientemente incluso de si esa persona es o no un adulto.

En las vidas de estos tres niños, los compañeros habían reemplazado a los padres como objetos de dependencia emocional. Claudia tenía un grupo muy compenetrado de tres amigas que servían de punto cardinal y de hogar. Para Santiago, el grupo de compañeros en general canalizó su deseo de vínculo -la entidad con la que él se sentía conectado en vez de sus padres-. Invirtió sus valores, intereses y motivaciones en sus compañeros y en la cultura de ellos. Para Magdalena, el vacío de apego que se formó con el fallecimiento de su abuela fue llenado con una amiga. En los tres ejemplos, la relación con los compañeros compitió con los apegos a sus padres y en cada caso la conexión entre iguales predominó.

Este cambio de poder genera un doble problema para los padres. No sólo quedan sin el poder de controlar a su hijo, sino que los inocentes e incompetentes usurpadores adquieren el poder de descarriar al niño. Los compañeros de los niños no buscaron activamente este poder, sino que éste le llegó en este contexto de dependencia. El siniestro fallo en el poder de los padres suele ocurrir cuando menos lo esperamos y en un momento en que más necesitamos de este poder. Las semillas de la dependencia de los compañeros echan sus raíces ya en los grados de la escuela primaria o elemental, pero es en los años intermedios cuando la creciente incompatibilidad de los apegos a los iguales y a los padres desbarata nuestro poder de ejercer como padres. Precisamente durante la adolescencia de nuestros hijos, justo cuando más solicitados somos y cuando nuestra superioridad física empieza a disminuir, el poder de educar se nos escurre entre los dedos.

Lo que nos parece independencia es en realidad sólo dependencia transferida. Tenemos tantas prisas de que nuestros hijos puedan actuar por sí mismos, que no nos damos cuenta de lo dependientes que son en realidad. Tanto como la palabra "poder", la palabra "dependencia" se ha cargado también de un sentido peyorativo. Queremos que nuestros hijos sepan dirigirse, motivarse, controlarse y orientarse por sí mismos, que tengan confianza en sí y que se sientan seguros. Insistimos tanto en la independencia que perdemos de vista lo que es la niñez. Los padres se quejan de las actitudes negativas y desalentadoras de los niños, pero rara vez notan que sus hijos han dejado de buscarlos para que los cuiden, los alienten y les presten asistencia. Se sienten intranquilos porque el niño no satisface las razonables expectativas que han puesto en él, pero no se dan cuenta de que el niño ya no busca su afecto, su aprobación o su aprecio. No se dan cuenta de que los niños se vuelven hacia los iguales en busca de apoyo, amor, conexión y pertenencia. Cuando el vínculo se desplaza, la dependencia también se desplaza, y junto con ésta el poder de ejercer como padres.

El reto primordial para los padres de Claudia, Santiago y Magdalena no era imponer las reglas, inducir obediencia o poner un hasta aquí a tal o cual conducta. Era volverse a ganar a sus hijos, realinear las fuerzas del vínculo de su lado. Tenían que fomentar en sus hijos la dependencia que es la fuerza del poder de ejercer como padres. Para reconquistar su autoridad natural tenían que desplazar y recuperar la ilegítima jurisdicción de sus ingenuos usurpadores: los compañeros de sus hijos. Si bien es más fácil decirlo que hacerlo, es la única forma de recuperar la autoridad parental. Gran parte de mi trabajo con las familias y muchos de los consejos que doy en este libro buscan ayudar a los padres en este sentido.

¿En primer lugar, qué hace que los compañeros desplacen a los padres, dado que tal desplazamiento parece contrario a lo que se necesita? Como siempre, en el orden natural de las cosas existe lógica. La capacidad de un niño de apegarse a las personas que no son sus padres biológicos sirve a una importante función, porque en la vida la presencia de los progenitores no está en modo alguno asegurada, pues podrían morir o desaparecer. Nuestra programación de vínculo requiere flexibilidad para encontrar sustitutos a los que apegarse y de los cuales depender. Los humanos no son los únicos que transfieren vínculos. Lo que hace que algunos animales sean tan maravillosas mascotas es que trasladan el apego de sus padres a los humanos, permitiéndonos cuidarlos y manejarlos.

Dado que los humanos tienen un largo periodo de dependencia, los vínculos deben poder transferirse de una persona a otra: de padres a parientes y vecinos, a mayores de la tribu o del pueblo. Todos ellos desempeñan un papel en llevar al joven a la madurez. Esta notable adaptabilidad, que ha servido a los padres y a los niños durante miles de años, nos atosiga en los últimos tiempos. Bajo las condiciones actuales, esa adaptabilidad ahora permite que los iguales sustituyan a los padres.

Los padres suelen darse cuenta de la pérdida de poder cuando su hijo se orienta hacia sus compañeros, pero no siempre saben qué origina esta pérdida. La atención de un niño en esa situación es más difícil de controlar, su deferencia disminuye y la autoridad de los padres queda erosionada. Cuando se les preguntó, los padres de los tres niños de los ejemplos anteriores pudieron indicar claramente cuándo su poder educacional comenzó a desvanecerse. Esa erosión de la autoridad natural suelen notarla los padres, en un principio, como un fastidioso sentimiento de que algo anda mal.

¿Qué nos habilita para ser padres?

Se requieren tres ingredientes para que el oficio de padres funcione: un ser dependiente que requiera ser cuidado, un adulto dispuesto a asumir esa responsabilidad y el buen funcionamiento del apego del niño al adulto. El más crítico de estos ingredientes es también el que con más facilidad se pasa por alto y se descuida: el apego del niño al adulto. Muchos padres o sustitutos de padres creen todavía que basta con asumir el papel de padres, sea como padres adoptivos, como padres sustitutos, como padrastro o madrastra o como progenitores. Piensan que la necesidad que tiene el niño de ser cuidado y la disponibilidad del adulto bastarán. Quedamos sorprendidos y ofendidos cuando los niños se muestran renuentes a nuestras tentativas de criarles.

Reconocer esa responsabilidad de padres no es suficiente para criar debidamente a un niño, pero muchos expertos, todavía no conscientes del papel del vínculo, suponen que el problema tiene que estar en que no se sabe ejercer de padres, o sea, si el quehacer de padres no marcha bien es porque los padres no hacen las cosas como se debe. De acuerdo con esta manera de pensar, no basta con tener el papel, sino que se precisa cierta habilidad para que las cosas resulten. El papel de los padres se ha de complementar con todo tipo de técnicas propias para padres –o esto es lo que parecen creer muchos expertos–.

Muchos padres, además, parecen razonar así: si otros logran que sus hijos hagan lo que ellos quieren que hagan, pero ellos no lo consiguen, es porque carecen de las capacidades necesarias. Esta posición supone una simple falta de conocimiento que se supera mediante la busqueda de consejos del tipo "cómo hacer para...", aplicábles a cualquier situación problemática que se presente: ¿cómo haré para que mi hijo me haga caso?, ¿cómo lograré que mi hijo haga la tarea?, ¿qué necesito hacer para que mi hijo limpie su cuarto?, ¿cuál es el secreto para que un niño ayude en casa?, ¿cómo hacer para que mi hijo coma con toda la familia? Nuestros predecesores se habrían mostrado muy confundidos, probablemente, si hubieran tenido que hacer esas preguntas o incluso tener que asistir a algún curso para padres. A los padres actuales les parece mucho más fácil confesar su incompetencia que su impotencia, especialmente cuando se puede culpar nuestra escasa habilidad a nuestra falta de entrenamiento o a la carencia de modelos apropiados en nuestra propia niñez. El resultado ha sido una industria de miles de millones de dólares de asesoramiento para padres: desde expertos que abogan por dejar tiempo libre a los niños o anotarles puntos de recompensa en el refrigerador, a libros sobre cómo ser unos padres eficaces.

Los expertos en crianza infantil y la industria editorial dan a los padres lo que piden, en vez del entendimiento que tan desesperadamente necesitan. Ya el solo volumen de consejos tiende a reforzar los sentimientos de ineptitud y la sensación de no estar preparados para el oficio. El hecho de que estas metodologías no funcionen no ha disminuido su popularidad.

Una vez que percibimos el oficio de padres como un conjunto de habilidades que necesitamos aprender es difícil para nosotros ver el proceso de otra manera. Siempre que surgen problemas, habrá que leer otro libro, asistir a otro curso, dominar otra habilidad. Mientras tanto, nuestro grupo de apoyo continúa suponiendo que tenemos el poder de realizar el trabajo. Los maestros actúan como si pudiéramos lograr que nuestros hijos hagan sus deberes. Los vecinos dan por sentado que podemos mantener a raya a nuestros hijos. Nuestros propios padres nos reprochan que no adoptemos una actitud más firme. Los expertos suponen que lograr obediencia por parte de nuestros hijos está a nuestro alcance. Los tribunales nos responsabilizan de la conducta del niño. Nadie parece captar que el poder sobre nuestros hijos se nos está escapando.

El razonamiento que subyace a la idea de que el oficio de padres conlleva un conjunto de aptitudes se antoja bastante lógico, pero en retrospectiva vemos que es un lamentable error. Ha llevado a una artificial dependencia de expertos, ha robado a los padres su confianza natural y a menudo los deja con la sensación de que son tontos e ineptos. Rápidamente llegamos a la conclusión de que nuestros hijos no escuchan porque no sabemos hacer que nos escuchen; que nuestros hijos no obedecen porque no hemos aprendido los trucos para lograrlo; que nuestros hijos no son lo bastante respetuosos, porque no les hemos enseñado a serlo. Y perdemos de vista el punto esencial de que lo que importa no es la habilidad de los padres, sino la relación del niño con el adulto responsable de él.

Cuando nos centramos en lo que deberíamos hacer, nos cegamos ante nuestra relación de apego con nuestros hijos y sus insuficiencias. El ser padres es más que nada una relación, no una aptitud que se requiere aprender. El apego no es una conducta que se aprende, sino una conexión que es preciso buscar.

Es difícil ver la impotencia de ejercer como padres porque el poder que los padres solían tener no era algo consciente; era automático, invisible, un componente inherente a la vida de la familia, derivado de culturas basadas en tradiciones. En general, los padres de antaño podían dar por sentado su poder porque de ordinario bastaba para las tareas que tenían que cumplir. Por razones que hemos empezado a explorar ya no ocurre así. Si no se entiende la fuente de la facilidad con que uno puede actuar, no se podrá comprender la raíz de las dificultades que ahora se experimentan. Debido a nuestra falta colectiva de conocimiento acerca del apego, nuestra dificultad en reconocer la impotencia como padres y nuestra aversión al poder mismo, la aflicción más común en el oficio de padres se deja sin explicación.

La búsqueda de etiquetas

La alternativa obvia a culpar a los padres es concluir que algo es disfuncional o falta en el niño. Si no vamos a dudar de nuestro oficio de padres, hemos de presumir que la fuente de nuestras preocupaciones tiene que estar en el niño. Nos refugiamos en la idea de que no hemos fallado al echarles la culpa a los niños, ya que no cumplen con nuestras expectativas. Nuestra actitud se expresa en preguntas del estilo de: ¿por qué no prestas atención?, ¡deja de ponerte tan difícil! O: ¿por qué no haces lo que se te manda?

Las dificultades en ejercer como padres nos llevan a buscar lo que está mal en el niño. Hoy presenciamos una frenética búsqueda de etiquetas para explicar los problemas de los niños. Los padres buscan los diagnósticos formales de un profesional o recurren a etiquetas no oficiales (por ejemplo, hay libros sobre cómo educar al niño "difícil" o al niño "avispado"). Cuanto más frustrante se vuelve el ser padres, tanto más probable será que los niños sean vistos como difíciles, y más etiquetas se buscarán para comprobarlo. No es ninguna coincidencia que la preocupación por los diagnósticos corra paralela al incremento en la orientación hacia los compañeros en nuestra sociedad. Cada vez más, los problemas conductuales de los niños se atribuyen a distintos síndromes médicos, como "trastorno de oposición desafiante" o "trastorno de deficiencia en la atención". Estos diagnósticos, siquiera, tienen el beneficio de absolver al niño y de quitar la carga de la culpa a los padres, pero ocultan la dinámica reversible que causa, en primer lugar, que los niños se comporten mal. Las explicaciones médicas ayudan porque quitan la culpabilidad a los hijos, pero tienen el inconveniente de reducir los problemas a conceptos súper simplificados. Suponen que los complejos problemas de conducta de muchos niños pueden ser explicados por genética o por circuitos cerebrales embrollados. Pasan por alto la evidencia científica de que el cerebro humano se va conformando de acuerdo con el entorno, desde el nacimiento y todo el tiempo de la vida, y que las relaciones de vínculo son el aspecto más importante del ambiente del niño. Dictan también soluciones estrechas, como medicamentos, sin fijarse en la relación de los niños con sus compañeros y con el mundo de los adultos. En la práctica sirven para quitar todavía más potencial a los padres.

No estamos diciendo que la fisiología cerebral no esté implicada en algunos trastornos de la infancia o que los medicamentos carezcan de valor. Mi coautor, por ejemplo, ve a muchos niños y adultos con ADD (trastorno de deficiencia en la atención), condición en la que el funcionamiento del cerebro es fisiológicamente diferente de la norma y él prescribe medicamentos cuando parecen justificados. A lo que objetamos es a que se reduzcan los problemas de la infancia a diagnósticos y tratamientos médicos, con exclusión de muchos factores psicológicos, emocionales y sociales que contribuyen al surgimiento de estos problemas. Incluso en el caso de ADD y otras condiciones infantiles donde tienen valor los diagnósticos y tratamientos médicos, la relación de vínculo con los padres tiene que seguir siendo la preocupación primaria y la mejor senda hacia la curación.[1]

Los padres de Santiago ya habían recorrido el camino de la búsqueda de etiquetas, recogiendo tres diagnósticos de tres expertos (dos psicólogos y un psiquiatra). Uno de los profesionales lo cali-

---

1. Para un estudio completo de estos temas, ver Maté, Gabor, *Scattered Minds: A New Look at the Origins of Attention Deficit Disorder*. Vintage Canada, Toronto 1999.

ficó de obsesivo compulsivo; otro, como opositor desafiante; y un tercero, como ADD. Averiguar qué es lo que andaba mal en su hijo fue un gran alivio para los padres de Santiago: no eran responsables de las dificultades en su actuación como padres. Además, los diagnósticos de los doctores también libraban a Santiago: no lo podía evitar. Las etiquetas acabaron con la culpa, lo que fue una buena cosa.

No opuse nada a esas etiquetas; en realidad describían la conducta del niño bastante bien. Era muy compulsivo, terco, distraído. Además, lo que estos tres síntomas tienen en común es que los niños así etiquetados son también impulsivos e inadaptados. Los niños (o adultos) son incapaces de separar impulsos y acción: actúan o realizan cualquier impulso que surja en sus mentes. Ser inadaptado es no lograr adaptarse cuando las cosas salen mal y no beneficiarse de la adversidad, o sea, no aprender de las consecuencias negativas. Estas deficiencias dan a los padres más conducta inapropiada que manejar, al tiempo que limitan sus herramientas para el manejo del comportamiento del niño. Por ejemplo, las técnicas negativas –como las advertencias, el avergonzar, las sanciones– son inútiles con un joven que no aprende de ellas. Así que, en cierto sentido, se puede decir con certeza que los padres de Santiago tenían tanto problema debido a que el chico estaba muy mal. Esto es cierto hasta determinado punto, pero con frecuencia una verdad puede enmascarar otra aún mayor; en este caso, un problema en una relación.

Las etiquetas médicas hicieron que los padres de Santiago dependieran de expertos. En vez de confiar en su propia intuición, aprender de sus propios errores y encontrar su propio camino, se dedicaron a ver qué pistas les daban otros. Seguían mecánicamente el consejo de otros, empleando artificiosos métodos de control de la conducta que despedazaban la relación de apego. A veces, decían, sentían que estaban tratando con un síntoma y no con una persona. En vez de encontrar respuestas, hallaron tantas opiniones como expertos que se las proponían.

Pero un problema aún más preocupante que el de las etiquetas, incluso de aquéllas tan corrientes como "niño difícil" o tan inocuas como "niño sensible", es que favorecen la impresión de que se ha dado con la raíz del problema, cuando en realidad encubren la fuente de la dificultad. Cuando la valoración de un problema hace caso omiso de los factores subyacentes de la relación, retrasa la búsqueda de soluciones genuinas.

Que Santiago era una pesadilla no hay que cuestionarlo. Su extrema impulsividad lo volvía todavía más difícil de manejar. Pero si consideramos que muchos impulsos se disparan por el apego veremos que eran los apegos del niño los que se habían descarriado. No era su impulsividad, sino el hecho de que esos impulsos iban en contra de los padres, lo que volvía las cosas tan imposibles. Iba contra los instintos naturales de Santiago el tener que depender de sus padres, estar cerca de ellos o dejarse guiar por ellos. Esto se debía a la orientación a los iguales, no a algún trastorno médico. Sus sesgados instintos de apego explicaban también su conducta de oposición y señalaban cuál era el camino de la cura. Los problemas de orientación a los iguales no explicaban todos sus problemas de atención, pero restablecer un saludable apego con sus padres era la forma de cimentar una base para tratarlos. El conflicto más sobresaliente que debían resolver los padres no era lo que Santiago hacía mal, sino que era lo que faltaba en la relación de éste con ellos.

Aunque los padres de Claudia y los de Magdalena no habían recorrido el camino de búsqueda de diagnósticos formales, también se preguntaban si sus hijos eran normales o si el problema estaba en las técnicas que aplicaban. Examinando más de cerca la situación, me di cuenta de que Magdalena era significativamente inmadura para su edad, pero esto tampoco explicaba las dificultades de sus padres. El quid del asunto estribaba en que era dependiente de sus iguales, lo que, dada su inmadurez psicológica, asestaba un golpe mortal contra el papel de sus padres.

Por suerte, la orientación a los iguales no sólo se puede prevenir, sino que también resulta reversible en la mayoría de los casos (las Partes IV y V de este libro están dedicadas a esas tareas). Pero hemos de entender cabalmente cuál es el problema. El ejercicio de la paternidad o de la maternidad fue hecho para que resultara natural e intuitivo, pero sólo lo puede ser cuando el niño se apega a nosotros. Para recobrar el poder de ejercer como padres hemos de regresar a que nuestros hijos sean por completo dependientes de nosotros, no sólo con una dependencia física, sino también psicológica y emocional, como la naturaleza lo ha querido.

5

De la ayuda al estorbo: cuando los vínculos actúan en contra nuestra

El comediante Jerry Seinfeld, al ser de nuevo padre a la edad de cuarenta y siete años, comentó lo enervante que era tener a un ser humano que te mira feliz y al mismo tiempo se hace en los pantalones. "¡Imagínate –exclamaba Seinfeld–, está haciendo eso mientras te mira a la cara!" Lo que mantiene a los padres en el juego es el vínculo. Los compromisos y los valores pueden llevar muy lejos, pero si sólo se tratara de ellos, el oficio de padres no sería más que un trabajo como otro. Si no fuera por el vínculo, muchos padres no aguantarían cambiar pañales, no perdonarían las interrupciones de sueño, ni soportarían el ruido y los llantos, o llevarían a cabo tantas tareas que ninguno aprecia. Tampoco tolerarían más adelante los comportamientos irritantes y hasta odiosos de sus vástagos.

El vínculo, como hemos señalado, trabaja de manera invisible. Las personas que, por puro instinto, han creado una buena relación de vinculación con sus hijos serán padres exitosos y competentes, aunque no hayan aprendido formalmente ni una sola " capacitación" para ser padres.

Hay siete formas importantes de lograr que el Vínculo apoye una educación parental efectiva. Ocurre al asegurar la dependencia de los hijos respecto a los padres, lo cual es la verdadera fuente del poder de los padres. Por desgracia, cuando los vínculos del niño se han desviado, estas mismas siete maneras contribuyen a minar la autoridad de éstos. Los lectores harán bien en revisar esta lista cuando se propongan reafirmar su conexión con sus hijos.

A los padres ansiosos por recibir consejo sobre qué hacer, les digo de nuevo que la comprensión paciente y bien sentida del vínculo es el primer requisito. Mi experiencia al ayudar a miles de padres y niños me ha convencido de que, a menos que entendamos cabalmente cómo y por qué no funcionan las cosas –y también cómo deberían funcionar–, las soluciones que intentemos, por bien intencionadas que sean, no harán sino complicar el problema.

El vínculo establece una jerarquía entre padres e hijos

El primer cometido del vínculo es colocar a adultos y niños en orden jerárquico. Cuando los humanos entran en una relación, su cerebro de vinculación de inmediato coloca a los participantes por orden de predominio. En nuestro aparato cerebral innato se encuentran insertas unas categorías que se dividen aproximadamente en dominantes y dependientes, cuidadores y necesitados de cuidado, proveedores y receptores. Esto se da también en el caso de los vínculos entre adultos, como en el matrimonio, aunque en relaciones recíprocas sanas habrá mucha diferencia entre los modos de dar y recibir, dependiendo de las circunstancias y de cómo la pareja ha optado por dividir sus responsabilidades. En su trato con los adultos, los niños supuestamente se encuentran en el modo dependiente y necesitado de cuidado.

Un niño se muestra receptivo a ser cuidado o a ser dirigido mientras se experimente a sí mismo en modo dependiente. Los niños que están bien situados en la jerarquía del vínculo desean instintivamente ser cuidados. Con naturalidad buscan a sus padres, se dirigen a ellos para obtener respuestas y se muestran bien dispuestos. Esta dinámica está en la propia naturaleza de la vinculación. Es lo que nos permite realizar nuestro trabajo de padres. Sin ese sentido de dependencia, el comportamiento es difícil de manejar.

La orientación hacia los compañeros activa esta misma programación, pero ahora desafortunadamente con resultados negativos. Desbarata el funcionamiento instintivo del cerebro de vinculación, diseñado para vínculos niño-adultos. En vez de mantener al niño en una relación saludable con sus cuidadores, la dinámica de la dominancia/dependencia establece situaciones malsanas de dominio y sumisión entre iguales inmaduros.

Un niño cuyo cerebro de vinculación seleccione un modo más dominante será el que se encargará de dar las órdenes y mandará a sus compañeros. Si este niño dominante tiene compasión y asume responsabilidades hacia los demás, podrá cuidar y proporcionar cariño; si, por el contrario, se trata de un niño frustrado, agresivo y centrado en sí mismo, tendremos la formación de un bravucón o matón (como exploraremos en capítulos posteriores, al hablar de la agresividad y de la bravuconería). Pero el principal estrago causado por la orientación a los iguales es que aplana la jerarquía natural padres-niño. Los padres pierden el respeto y la autoridad que, en el orden natural de las cosas, son propios de su papel dominante.

Un niño orientado hacia sus compañeros carece de sentido interno de orden o rango y no desea que sus padres sean más grandes que él o estén sobre él. Por el contrario, resiente cualquier postura de los padres como artificial y antinatural, como si ellos quisieran mangonearlo y trataran de humillarlo.

Los tres niños del capítulo anterior fueron apartados de los vínculos con sus padres por la orientación hacia los iguales. Aunque Claudia no tenía más que siete años, sus padres habían perdido su posición dominante en el orden de la vinculación. Esto explica su insolencia y falta de respeto, en especial cuando estaban presentes sus compañeras. Y lo mismo con Santiago y Magdalena. Al debilitarse el vínculo con los padres, la disposición jerárquica que debía facilitar el oficio de padres, se colapsó, que era lo que el padre de Magdalena resentía tan agudamente y contra lo que reaccionaba con vehemencia. Magdalena trataba a sus padres como si fueran iguales suyos que no tuvieran derecho a darle órdenes ni a tratar de dirigir su vida. Instintivamente, el padre de Magdalena trató de ponerla en su lugar. Por desgracia, no es algo que los padres puedan hacer sin el apoyo de la vinculación. Sin ésta, los padres pueden lograr forzar al niño a obedecer, al precio de un daño grave a la relación y al desarrollo a largo plazo del niño.

La orientación hacia los compañeros no es la única forma de que quede invertido el orden de vinculación. Puede ocurrir también, por ejemplo, porque los padres tienen necesidades no resueltas que proyectan sobre el niño. En nuestras respectivas prácticas, como psicólogo y médico, hemos visto a padres que pretenden convertir a sus hijos en confidentes, quejándose de problemas que tienen con su pareja. El niño se convierte en el puesto de escucha de la angustia paterna o materna. En vez de comunicar sus necesidades a sus padres, el niño aprende a suprimir sus necesidades y servir a las necesidades emocionales de los demás. Tal trastorno de la jerarquía de la vinculación es también perjudicial para un desarrollo saludable. En *Attachment* [Vinculación], el primer volumen de su trilogía clásica donde explora la influencia de las relaciones padres-hijo sobre el desarrollo de la personalidad, el psiquiatra John Bowlby escribe: "La inversión de los papeles entre el niño o el adolescente y los padres, a menos que sea muy temporal, es casi siempre no sólo un signo de patología del padre, sino una causa de ésta en el niño".[1] La inversión de roles o papeles con los padres tuerce la relación del niño con todo el mundo. Es una poderosa fuente de estrés psicológico o físico más adelante.

En breve, el cerebro de vinculación del niño orientado hacia el adulto acoge a los padres que son sus responsables. Un niño así se siente bien de que sus padres estén en una posición dominante. Si la disposición se invierte o si se aplana debido a la orientación hacia los compañeros, el oficio de padres irá contracorriente de los instintos del niño, por grande que sea la necesidad.

El vínculo aviva los instintos de los padres, vuelve al niño más querido y aumenta la tolerancia de parte de éstos

Como ilustra la salida ocurrente de Ferry Seinfeld, el vínculo no sólo prepara al niño para que lo cuiden, sino que también suscita los instintos de crianza en el adulto. Ni el entrenamiento ni la educación pueden hacer lo que hace el vínculo: disparar los instintos de crianza. El vínculo también logra intensificar el cariño hacia los niños. Aumenta nuestra tolerancia de las dificultades que conlleva el ser padres y el abuso no intencionado que podamos sufrir en el ejercicio de la paternidad.

No hay nada más amoroso que el comportamiento de vinculación

---

1. Bowlby, John, *Attachment* (2ª ed.). Basic Books, Nueva York 1982, p. 377.

de un niño pequeño: los ojos que encantan, la sonrisa que cautiva, los brazos extendidos, la fusión con uno cuando se lo toma en brazos. Una persona tendría que estar hecha de piedra para que no sintiera brotar en ella el vínculo. La conducta de vinculación sirve el propósito de despertar la paternidad o maternidad dentro de nosotros. Ha sido diseñada no por el niño, sino por reflejos de vínculos que son automáticos y espontáneos. Si logramos despertar al padre o a la madre que llevamos dentro, nos sentimos atraídos, deseosos de mimar, de tomar en brazos al niño, ansiosos de tomar la responsabilidad. Estamos experimentando el vínculo en funcionamiento: la conducta impulsiva del niño hacia los vínculos que suscitan los instintos de vinculación de los posibles padres.

Esas encantadoras y cautivadoras conductas pueden desvanecerse a medida que el niño crece, pero el impacto de la conducta de vinculación de un niño hacia los padres sigue siendo poderoso durante toda la infancia. Cuando nuestros hijos, con sus acciones o palabras, expresan un deseo de vincularse con nosotros, se vuelven más dulces y soportables. Hay centenares de pequeños gestos y expresiones, todos inconscientes, que sirven para ablandarnos y atraernos. No es que estemos manipulados, sino que operan en nosotros las fuerzas del vínculo, por una muy buena razón: el ser padres comporta situaciones arduas y necesitamos algo que vuelva la carga un poco más fácil de soportar.

La orientación a los compañeros cambia todo esto. El lenguaje corporal del vínculo que crea la atracción magnética no va ya dirigido a nosotros. Los ojos ya no nos seducen. El rostro ya no nos encanta. Las sonrisas que caldeaban nuestro corazón se han congelado de alguna forma y nos dejan fríos o nos causan dolor. Nuestro hijo ya no responde a nuestro tacto. Los abrazos se vuelven de cumplimiento y unilaterales. Se nos hace difícil sentir agrado por nuestro hijo. Cuando no estamos alentados por el vínculo de nuestro hijo hacia nosotros, tenemos que basarnos en nuestro amor y entrega solos y en nuestro sentido de responsabilidad como padres. Para algunos esto es suficiente; para muchos, no.

Para el padre de Magdalena no fue bastante. Su hija había sido siempre cercana a él, pero cuando sus atenciones y afectos se desviaron hacia sus amigas, el corazón del padre se enfrió. Era esa clase de individuos que se desvivían, en mucha mayor medida que muchos padres, por complacer a su hija, pero resultó ser más obra del vínculo que de su carácter propiamente autónomo. Su lenguaje reflejaba ese cambio de los sentimientos de su corazón. No cesaba de repetir: "¡Ya estoy harto! ¡No la soporto más!". Y comenzaron también los ultimátum. El hombre se sentía usado, abusado, "dado por sentado" y, sin lugar a dudas, aprovechado.

En realidad, todos los padres son usados, abusados, "dados por sentado", "por descontado" y se les aprovecha. La razón de que todo eso no nos afecte es, de nuevo, obra del vínculo. Observe a una gata amamantar a sus gatitos. Los pequeños se suben a ella, la muerden, la arañan, la empujan, pero ella en general permanece sorpresivamente tolerante. Pero al introducir un gatito que no es suyo dentro de la camada, esa tolerancia faltará para su desgracia, a menos que se forme un nexo de vinculación. La madre gata castigará físicamente al gatito por la menor infracción, por inevitable que sea. Nuestra madurez como padres humanos y nuestro sentido de responsabilidad pueden ayudarnos a superar esas reacciones instintivas, pero todavía tenemos mucho en común con otras criaturas que se vinculan. También nos enfurecemos más fácilmente cuando el vínculo se ha debilitado. La falta de un vínculo mutuo espontáneo es lo que quizá ha dado a las madrastras esa mala reputación en los cuentos de hadas infantiles.

La mayoría requerimos la ayuda del vínculo para soportar el hastío de ejecutar nuestras responsabilidades como padres. Los niños no tienen idea de cómo nos afectan, los dolores que han causado o los sacrificios que hemos hecho en su favor. Ni tienen por qué saberlo, al menos hasta que captan por su madura reflexión lo que hemos hecho por ellos. Es parte del oficio de padres que se nos dé por descontados. Lo que hace que todo valga la pena es el gesto de afecto, el signo de conexión, el deseo de cercanía, no necesariamente por reconocimiento a nuestra dedicación y esfuerzo, sino por el vínculo puro y simple. Por otro lado, cuando el vínculo se desvía, puede volver la carga insoportable. Ante niños orientados a sus iguales, podemos llegar a sentir que nuestros instintos se han embotado. El calor natural que nos gusta sentir hacia nuestros hijos se hiela y hasta podemos sentir culpa por no "amar" lo suficiente a nuestros hijos.

En la situación contra naturaleza de las relaciones orientadas hacia los compañeros, el mismo poder del vínculo que nos permite soportar los malos tratos, se revuelve. Cuando el propósito del vínculo es facilitar la carga de ser padres y mantener a éstos en el juego, entre los iguales, fomenta el abuso. Los niños pueden llegar a tolerar los abusos que experimentan en manos de sus iguales. Es asombroso para los padres ver que sus hijos, recalcitrantes en casa aun a las más ligera corrección o control, soporten las demandas fuera de razón de sus compañeros y hasta acepten ser maltratados por ellos. Son incapaces de reconocer que a un determinado compañero de clase no le importan sus sentimientos. Los niños orientados a los iguales se hacen de la vista gorda o encuentran excusas con tal de preservar el vínculo.

El vínculo exige la atención del niño

Es inmensamente frustrante tratar a un niño que no nos presta atención. Hacer que el niño nos mire y escuche es fundamental para todo ejercicio de padres. Los padres de nuestros ejemplos tenían todos dificultad en captar la atención de sus hijos. La madre de Magdalena se quejaba de que a veces tenía la impresión de que ni siquiera existía para su hija. Los padres de Santiago estaban hartos de ser ignorados; a los de Claudia les costaba mucho lograr que la niña, de siete años, los escuchara y los tomara en serio.

Los problemas experimentados por ese grupo para lograr captar la atención de sus hijos no son inusitados. En realidad, ninguna persona puede exigir la atención de otra. El cerebro del niño, mediante dinámicas que son en su mayoría inconscientes, asigna prioridades respecto de aquello a lo que tiene que atender. Si lo perentorio es el hambre, será la comida lo que captará la atención del niño; si la necesidad de orientación es lo más urgente, el niño buscará lo familiar; si siente alarma, su atención se dirigirá a averiguar qué está ocurriendo. Pero el vínculo es lo que más importa en el mundo del niño y por eso es indispensable para orquestar su atención.

Básicamente, la atención sigue al vínculo. Cuanto más fuerte es el vínculo, más fácil resulta captar la atención del niño. Cuando el vínculo es débil, será correspondientemente difícil capturar la atención del niño. Un signo típico de que un niño no presta atención es que el padre o la madre tengan que levantar la voz constantemente y repetirle las cosas. Algunas de las demandas más persistentes de los padres tienen que ver con la falta de atención: "¡Escúchame!", "¡Mírame cuando te hablo!", "¡Fíjate en lo que haces!", "¿Qué te acabo de decir?" o, más sencillamente, "¡Presta atención!".

Cuando los niños se vuelven orientados a sus iguales, su atención instintivamente se dirige a sus compañeros. Va contra los instintos naturales del niño orientado a sus iguales el que atienda a sus padres o maestros. Los sonidos que emanan de los adultos son vistos por los mecanismos de atención del niño como simples ruidos e interferencia, carecen de significado y trascendencia para las necesidades de vinculación que dominan su vida emotiva.

La orientación a los iguales crea deficiencias en la atención del niño hacia los adultos, porque éstos no son la primera prioridad en la jerarquía de atención de los niños orientados a los iguales. No es accidental que el trastorno de deficiencia de atención (ADD Attention Deficit Disorder) fuera considerado en un principio un problema escolar: consistía, se pensaba, en que el niño no escuchaba a sus maestros. Tampoco es casual que la explosión en el número de casos diagnosticados de deficiencias en la atención corra paralelamente a la evolución de la orientación a los iguales en nuestra sociedad, y es peor donde la orientación a los iguales predomina más, como en centros urbanos y escuelas de barrios pobres. Esto no quiere decir que todos los problemas de la falta de atención provengan de esta fuente y que no existan otros factores en el caso de ADD. Por otro lado, no reconocer el papel fundamental del vínculo en la prestación de la atención es pasar por alto la realidad de que existen muchos niños con ADD. Las deficiencias en los vínculos con los adultos contribuyen significativamente a la falta de atención a éstos. Si el vínculo se trastorna, también lo hará la atención.

El vínculo mantiene al niño cerca de los padres

Quizá la tarea más obvia del vínculo es mantener al niño cerca. Cuando éste experimenta la necesidad de proximidad física, como ocurre con los niños muy pequeños, el vínculo sirve como una correa invisible. Nuestros niños tienen esto en común con muchos otros animales que se vinculan y que requieren tener a alguno de sus progenitores al alcance de la vista, del oído o del olfato.

A veces sentimos que la necesidad de cercanía es algo sofocante, en especial cuando el bebé o el niño de maternal entran en pánico en cuanto cerramos la puerta del escusado. Sin embargo esta programación hacia el vínculo nos da mucha libertad la mayor parte del tiempo. En vez de mantener al niño bajo nuestra mirada continuamente, podemos tomar la delantera y confiar en que, por sus instintos, nos seguirá. Igual que la mamá osa con su osezno o la gata con sus cachorros o la gansa con sus ansarinos, podemos apoyarnos sobre el vínculo para mantener a nuestros pequeños cerca, en vez de obligarlos a seguirnos o encerrarlos.

Los instintos infantiles de mantenerse cerca de nosotros pueden llegar a estorbarnos y causarnos frustración. No nos agrada el vínculo cuando lo que buscamos es la separación, sea por trabajo, escuela, sexo, para no volvernos locos o para dormir. Nuestra sociedad está tan patas arriba que sentimos alivio cuando el deseo de separarse del niño predomina sobre su instinto de cercanía. Por desgracia, no se puede tener todo al mismo tiempo. Los padres cuyos niños no están debidamente apegados se enfrentan a una situación de pesadilla por el solo hecho de procurar tener a su hijo a la vista. Deberíamos agradecer la ayuda que el vínculo nos presta porque mantiene a nuestros hijos cerca. Si nos correspondiera hacerlo todo, nunca podríamos cumplir con los muchos otros quehaceres que el oficio de padres comporta. Necesitamos aprender a ser padres en armonía con este diseño, en vez de ir en contra de él.

Si las cosas marchan bien, la tendencia a la proximidad física de los padres gradualmente evoluciona hacia una necesidad de conexión y contacto emocional. La urgencia por mantener a alguno de los padres a la vista se cambia por la necesidad de saber dónde están los padres. Incluso los adolescentes, si están bien apegados, preguntarán: "¿Dónde está mi papá?" o "¿Cuándo regresa mi mamá?" y mostrarán cierta angustia cuando no logren comunicarse.

La orientación hacia los compañeros choca con estos instintos. Existe igual necesidad de conexión y contacto en los niños orientados a sus iguales, pero ahora está redirigida de unos hacia otros. Ahora lo que le angustia es dónde se encuentran esos sustitutos. Como sociedad hemos desarrollado una poderosa tecnología para mantenernos en contacto, como teléfonos celulares, correo electrónico o el *chat*. Magdalena, de trece años, obsesionada por mantenerse en contacto con sus amigas, se la pasaba *chateando*. Esta urgente necesidad de comunicar interfiere no sólo con el tiempo de convivencia con la familia, sino con los estudios, el desarrollo y, desde luego, con la soledad creativa que tan esencial es para la madurez. (Para más sobre madurez y soledad creativa, ver el capítulo 9.)

El vínculo convierte a los padres en modelos

Los adultos se sorprenden e incluso se sienten heridos cuando los niños que tienen bajo su cuidado no siguen lo que se les ordena en cuanto a comportamiento y viven su vida a su manera. Tal decepción surge de la creencia equivocada de que los padres y los maestros son modelos automáticos para niños y estudiantes. En realidad, el niño acepta como modelos sólo a aquellas personas a las que está fuertemente apegado. No son nuestras vidas las que nos convierten en modelos, por ejemplares que sean, ni nuestro sentido de responsabilidad hacia el niño o nuestro papel de criadores o educadores en la vida del niño. Es el vínculo el que hace que el niño quiera ser como otra persona y adquirir las características de otro. El seguir un modelo es, en suma, una dinámica de vinculación. Al emular a la persona a la que uno está apegado, el niño mantiene la cercanía psicológica con ese individuo.

El deseo de semejanza, de identificación con las figuras por las que se siente importante vinculación, conduce a algunas de las experiencias más significativas y espontáneas en el niño, aunque la motivación subyacente es la cercanía, el deseo de aprender. Tal aprendizaje ocurre sin que los padres tengan mucha intención consciente de enseñar al niño, ni éste de aprender. En ausencia de vínculo, el aprendizaje es laborioso y la enseñanza, forzada. Piénsese en el trabajo que supondría que cada palabra que el niño adquiriera tuviera que serle inculcada deliberadamente por los padres, cada conducta conscientemente imbuida y cada actitud intencionalmente inculcada. La carga de ser padres sería abrumadora. El vínculo permite el cumplimiento de estos actos automáticamente, sin requerir mayor esfuerzo de parte de los padres o del hijo. El vínculo proporciona aprendizaje potenciado: ¡cuánta gente no ha experimentado lo delicioso que es estudiar un nuevo idioma cuando se está enamorado o enamorada de la persona que lo enseña! Nos percatemos o no, como padres y maestros nos cimentamos mucho en el vínculo para que los niños nos tomen como modelos.

Cuando los iguales sustituyen a los padres como figuras de vinculación dominantes, se convierten en los modelos del niño, sin asumir responsabilidad alguna sobre el resultado final. Nuestros niños se copian unos a otros el lenguaje, los ademanes, las acciones, las actitudes y las preferencias. El aprendizaje es igual de impresionante, pero el contenido no está bajo nuestro control. El patio de la escuela es a menudo donde más ocurre este aprendizaje potenciado. Lo que se aprende de esta forma puede ser aceptable cuando se trata de niños que nos caen bien, pero es descorazonador cuando los modelos son niños cuya conducta o valores nos parecen inquietantes. Peor aún, cualquier enseñanza que queramos inculcar en los niños se vuelve laboriosa, insistente y lenta. El oficio de padres se transforma en algo inconmensurablemente más complicado cuando nosotros no somos los modelos que nuestro hijo emula.

El vínculo designa a los padres como los orientadores primordiales

Una de las tareas fundamentales del oficio de padres es proporcionar directrices y guía a los hijos. Cada día señalamos qué funciona y qué no, qué se espera y qué es inapropiado, qué buscar y qué evitar. Hasta que el niño se vuelva capaz de auto-dirección y de seguir pistas desde su interior, requiere que alguien se las muestre. Los niños constantemente buscan pistas sobre cómo ser y qué hacer.

El tema crítico no es cuál es la sagacidad de nuestra enseñanza, sino a quién apunta la programación de vinculación del niño como guía a seguir. Es importante saber proporcionar directrices, pero por claras o apropiadas que sean, no importaran si nuestro hijo no nos busca como guías. Es aquí donde la literatura sobre la educación parental se ha extraviado. La premisa tácita, no garantizada, es que los niños están orientados hacia los adultos y toman pistas o directrices de los padres o de los maestros. El enfoque de esta literatura es, por tanto, cómo proporcionar guía y dirección; por ejemplo, siendo claros acerca de las expectativas, estableciendo límites bien definidos y razonables, planteando las normas, siendo congruentes con las consecuencias y evitando mensajes que se antojen confusos. Cuando los niños no siguen nuestras pistas es fácil suponer que el problema se encuentra en nuestra forma de comunicar nuestras expectativas, o en la capacidad del niño de recibir nuestros mensajes. Puede ser cierto en algunas situaciones, pero es mucho más probable que el problema tenga una raíz mucho más honda: a resultas de la pérdida del vínculo, el niño ya no sigue nuestra guía.

Proporcionar directrices y guía no debería ser ninguna tarea ardua, cargada de frustración. Puede y debe ocurrir espontáneamente. Quienquiera que funge como punto cardinal del niño, actúa también como guía. Todo es parte del reflejo de orientación. El cerebro del niño buscará automáticamente pistas de aquella persona a la que se siente primariamente apegado. Si el cerebro de vinculación del niño está orientado hacia los padres, esas pistas procederán del rostro de sus progenitores, de las reacciones de éstos, de sus comunicaciones y valores. Los padres son leídos y estudiados esmeradamente, en busca de signos que indiquen lo que desean o esperan. El vínculo facilita dar directrices -a veces un poco demasiado fácilmente-.

Cuando no nos comportamos como mejor deberíamos o hablamos de forma que no nos enorgullece, desearíamos que nuestros hijos no siguieran nuestro ejemplo tan automática y precisamente. El poder puede resultar a veces oneroso, pero alguien tiene que hacer de guía. Si no somos nosotros, ¿entonces quién? Al menos, como adultos y padres responsables, tenemos la capacidad y el sentido de responsabilidad de reflexionar sobre nuestras acciones y, cuando sea necesario, reparar el daño que pudiera haberse causado. Cuando los compañeros obtienen el poder, no asumen responsabilidad alguna ni se sienten mal respecto de los impactos negativos que propicien. A diferencia de los padres, no se esfuerzan por estar a la altura del papel que el vínculo asigna. Aun si somos inmaduros e ineptos, el recibir la enorme responsabilidad de ser modelos y guías induce poderosamente a extendernos y estar a la altura.

Si los iguales sustituyen a los padres como orientadores, entonces el niño seguirá las expectativas de sus iguales según las perciba. Un niño así secundará las demandas de sus iguales tan dispuestamente como obedecería las órdenes de sus padres si estuviera orientado hacia los adultos.

Algunos padres pueden evitar dar directrices en la ingenua creencia de que han de dejar espacio para que el niño desarrolle sus propias guías internas. Pero no funciona así. Sólo la madurez psicológica puede ofrecer autodeterminaciones genuinas. Si bien es importante para su desarrollo que a los niños se les proporcionen opciones adecuadas a su edad y madurez, los padres que, por principio, evitan dar directrices terminan abdicando de su papel de padres. A falta de dirección de los padres, la mayoría de los niños buscará guía de alguna fuente sustituta, como son sus compañeros.

Manejar a un niño que no sigue nuestras directrices es de por sí peliagudo, pero tratar de controlar a un niño que está bajo el imperio de otro es casi imposible. Lo que se supone que nos debe sustituir no es alguien más que dé órdenes, sino que es la madurez, o sea, la capacidad de una persona desarrollada y con facultades para tomar decisiones y escoger lo que más le conviene para proceder en la vida.

El vínculo hace que el niño desee agradar a sus padres

La importante forma final en que somos asistidos por el vínculo de nuestro hijo hacia nosotros es la más significativa de todas: el deseo del niño de complacer a sus padres. Este punto merece un examen detallado.

El anhelo del niño de condescender da a los padres un formidable poder. Las dificultades creadas por su ausencia son igualmente formidables. Vemos en los perros el impulso de ser buenos en el afán por obedecer a sus dueños, mientras que son indiferentes a las órdenes de los extraños. Tratar de manejar a un perro que no está interesado en ser bueno con nosotros nos da una pequeña idea de las dificultades que enfrentaremos cuando esta motivación falta en un ser mucho más vulnerable y complejo emocionalmente como es el niño.

Este deseo de ser bueno es una de las primeras cosas que yo busco en un niño cuyos padres encuentran problemas en tratarlo. Existe cierto número de razones por las que el niño no se porta bien, pero la más crucial -con mucho- es la falta del deseo mismo de ser bueno. Es triste decirlo, pero algunos niños nunca pueden estar a la altura de las expectativas de sus padres porque las demandas de éstos son imposiblemente irreales. Pero si lo que falta es el deseo mismo del niño, no importa gran cosa si las expectativas son o no realistas. Cuando pregunté a los padres de Santiago, Magdalena y Claudia, los seis me respondieron que a sus hijos les faltaba motivación. Con todo, los padres de cada uno de los niños recordaban el tiempo, no demasiado distante, cuando el deseo de sus hijos de ser buenos había sido mucho más evidente.

Para propósitos de crianza, el mayor logro de un vínculo que funciona es instilar en el niño el deseo de ser bueno. Cuando decimos de tal niño que es "bueno", pensamos que estamos describiendo una característica innata en el niño. Lo que no vemos es que es el vínculo del niño hacia el adulto lo que fomenta esa bondad. De este modo, nos cegamos ante el poder del vínculo. El peligro de creer que la personalidad innata del niño es la que causa su deseo de ser bueno, es que lo regañaremos y lo avergonzaremos –lo veremos como "malo"– si advertimos que ese deseo falta. El impulso a ser bueno no surge tanto del carácter de un niño cuanto de la naturaleza de sus relaciones. Si un niño es "malo", lo que necesitamos corregir no es al niño, sino nuestra relación con él.

El vínculo suscita el deseo de ser bueno de múltiples maneras, cada una de las cuales influye por sí misma. Juntas hacen posible la transmisión de normas de conducta y valor aceptables de una generación a la siguiente. Una fuente del deseo del niño de ser bueno es lo que llamo la "conciencia de vinculación", una suerte de alarma innata en el niño que lo pone en guardia contra conductas que podrían acarrear la ofensa de los padres. La palabra conciencia proviene del verbo latino scire[2] 'saber', 'conocer'. La empleo aquí en este sentido más básico, no como un código de moralidad, sino como un conocimiento interno que protesta contra una ruptura con los padres.

La esencia de la conciencia de vinculación es la angustia por la separación. Debido a que el vínculo importa tanto, los centros nerviosos importantes del cerebro de vinculación operan como alarmas, creando un sentido de agitación incómoda cuando nos enfrentamos a la separación de aquellos a los que amamos. Al principio, es la previsión de una separación física que evoca esta respuesta del niño. A medida que el vínculo se vuelve más psicológico, la experiencia de la separación emocional produce más angustia. El niño se sentirá mal cuando prevea o experimente la desaprobación o decepción de los padres. Todo lo que haga el niño que pudiera alterar a los padres, apartarlos o enajenarlos provocará la angustia en el niño. La conciencia de vinculación mantendrá la conducta del niño dentro de los límites establecidos por las expectativas de sus padres.

La conciencia de vinculación puede evolucionar, ultimadamente, hacia la conciencia moral del niño, pero su función original es mantener la conexión con quien sea que sirva como vínculo primario. Cuando el vínculo del niño cambia, la conciencia de vinculación

_____

2. Pronúnciese 'skire' (pronunciación clásica). (T.)

probablemente será recalibrada para evitar todo cuanto pudiera trastornar o distanciar en la nueva relación. Sólo cuando el niño ha desarrollado una semajanza o identidad lo bastante fuerte para formar valores y juicios independientes, se despliega una conciencia más madura y autónoma, que se mantendrá congruente en todas las situaciones y relaciones.

Si bien resulta benéfico para un niño el que se sienta mal cuando prevé una pérdida de conexión con aquellos que están dedicados a él, a su bienestar y desarrollo, es de suma importancia que los padres entiendan que es insensato aprovecharse jamás de esa conciencia. Nunca hemos de hacer intencionadamente que un niño se sienta mal, culpable o avergonzado para obligarlo a ser bueno. Abusar de la conciencia de vinculación evoca profundas inseguridades en el niño que pueden inducirlo a cerrarse por miedo a ser lastimado. Las consecuencias no valen la pena cualesquiera que sean las ganancias a corto plazo en metas conductuales.

La conciencia de vinculación puede volverse disfuncional por razones distintas a la orientación hacia los iguales, pero la causa más común de que sirva a un propósito errado es que se haya desviado hacia los iguales, apartándose de los padres. En esta circunstancia, la conciencia sigue siendo operativa, pero su propósito natural se ha subvertido. Resultaran dos consecuencias indeseables. Los padres pierden la ayuda de esa conciencia para influir en la conducta de sus hijos y, al mismo tiempo, la conciencia de vinculación se reconforma para servir a las relaciones con los compañeros. Si nos sentimos desconcertados por cambios conductuales que vienen en la estela de la orientación a los iguales es porque lo que es aceptable a los iguales es muy diferente de lo que es aceptable para los padres. De igual manera, lo que enajena a los iguales es por completo diferente de lo que ofende a los padres. La conciencia de vinculación está sirviendo a un nuevo dueño.

Cuando un niño trata de congraciarse con sus iguales en vez de con sus padres, la motivación para ser bueno con los padres decae significativamente. Si los valores de los iguales difieren de los valores de los padres, la conducta del niño cambiará correspondientemente. Este cambio en la conducta revela que los valores de los padres nunca habían sido verdaderamente interiorizados, nunca se habían vuelto genuinamente propios del niño. Funcionaron, sobre todo, como instrumentos para conseguir el favor de los padres.

Los niños no interiorizan valores -no los hacen suyos propios- sino hasta la adolescencia. Así, los cambios en el conducta del niño orientado hacia sus compañeros no significan que sus valores hayan cambiado, sino sólo que la dirección de su instinto de vinculación ha alterado su curso. Los valores apreciados por los padres, como estudiar, esforzarse por alcanzar alguna meta, la búsqueda de la excelencia, el respeto hacia la sociedad, la realización de las facultades, el desarrollo del talento, la inclinación a llevar a cabo la pasión por algo, el aprecio de la cultura a menudo se ven sustituidos por los valores de los iguales que son mucho más inmediatos y a corto plazo. El aspecto exterior, la diversión, la lealtad a los amigos, el pasar el tiempo juntos, encajar en la subcultura y llevarse bien unos con otros serán estimados por encima de la educación y la realización del potencial personal. Los padres a menudo insisten en los valores, sin darse cuenta de que para sus hijos orientados hacia sus iguales, los valores no son más que las normas que ellos, los niños, han de cumplir para lograr la aceptación del grupo de compañeros.

Ocurre así que perdemos nuestra influencia justamente en el momento de la vida de nuestros hijos en que lo más apropiado y necesario es que proyectemos nuestros valores en ellos y fomentemos la interiorización de aquello en lo que creemos. El fomento de los valores exige tiempo y discurso. La orientación hacia los iguales roba a los padres de esa oportunidad. De este modo, la orientación a los iguales detiene el desarrollo moral.

La inclinación a ser malo es la otra cara de la moneda del deseo de ser bueno. Indicar que fulano de tal o tal nos agrada o que algo que nuestro hijo llevó a cabo nos hizo sentir orgullosos de él puede salirnos mal. La naturaleza bipolar de los vínculos, de que tratamos en el capítulo 2, es tal que cuando el aspecto negativo es el que está activo, puede provocar conductas opuestas a lo deseado. Esto es lo que ocurrió entre Magdalena y su madre. Cuando un niño resiste el contacto, en vez de desear agradar, los instintos son de repeler e irritar. Magdalena hacía todo lo posible por enojar a su madre. Pareciera que el niño orientado a sus iguales trata de sacarnos de quicio, y en un sentido esto es muy cierto, sólo que es instintivo y no intencional. Los seres que se vinculan son seres de instinto e impulso. No se siente bien, correcto o apropiado buscar el favor de aquellos de los que uno trata de distanciarse. Cuando lo que se busca es la aprobación de los compañeros, casi es insoportable congraciarse con los adultos.

Una advertencia final. El deseo de un niño de ser bueno con sus padres es una poderosa motivación que facilita mucho el ejercicio de ser padres. Requiere un cuidado y confianza mutuos. Es un abuso de la relación no creer en el deseo del niño cuando realmente existe; por ejemplo, acusar al niño de abrigar malas intenciones cuando desaprobamos su conducta. Tales acusaciones pueden disparar fácilmente defensas en el niño, dañar la relación y hacer que se sienta mal. También es demasiado riesgoso que el niño continúe deseando ser bueno con sus padres o su maestro si ellos no tienen fe en las intenciones de ser bueno que muestra el niño e inclusive, piensan que debe ser tentado con sobornos o amenazado con sanciones. Es un círculo vicioso. Los motivadores exteriores de la conducta, como las recompensas y los castigos, pueden destruir la preciosa motivación interna de ser bueno, volviendo necesario el apalancamiento por tales medios artificiales a falta de otra cosa.

El confiar en el deseo por parte del niño de portarse bien es una de las mejores inversiones para ejercer con facilidad el oficio de padres. Muchos métodos actuales de manejo de la conducta, por el hecho de que se basan en motivaciones impuestas, van a contracorriente de este delicado impulso. La doctrina de las consecuencias supuestamente naturales es un ejemplo. Este método disciplinario pretende imprimir en el niño que determinadas malas conductas conllevarán sanciones específicas que han seleccionado los padres de acuerdo con una lógica que tiene sentido en la mente de los padres, pero rara vez en la del niño. Lo que los padres ven como natural, el niño lo experimenta como arbitrario. Si las consecuencias son verdaderamente naturales, ¿por qué habrían de ser impuestas al niño? Algunos padres entienden que la confianza tiene que ver con el resultado final, no con la motivación básica. A sus ojos, la confianza es algo que se gana, no una inversión que se deba hacer. "¿Cómo puedo tenerte confianza –dicen– si no haces lo que dijiste que ibas a hacer o si me mentiste?" Aunque un niño no haya logrado estar a la altura de nuestras expectativas ni haya realizado sus propias intenciones, sigue siendo importante confiar en su deseo de ser bueno. Retirar esa confianza es quitar el viento de sus velas y herirlo profundamente. Si el deseo de ser bueno no se aprecia ni es fomentado, el niño perderá su motivación para seguir tratando de estar a la altura. Es el deseo del niño de ser bueno con nosotros lo que garantiza nuestra confianza, no su capacidad de ajustarse a nuestras expectativas.

6

"Contravoluntad": por qué los niños se vuelven desobedientes

"¡Tú no eres mi jefe!", les espetaba Claudia, de siete años, a sus desconcertados padres siempre que le pedían que se aviniera a hacer algo. Santiago, de nueve años, era también cada vez más reacio, hasta que llegó a clavar un cartel en la puerta de su cuarto donde se leía: "No molestar". La comunicación de la adolescente Magdalena con sus padres se reducía a poco más que a unos ademanes de desafío: expresión hosca, un encogimiento de hombros, una mueca que era tanto más despreciativa cuando su padre daba furiosas órdenes inefectivas para "borrarle de la cara esa sonrisa".

Como mostré en el capítulo anterior, una vez que nuestros hijos se orientan a sus compañeros, el vínculo se vuelve contra nosotros y perdemos el poder de ejercer como padres. Con estos dos puntos en contra, los padres de Claudia, Magdalena y Santiago ya tenían más que suficiente, pero la historia no concluye ahí. Hay otro instinto que, cuando está desviado por la orientación a los iguales, crea trastornos en la relación padres-hijo y vuelve la vida miserable a todo adulto que esté a cargo. Fue denominado "contravoluntad" por un perspicaz psicólogo austriaco de nombre Otto Rank (1884-1939).

La "contravoluntad" es una resistencia instintiva y automática a toda experiencia de sentirse forzado. Se desata cada vez que la persona se siente controlada o presionada para cumplir con una voluntad ajena. Hace su más dramática aparición en el segundo año de vida —lo que entre los anglosajones llaman *the terrible two's* [los terribles dos]. (Si los niños de dos años fueran capaces de idear etiquetas así, quizá dirían que sus padres están en los "terribles treinta".) La "contravoluntad" reaparece con tanta mayor furia durante el período de la adolescencia, pero se puede activar a cualquier edad, y muchos adultos la experimentan.

En la primera parte del siglo xx, Rank ya había observado que manejar la "contravoluntad" era el reto más imponente de los padres. Escribía en una época en que, en general, los vínculos de los niños todavía estaban alineados con los adultos. Así que no hay nada fuera del ordinario en la "contravoluntad", pero –como explicaré en breve– ha aumentado anormalmente bajo la influencia de la orientación a los iguales.

A nadie le gusta ser dominado, incluidos los niños o, mejor dicho, en especial los niños. Aunque somos conscientes de esta respuesta instintiva que sentimos, en cierta medida no nos acordamos de ella cuando tratamos con nuestros niños. Entender la "contravoluntad" podría ahorrarles a los padres mucha confusión y conflicto innecesarios, en particular cuando se trata de comprender las actitudes y conducta de un niño orientado hacia sus compañeros.

La "contravoluntad" se manifiesta de mil maneras. Puede aparecer como el "no" reactivo del niño de dos años; en el "No eres mi jefe" del niño mayor, como respingo cuando se le apremia, como desobediencia o como desafío. Es visible en el lenguaje corporal del adolescente. La "contravoluntad" se expresa también a través de la pasividad, al posponer las cosas para mañana o al hacer lo opuesto de lo que se espera que haga. Puede parecer negligencia o falta de motivación. Se puede comunicar a través de la negatividad, de la beligerancia o de la insistencia en discutir, algo que los adultos a menudo interpretan como insolencia. En muchos niños impulsados por la "contravoluntad" podemos observar una fascinación por transgredir tabúes y adoptar actitudes antisociales. Independientemente de lo que parezca, la dinámica subyacente es clara: resistencia instintiva a ser forzado.

La sencillez de la dinámica forma agudo contraste con la multitud y complejidad de los problemas que crea. Para los padres, maestros y para todo aquel que trate con niños, el hecho mismo de que algo sea importante para nosotros puede hacer que vuelva menos probable que los niños lo hagan. Cuanto más presionamos a nuestros hijos para que coman vegetales, aseen sus cuartos, se cepillen los dientes, hagan su tarea, sean educados o se lleven bien con sus hermanos, menos inclinados se muestran a obedecer. Cuanto más insistentemente les decimos que no coman comida chatarra, más tercos se ponen en comerla. "Cada vez que me dices que coma verdura, menos ganas tengo de comerla," le decía un perceptivo adolescente de catorce años a su padre. Cuanto más claros somos en decirles qué esperamos que hagan, más insisten en retarnos. Todo esto puede ser cierto en las más normales y naturales de las circunstancias, o sea, cuando los niños están bien apegados a los adultos encargados de cuidarlos. Cuando los niños no están apegados activamente a quienes son responsables de ellos experimentarán los esfuerzos de los adultos por mantener la autoridad como "querer mangonearlos". La orientación a los iguales, al desplazar los vínculos naturales del niño, agranda la resistencia fuera de toda medida. El instinto de "contravoluntad" puede fácilmente desmandarse y salirse de cauce.

La "contravoluntad" crece a medida que el vínculo disminuye

La resistencia humana básica a la coerción se atempera ordinariamente, e incluso puede remplazarse por el vínculo. Esto también lo sabemos por experiencia propia: cuando estamos enamorados, no hay casi expectativa de la persona amada que nos parezca fuera de razón. Es mucho más probable que nos rebelemos ante las exigencias de alguien con quien no estamos conectados. Un niño que desee estar cerca de nosotros recibirá probablemente nuestras órdenes como una oportunidad de estar a la altura ante nosotros. Las pistas que advierte sobre cómo ser y qué hacer contribuyen a que sus padres lo vean con agrado.

Cuando el niño se ha separado de esta dinámica de vinculación, la situación es diferente, en especial para aquellos que no están lo bastante maduros para saber qué es lo que quieren. Las expectativas ahora son una fuente de presión. Que a uno le digan lo que tiene que hacer es sentirse mangoneado. Obedecer es sentir como que uno ha capitulado. Si incluso adultos relativamente maduros pueden reaccionar de esa manera, no digamos ya el niño, el cual está en desarrollo. Dar una orden a un preescolar con quien no se tiene relación es invitar a que a uno lo reten o, en el mejor de los casos, que sea ignorado. El niño pequeño no tiene inclinación a obedecer a alguien con quien no se sienta conectado. Simplemente no le parece que sea correcto obedecer a extraños, o sea, a aquellos que están fuera del círculo de vinculaciones.

Para los adolescentes inmaduros, la dinámica es exactamente la misma, incluso si su manera de expresarla no sea, ni con mucho, tan lindamente inocente. En situaciones en que habitualmente quienes dictan órdenes son personas a las que no están apegados, la "contravoluntad" puede cristalizarse como la respuesta fundamental en contra del mundo de los adultos. Una adolescente de catorce años fuertemente orientada hacia sus compañeros que fue puesta en un internado porque su "contravoluntad" la había vuelto incontrolable, acabó siendo despedida de la escuela por la misma razón. Le pregunté por qué había cometido algunos de los atroces actos que se le imputaban. Su respuesta fue encogerse de hombros y decir desaprensivamente: "Porque teníamos prohibido hacerlos". Este imperativo le parecía tan evidente por sí mismo que, a su manera de ver, mi pregunta no merecía apenas ser respondida.

Al preguntarles qué es lo más importante para ellos, los niños orientados hacia sus compañeros y con mayor "contravoluntad" replican a menudo: "Que nadie nos quiera mangonear". Tan importante y grave es su "contravoluntad" que parecen incorregibles e imposibles de manejar para los adultos. Para los clínicos, tales niños padecen el "trastorno de oposición desafiante". Sin embargo, no es la actitud de oposición –la "contravoluntad"– que es reprensible sino los vínculos del niño. Estos niños sólo suelen ser fieles a su instinto de desafiar a la gente con quien no se sienten conectados. Cuanto más orientado hacia sus compañeros esté un niño, más resistente será a los adultos que lo cuidan. Lo que calificamos como trastornos de conducta en diferentes niños, en realidad son signos de disfunción social.

El instinto de "contravoluntad" choca de frente con nuestras nociones acerca de cómo deben ser los niños. Operamos bajo la impresión de que los niños tienen que ser universalmente receptivos a ser dirigidos por adultos responsables. Los niños están bien dispuestos por naturaleza, pero sólo en el contexto de la conexión y únicamente cuando el poder de vinculación es suficiente.

La orientación a los iguales, al minar el vínculo del niño a sus padres, redirige el instinto de "contravoluntad" en perjuicio de la mismísima gente a la que el niño debería buscar para guía y dirección. Los niños orientados hacia sus compañeros resisten instintivamente las órdenes más razonables de sus padres. Con tal de llevar la contra, se declaran en una especie de "huelga de celo o de reglamento" –el llamado "tortuguismo"–, consistente en cumplir hasta lo más nimio, o contradicen por contradecir, están en desacuerdo con cualquier cosa que se les mande o hacen lo opuesto de lo que deben.

Aun sin decir nada, los padres pueden provocar la "contravoluntad" en niños orientados hacia sus compañeros. Si alguien puede leer nuestras mentes respecto de qué nos gustaría que hicieran, ésos son nuestros hijos. Cuando nosotros, los padres, somos reemplazados por los compañeros, este conocimiento de nuestra voluntad no desaparece. Lo que desaparece es el vínculo, que volvería más digerible la manifestación de nuestra voluntad. El deseo de cumplir es sustituido por su opuesto. Aun sin que su padre diga una sola palabra, el niño orientado a sus iguales suele sentirse subyugado, presionado o manipulado.

Bajo las dificultades a que se enfrentaban los padres de Claudia, Santiago y Magdalena, corría esa dinámica de la "contravoluntad", distorsionada y agrandada por la orientación hacia los compañeros. Sencillas órdenes causaban en esos niños que dieran la espalda. La situación se volvió más movida. Las expectativas empeoraban la situación. Cuanto más importante fuera para los padres cualquier cosa, menos inclinados estaban los niños a cumplir. Cuanto más exigente se ponía el papá de Magdalena, más rebelde se volvía la hija. No era tanto que los padres habían hecho algo malo, sino que la orientación a los iguales había intensificado, de una manera hasta perversa, el instinto de "contravolundad".

El propósito natural de la "contravoluntad"

Por fastidioso que sea para los adultos tratar a un niño opositor, en su contexto apropiado la "contravoluntad", como todos los instintos naturales en su ambiente natural, existe para un propósito positivo e incluso necesario. Sirve a una función doble en el desarrollo. Su papel primario es el de defensa, para repeler los mandatos e influencia de quienes se encuentran fuera del círculo de vínculos del niño.

Asegura que el niño no sea descarriado ni forzado por extraños. La "contravoluntad" también fomenta el desarrollo de la voluntad interna y la autonomía en la persona joven. Todos comenzamos la vida por completo impotentes y dependientes, pero el resultado del desarrollo natural es la maduración de un individuo automotivado y autorregulado, con genuina voluntad propia. La larga transición de la infancia a la adultez comienza con las tentativas del niño pequeño para separarse de sus padres. La "contravoluntad" aparece por primera vez en el bebé para contribuir a la tarea de la individuación. En esencia, el niño levanta una pared de "no". Detrás de esa pared, el niño va aprendiendo gradualmente lo que le gusta y lo que le disgusta, sus aversiones y preferencias, sin quedar abrumado por la voluntad, mucho más poderosa, de cualquiera de los padres. La "contravoluntad" se puede comparar a la pequeña cerca que se coloca en torno a un trecho de césped recién plantado para impedir que nadie lo pise. Debido a la ternura y la movilidad del nuevo crecimiento, se tiene que colocar una barrera protectora, hasta que las ideas, significados, iniciativas y perspectivas queden lo bastante arraigadas y sean lo suficientemente fuertes para poder ser pisadas sin quedar destruidas. Sin esa valla protectora, la incipiente voluntad del niño no puede sobrevivir. En la adolescencia, la "contravoluntad" sirve al mismo propósito: ayudar a la persona joven a soltar su dependencia psicológica de la familia. Llega en un momento cuando el sentido de identidad tiene que surgir del capullo de la familia. Pensar en lo que deseamos tiene que comenzar con tener la libertad de no desear. Manteniendo fuera las expectativas y demandas de los padres, la "contravoluntad" permite que se desarrollen las motivaciones e inclinaciones propias del niño. Por lo tanto, la "contravoluntad" es una dinámica humana normal que existe en todos los niños, incluso en los que están debidamente apegados.

Para la mayoría de los niños bien apegados, la "contravoluntad" es una experiencia repetida y fugaz. Quedará limitada a situaciones en que la fuerza que el adulto aplica para mantener al niño en su lugar es mayor que el poder de vinculación que el adulto posee en dicha situación. Tales momentos son inevitables en la educación. Los padres sensatos e intuitivos los mantendrán al mínimo necesario, para tiempos en que las circunstancias o el bienestar del niño exijan que impongan su voluntad abiertamente. De no darnos cuenta de la dinámica de la vinculación y de la "contravoluntad", no nos percataremos de dónde se encuentra el umbral entre una y otra. Lo cruzamos inadvertidamente, incluso cuando no hay motivo para hacerlo.

Podemos creer, por ejemplo, que nuestro hijo es testarudo o caprichoso y que hemos de acabar con sus actitudes desafiantes. Por lo tanto, no se puede realmente considerar que los niños pequeños tengan voluntad, si por ésta se entiende la capacidad de un individuo para saber qué es lo que quiere y cumplir con sus metas, a pesar de los contratiempos y distracciones. "Pero mi bebé tiene fuerza de voluntad –insisten muchos padres–. Cuando se empeña en tener algo, sigue en ello hasta que no tenga más remedio que decir 'basta' o enfadarme. En realidad, lo que se describe aquí no es voluntad, sino un aferramiento rígido y obsesivo a tal o cual deseo. Una obsesión puede parecer voluntad, debido a su persistencia, pero no tiene nada en común con ella. Su poder proviene del inconsciente y gobierna al individuo, mientras que una persona con una verdadera voluntad es dueña de sus intenciones. La oposición del niño no es expresión de voluntad. Lo que más bien denota es ausencia de voluntad, que hace que una persona sólo reaccione, pero no que actúe a través de un proceso libre y consciente de elecciones.

Es común confundir la "contravoluntad" del niño con fuerza, o sea, como un intento con todo propósito para salirse con la suya. Lo que es fuerte es la reacción defensiva, no el niño. Cuanto más débil la voluntad, tanto más potente la "contravoluntad". Si realmente el niño fuese fuerte por sí mismo, no se sentiría tan amenazado por sus padres. No es el niño quien empuja, sino quien se sienta empujado. Su descaro no proviene de independencia genuina, sino de falta de ella.

La "contravoluntad" le ocurre al niño, en vez de ser instigada por él. Puede tomar al niño tan por sorpresa como a los padres y es, en realidad, la manifestación de un principio universal: "A cada fuerza le corresponde una fuerza en sentido contrario". Vemos la misma ley en física, donde –por ejemplo– por cada fuerza centrípeta hay una fuerza centrífuga. Dado que la "contravoluntad" es una contrafuerza, la invitamos a que aparezca cada vez que nuestro deseo de imponer algo a nuestro hijo supera su deseo de conectarse con nosotros.

La mejor oportunidad en que los niños experimentan la "contravoluntad" es cuando ésta surge no como una oposición automática, sino como un saludable impulso hacia la independencia. El niño se opondrá a que lo ayuden porque quiere hacer las cosas por sí mismo:

se resistirá a que le digan cómo hacer algo, porque quiere hallar por su cuenta el modo, descubrir su mente, encontrar su propio impulso e iniciativa; resistirá a los "debes" que le repiten los padres para así descubrir sus propias preferencias. Pero, como explicaré, el cambio hacia la independencia genuina puede ocurrir sólo cuando un niño está por completo seguro en su vinculación con los adultos que están en su vida (véase capítulo 9).

Un niño de cinco años que esté bien establecido en su relación con los padres puede reaccionar a una frase evidente como "el cielo es azul" replicando porfiadamente que no lo es. A los padres les parecerá que lo hace por contrariar descaradamente o que intenta complicar las cosas. En realidad, el cerebro del niño simplemente bloquea las ideas o pensamientos que no se han originado dentro de él. Se resiste a todo lo ajeno para dar lugar a que puedan expresarse sus propias ideas. El contenido final muy probablemente será el mismo –el cielo es azul–, pero cuando quien lo dice es uno mismo, lo que cuenta es la originalidad.

Cuando la "contravoluntad" sirve a la búsqueda de la autonomía, funciona como un sistema inmune psicológico, reaccionando defensivamente a todo lo que no se origina dentro del niño. Mientras los padres dejen espacio para que el niño se convierta en persona propia y alimente su necesidad tanto de autonomía como de vínculos, ocurrirá un progreso evolutivo. Es incluso posible que esta "contravoluntad" no sea fácil de manejar, como apuntó Otto Rank; pero no es algo generalizado, en el sentido de que no distorsiona gran parte del trato del niño con nosotros y, sin duda, está ahí por un buen propósito. Sirve a la definitiva agenda evolutiva de llegar a una madura independencia.

Si el desarrollo se despliega óptimamente y el niño avanza hacia convertirse en persona propia, la necesidad de vínculos decrece. A medida que lo hace, el niño en maduración será aún más sensible a la coerción y aceptará todavía menos que lo mangoneen. El niño se sentirá menospreciado cuando sea tratado como si no tuviera sus propios pensamientos y opiniones, límites, valores y metas, decisiones y aspiraciones. Se opondrá obstinadamente a que no se lo reconozca como persona aparte. Otra vez, esto es algo bueno. La "contravoluntad" sirve al propósito de proteger al niño contra la posibilidad de convertirse en la extensión de otro individuo, sus padres incluidos. Esto ayuda a la formación de un ser autónomo, emergente e independiente, pleno de vitalidad y capaz de funcionar fuera de los vínculos.

A medida que se desarrolla la independencia y la maduración, la "contravoluntad" se desvanece. Con la madurez, el ser humano gana la capacidad de soportar emociones mezcladas. Pueden estar al mismo tiempo en estados mentales conflictivos: querer ser independiente, pero a la vez estar decidido a preservar la relación de vinculación. Al final, una persona verdaderamente madura, con una voluntad propia genuina, no demostrará una oposición automática a la voluntad de otro: puede darse el lujo de hacerle cuando sea necesario o ignorarlo cuando tenga sentido.

La falsa independencia del niño orientado hacia sus compañeros

Como siempre, la orientación hacia los compañeros es un estorbo en el desarrollo natural. Lejos de servir a la autonomía, la "contravoluntad" apoya sólo el propósito más primitivo de impedir que el niño sea manipulado por aquellas personas cuya cercanía no desea. Para el niño orientado hacia sus compañeros, estas personas somos nosotros: sus padres y maestros. En vez de preparar el camino hacia la independencia genuina, la "contravoluntad" protege la dependencia a los iguales. Y aquí se encuentra una trascendental ironía: una dinámica que originalmente facilitaba el funcionamiento independiente, llega –por influencia de la orientación a los iguales– a destruir la misma base de la independencia: la saludable relación del niño con sus padres.

En nuestra sociedad, esa "contravoluntad" distorsionada por los iguales se confunde a menudo por verdadera meta, a saber, la saludable aspiración a la autonomía. Suponemos que las reacciones opuestas del adolescente orientado hacia sus compañeros representan la rebelión natural de éste. Es fácil confundir una y otra. Están los signos usuales de resistencia: contestar, el rechazo a cooperar, el discutir constantemente, la desobediencia, las batallas territoriales, las barricadas levantadas para mantener alejados a los padres, las actitudes antisociales, los mensajes de "¡no me vas a controlar!". La "contravoluntad" al servicio de los vínculos con los iguales, sin embargo, es del todo diferente de la voluntad natural que sirve de cimiento de una independencia verdadera. En el niño que va madurando, el deseo de vinculación y la búsqueda de autonomía se mezclan, creando un conjunto de sentimientos contradictorios. Los momentos de la más reacia "contravoluntad" se contrarrestan con momentos de búsqueda de la cercanía. Cuando la "contravoluntad" es resultado de la orientación hacia los compañeros, la resistencia es más descarada y no está mitigada por movimientos hacia la proximidad con los padres. El niño rara vez se da cuenta de esos impulsos conflictivos: el impulso es todo unilateral, hacia los compañeros.

Hay una manera infalible de distinguir entre "contravoluntad" distorsionada por los iguales y el impulso genuino hacia la autonomía: el niño que madura, que se va convirtiendo en individuo, resiste la coerción, cualquiera que pueda ser la fuente de ésta, incluida la presión de parte de los compañeros. En la rebelión sana, la meta es la verdadera independencia. No se busca la liberación del sometimiento a una persona sólo para sucumbir a la influencia y voluntad de otra. Cuando la "contravoluntad" es el resultado de vínculos distorsionados, la libertad que el niño disfruta no es la libertad de ser su verdadero ser, sino la oportunidad de conformarse a sus iguales. Para lograrlo, suprimirá sus propios sentimientos y camuflará sus propias opiniones si difieren de las de sus compañeros.

¿Estamos diciendo que quizá no sea natural, por ejemplo, que un adolescente quiera estar con sus amigos bien tarde en la noche? No, ese chico o chica quiere estar con sus amigos no porque se sienta movido por la orientación a ellos, sino sencillamente porque le gusta hacerlo. El meollo de la cuestión es: ¿está dispuesto a discutir el asunto con sus padres?, ¿es respetuoso del punto de vista de ellos?, ¿es capaz de decir "no" a sus camaradas cuando tiene otras responsabilidades u ocurren sucesos familiares o cuando simplemente prefiera estar solo?

El adolescente orientado hacia sus compañeros no soportará que se le interponga ningún impedimento y experimentará honda frustración cuando su necesidad de contacto con sus iguales falle. Es incapaz de imponerse frente a los deseos de sus compañeros y, en la misma proporción, resentirá y se opondrá con la misma fuerza a los deseos de sus padres.

Los adultos que suelen considerar esta forma primitiva y pervertida de "contravoluntad" como autoafirmación saludable del adolescente pueden desistir prematuramente de su papel de padres.

Si parece necesario proporcionar a los adolescentes el espacio de ser ellos mismos y de aprender de sus propios errores, muchos padres simplemente arrojan la toalla. Desesperados y frustrados, con frecuencia sin previo aviso y sin más ceremonia, se dan por vencidos. Sin embargo, desistir prematuramente es abandonar sin darse cuenta a un hijo que todavía nos necesita mucho, aunque no se dé cuenta de ello. Si viéramos a esos adolescentes orientados hacia sus compañeros como los seres dependientes que realmente son y nos diéramos cuenta de cuánto necesitan de nuestro apoyo, estaríamos determinados a reconquistar nuestro poder de padres. Deberíamos seducir a esos niños para que se apartaran de sus compañeros.

El mito del niño omnipotente

Otro error es interpretar la oposición del niño como juego de poderes o como un afán de dárselas de omnipotente.[1] Es comprensible, cuando sentimos una falta de poder en nosotros, que supongamos que el niño se ha empeñado en ser poderoso. Si yo no tengo el control, es porque el niño es el que controla; si no tengo poder es porque él es quien manda; si no estoy en el asiento del conductor, es porque es el niño quien ocupa ese asiento. En vez de asumir la responsabilidad de nuestro sentido de debilidad, vemos al niño como alguien que aspira al control. En el caso extremo, incluso los bebés pueden parecernos que tienen todo el poder: para controlar nuestro horario, para sabotear nuestros planes, para robarnos el sueño, para mandar en el gallinero.

El problema de ver a los niños como detentadores de poder es que perdemos de vista lo mucho que realmente nos necesitan. Incluso cuando un niño trata de controlarnos, lo hace por necesidad y por una dependencia de nosotros para que las cosas logren funcionar. Si fuera realmente poderoso, no requeriría de nosotros para hacer lo que se le antojara.

Frente a un niño percibido como demandante, algunos padres se ponen a la defensiva y tratan de protegerse a sí mismos. Como adultos, reaccionamos a los sentimientos de vernos constreñidos igual como lo hacen los niños: rebelándonos, oponiéndonos y con-

---

1. Un psiquiatra infantil llegó incluso a escribir un libro titulado *The Omnipotent Child* [El niño omnipotente]. ¡Y se refería a los bebés!

tradiciendo. Se provoca nuestra propia "contravoluntad", lo cual conduce a una lucha de poder con nuestros hijos que se vuelve más una batalla de "contravoluntades" que una pugna de voluntades. Lo triste de esto es que el niño pierde a los padres, a los que necesita desesperadamente. Nuestra resistencia no hace sino multiplicar las demandas del niño y desgasta la relación de vinculación que es nuestra mejor y única esperanza.

Interpretar la "contravoluntad" como una demostración de fuerza dispara y justifica el uso de la fuerza psicológica. Oponemos fuerza con igual fuerza. Nuestra conducta se infla, levantamos la voz y nos imponemos con cualquier medio que esté a nuestro alcance. Cuanta mayor es la fuerza que imponemos, tanta mayor "contravoluntad" provocará nuestra reacción. Si nuestra reacción desencadena angustia, que sirve de alarma psicológica del niño para señalar que un vínculo importante está amenazado, la conservación de la cercanía se convertirá en su meta primordial. El niño atemorizado se apresurará a reparar la situación y a complacernos. Podemos creer que hemos alcanzado nuestra meta de "buena conducta", pero tal capitulación no es sin costo. La relación se debilitará por la inseguridad causada por nuestro enojo y nuestras amenazas. Cuanta mayor fuerza usemos, mayor desgaste habrá en nuestra relación. Cuanto más débil se vuelva nuestra relación, más probabilidad tenemos de ser sustituidos en el futuro, por los compañeros. No sólo la orientación a los iguales es una causa importante de "contravoluntad", sino que nuestras reacciones a la "contravoluntad" pueden dar origen a la orientación a los iguales.

Por qué fuerza y manipulación son contraproducentes

Cuando notamos que no tenemos suficiente fuerza para la tarea que debemos realizar, sea mover una piedra o mover a un niño, lo instintivo es buscar un apalancamiento, un refuerzo o respaldo. Los esfuerzos de los padres por obtener ese apalancamiento de ordinario adoptan dos formas: soborno o coerción. Si una simple orden como "Pon la mesa" no funciona, podemos añadir como incentivo, por ejemplo: "Si pones la mesa te daré tu postre favorito". O si no basta con recordarle al niño que haga la tarea, podemos amenazar con retirarle alguna prerrogativa. O podemos ora añadir un tono coercitivo, ora asumir una actitud más autoritaria. La búsqueda de apalancamiento no acaba nunca: sanciones, recompensas, supresión de privilegios o prohibir tiempo de computadora, de jugar o de dinero; separación de los padres o separación de los amigos; limitación o abolición de tiempo de televisión, permisos para usar el coche, etc., etc. No es raro escuchar a alguien quejarse de que no le quedan ideas sobre qué más se le puede quitar al niño.

A medida que nuestro poder de ejercer como padres disminuye, nuestra preocupación por el apalancamiento aumenta. Los eufemismos abundan: los sobornos son llamados, según los casos, recompensas, incentivos, reforzamiento positivo; las amenazas y castigos son rebautizados como avisos, consecuencias naturales y reforzamientos negativos; la aplicación de fuerza psicológica se suele denominar modificar la conducta o enseñar una lección. Estos eufemismos enmascaran intentos de motivar al niño mediante presión externa al considerar su motivación interna insuficiente. El vínculo es natural y surge de adentro; el apalancamiento es artificial y se impone desde fuera. En cualquier otro campo, veríamos el uso de apalancamiento como manipulación. En el oficio de padres, tales medios de hacer que un niño siga nuestra voluntad son considerados por muchos como normales y apropiados.

El intentar usar el apalancamiento para motivar al niño supone la aplicación de la fuerza psicológica, sea que se emplee fuerza "positiva" (recompensas) o "negativa" (castigos). Aplicamos un cierto tipo de fuerza siempre cuando manejamos los gustos del niño o cuando explotamos las aversiones e inseguridades de éste para lograr que cumpla con nuestra voluntad. Recurrimos al apalancamiento cuando ya no nos queda nada sobre que apoyarnos: sea la motivación intrínseca del niño o nuestro vínculo con él. Tales tácticas, si alguna vez se han de emplear, deberían ser el último recurso, no nuestra primera respuesta y, desde luego, no nuestro modus operandi. Por desgracia, cuando los niños se han vuelto orientados hacia sus compañeros, nosotros como padres nos sentimos impulsados a buscar desesperadamente el apalancamiento.

La manipulación, sea en forma de recompensas o de castigos, puede lograr que el niño cumpla temporalmente, pero no lograremos con este método que el comportamiento que nosotros deseamos se convierta en parte de su personalidad intrínseca. Sea cuando el niño diga "gracias", "perdón", "lo siento", o que comparta con otro, prepare un regalo o tarjeta de agradecimiento, que limpie su alcoba, que sea agradecido, haga los deberes escolares o que se ejercite en el piano, cuanto más la conducta haya sido impuesta por coerción, tanto menos probable es que ocurra voluntariamente. Y cuanto menos ocurra esa conducta espontáneamente, tanto más inclinados se sentirán los padres y maestros a recurrir al apalancamiento. Comienza así un ciclo en espiral de fuerza y "contravoluntad" que necesita el empleo de más y más apalancamiento. La verdadera base de poder del oficio de padres ha quedado erosionada.

Existen muchas pruebas, tanto en laboratorios como en la vida real, mostrando el poder de la "contravoluntad" para sabotear los intentos de imponer una conducta superficial a raíz de fuerza o manipulación psicológicas. En un experimento llamado "Los marcadores mágicos", se hizo participar a niños preescolares, a los que se les dieron marcadores para dibujar. Fueron divididos en tres grupos: a un grupo se le prometió un diploma y un premio si hacían dibujos bonitos; a otro grupo no se le prometió el premio, sino sólo el diploma si hacían dibujos bonitos; al tercer grupo no se le prometió premio ni diploma, sino que simplemente se les dijo que hicieran dibujos bonitos. Al cabo de varias semanas, fueron sometidos de nuevo a la prueba, pero esta vez no se les habló de recompensa alguna. Los dos grupos con los que se ejerció coerción positiva (diploma y premio o sólo diploma) tuvieron muchas menos ganas de dibujar con los marcadores mágicos.[2] El instinto de "contravoluntad" actuó de manera que el uso de la fuerza resultó perjudicial. En un experimento similar, el psicólogo Edward Deci observó la conducta de dos grupos de alumnos universitarios en un juego de rompecabezas que en un principio, los había intrigado. A un grupo se le prometió una recompensa en dinero cada vez que lograran resolver el rompecabezas; a otro grupo no se le otorgó ningún incentivo. Cuando ya no hubo pagos, el grupo que había recibido los pagos anteriores abandonó el juego, mientras el grupo que no había recibido dinero desde un principio siguió jugando. "Las recompensas pueden aumentar la probabilidad de los comportamientos –escribe el Dr. Deci–, pero sólo mientras se

---

2. Lepper, M.R, Greene, D. y Nisbett, R.E., "Undermining Children's Intrinsic Interest with Extrinsic Rewards: A Test of the Over-justification Hypothesis," *Journal of Personality and Social Psychology* 28 (1973), pp 129-137.

otorguen las recompensas. Si no hay pago, no hay juego."[3]

Es fácil malinterpretar la "contravoluntad" manifestada por un niño, considerándola un afán de poder. Quizá nunca lleguemos a estar en control pleno de nuestras circunstancias, pero educar a los niños y, un día tras otro, hacer frente a su "contravoluntad" es dejar patente nuestra impotencia constante. En la sociedad actual no es ni sorprendente ni fuera de lo usual que los padres se sientan tiranizados e impotentes. Dado el sentido de impotencia que experimentamos cuando los vínculos niño-adulto no son lo bastante fuertes, comenzamos a ver a nuestros niños como manipuladores, controladores e incluso poderosos.

Tenemos que ir más allá de los síntomas. Si todo lo que percibimos es la resistencia o la insolencia, responderemos con enfados, frustración y fuerza. Hemos de ver que el niño no hace más que reaccionar instintivamente siempre que siente que lo mangonean. Más allá de la "contravoluntad" tenemos que captar que existe un vínculo debilitado. El desafío no es la esencia del problema, sino que la causa fundamental estriba en la orientación hacia los compañeros, la cual hace que la "contravoluntad" se convierta en una fuerza hostil a los adultos, desvirtuando su propósito natural.

Como estudiaremos en la Parte IV, la mejor respuesta a la "contravoluntad" de un niño es una más fuerte relación padres-hijos y una menor confianza en la imposición de la fuerza.

3. Deci, Edward, *Why We Do What We Do: Understanding Self-Motivation*. Penguin Books, Nueva York 1995, pp. 18 y 25.

7

La horizontalización de la cultura

Lo que sigue es una copia al pie de la letra de una conversación por el MSN Messenger entre dos adolescentes (lo que viene en cursiva son las identidades MSN de cada adolescente):

—*entonces ella dijo ¡RECTUM! ése es el nombre de mi hijo dice:* "¡ei!"
—*Crontasaurus y Rippitar se unen al Club El Corral dice:* "sup"
—*entonces ella dijo ¡RECTUM! ése es el nombre de mi hijo dice:* "?"
—*Crontasaurus y Rippitar se unen al Club El Corral dice:* "¡ei!"
—*entonces ella dijo ¡RECTUM! ése es el nombre de mi hijo dice:* "¿sup?"

Sobresalen tres características en este diálogo electrónico, muy típico de lo que podría hacerse pasar por correspondencia entre los adolescentes actuales: 1) la esmerada construcción de largos pseudónimos carentes de sentido, salpicados de burla e irreverencia. La imagen, no el contenido, es lo que importa; 2) en vívido contraste, la contracción del lenguaje a prácticamente monosílabos apenas articulables; y 3) la total vacuidad de lo que se dice (o sea, contacto sin genuina comunicación). "Ei" es un saludo que se ha generalizado [en inglés: hei!]. Sup sustituye a "what's up? [¿Qué hay?, ¿cómo estás? o ¿cómo te va?], sin invitación a compartir información de significación genuina, y esto de parte de ambos interlocutores. Tales "conversaciones" pueden alargarse, y de hecho se alargan considerablemente sin que en todo el rato se diga nada que tenga sentido. Es un lenguaje tribal, ajeno a los adultos, y lleva el propósito implícito de hacer una conexión sin revelar nada de valor respecto a uno mismo.

"Los adolescentes de hoy constituyen una tribu aparte," escribía la periodista Patricia Hersch en su libro de 1999 sobre la adolescencia en Estados Unidos. Como corresponde a una tribu, los adolescentes tienen sus propios lenguaje, valores, significados, música, códigos de vestir, marcas de identificación (como los *piercings* y los tatuajes). Los padres nacidos en años anteriores pudieron haber sentido que sus hijos adolescentes estaban fuera de control, pero el comportamiento tribal de hoy no tiene precedentes. Podríamos considerar los duelos y demás riñas callejeras de los jóvenes Capulettos y Montescos, en Romeo y Julieta como peleas tribales. Y lo eran, pero con una diferencia crucial entre los jóvenes héroes de Shakespeare y los adolescentes actuales: los personajes shakesperianos se identificaban con las tribus (agrupaciones familiares) de sus padres y llevaban a cabo sus actividades en concordancia con las normas de sus familias. El conflicto central no era intergeneracional: los jóvenes amantes desobedecían a sus padres, pero no los rechazaban y lo que más bien deseaban era juntarlos, en razón del mutuo amor de la pareja. Eran apoyados por adultos que comprendían su situación, como fue el caso del fraile que celebró la ceremonia secreta del matrimonio de los amantes. Las tribus de adolescentes actuales no tienen conexión con la sociedad de los adultos. En *West Side Story* [Amor sin barreras], de Leonard Bernstein –que es la versión moderna de la leyenda de Romeo y Julieta–, las pandillas de jóvenes rivales están por completo aisladas del mundo adulto y son muy hostiles a éste.

Aunque nos hemos engañado a nosotros mismos en creer que esta tribalización de la juventud es un proceso inocuo, se trata de un nuevo fenómeno histórico que influye en la vida social de manera destructiva. Subraya la frustración que muchos padres sienten ante su incapacidad de transferir a sus hijos sus tradiciones.

En la tribu aparte que muchos de nuestros hijos han adoptado, la transmisión de valores y cultura fluye horizontalmente, de una persona desconocedora e inmadura a otra igual. Este proceso, que se puede considerar como la "horizontalización de la cultura", está erosionando, según nuestro parecer, los fundamentos de la actividad civilizada actual. Cierto grado de tensión entre generaciones es parte natural del desarrollo, pero de ordinario se resuelve de una forma que permite que los niños maduren en armonía con la cultura de sus mayores. Los jóvenes pueden ejercer una cierta autoexpresión, sin olvidar o menospreciar los valores universales que les han sido entregados verticalmente de una generación a la siguiente. No es esto lo que hoy vemos.

"En toda la civilización occidental, los niños, están actuando y pareciéndose más unos a otros, que a sus padres o abuelos-declaró un anunciante de MTV hace poco." Aunque esta afirmación fue dicha en una campaña televisora, contiene una verdad que es alarmante por sus implicaciones.

La transmisión de la cultura garantiza la supervivencia de las formas particulares de nuestra existencia y de nuestras expresiones como seres humanos. Va mucho más al fondo de nuestras costumbres, tradiciones y símbolos, pues se refiere a cómo nos expresamos en nuestros ademanes y lenguaje, la forma como nos adornamos en el vestir y en la decoración, y cómo y cuándo celebramos. La cultura define también nuestros rituales en relación con nuestros contactos y conexiones, saludos y despedidas, pertenencia y lealtad, amor e intimidad. Algo básico en cualquier cultura son los alimentos (cómo se preparan y se comen, las actitudes ante ellos y las funciones que desempeñan). La música que la gente escribe y la que se escucha son partes integrantes de cualquier cultura.

Normalmente, la transmisión de la cultura es parte integrante de la crianza. Además de facilitar la dependencia, proteger contra presiones externas y dar nacimiento a la independencia, el vínculo es también un conducto que transporta la cultura. Mientras el niño se apegue adecuadamente a los adultos responsables, la cultura fluye hacia él. Para decirlo de otra forma, el niño apegado es informado espontáneamente, en el sentido que absorbe las formas culturales del adulto. De acuerdo con Howard Gardner, importante desarrollista estadounidense, absorbemos más -y de forma espontánea- de nuestros padres en los primeros cuatro años de vida, que durante todo el resto, junto, de la educación formal de la persona.[1]

Cuando el vínculo funciona, la transmisión de la cultura no requiere instrucción o enseñanza deliberadas de parte del adulto o ni siquiera aprendizaje consciente de parte del niño. De esto se encargan el hambre de éste al vincularse y su inclinación a buscar pistas en los adultos. Si al niño se le ayuda a conseguir una individualidad

1. Gardner, Howard, *Developmental Psychology* (2ª ed.). Little, Brown & Company, Nueva York 1982.

genuina y una independencia mental madura, la transferencia de la cultura de una generación a la siguiente no es un proceso de imitación mecánica ni de obediencia ciega. La cultura es el vehículo para la auténtica expresión de sí. El florecimiento de la creatividad individual tiene lugar en el contexto de la cultura.

Cuando un niño se vuelve orientado hacia sus compañeros, las líneas de transmisión de la civilización se menoscaban. Los nuevos modelos que emular son otros niños o grupos de iguales o los últimos ídolos pop. El aspecto, la actitud, la indumentaria y la conducta, todo se adapta consecuentemente. Incluso el lenguaje del niño cambia: se vuelve más pobre, menos preciso en sus observaciones y experiencias, menos expresivo en sus significados y matices.

Los niños orientados a los iguales no están vacíos de cultura, sino que la cultura en la que se mueven es generada por la orientación hacia sus compañeros. Si bien esa cultura es transmitida a través de medios controlados por adultos, satisface las preferencias y gustos de los niños y los jóvenes. Ellos, los jóvenes, ostentan el poder económico que enriquece la industria, aunque en realidad son los ingresos de los padres los que se utilizan en ese proceso. Los anunciantes saben bien, sutilmente, cómo explotar la inclinación a imitar a los iguales, y, a través de los medios electrónicos masivos, cada vez apuntan a grupos más jovenes de clientes. De este modo, es nuestra juventud la que dicta los estilos de peinado y de la moda; es a los jóvenes a quienes debe atraer la música; los jóvenes quienes, antes que nadie, mandan en la taquilla. La juventud determina quiénes son los ídolos de la época. Los adultos, que son proveedores de las expectativas de una juventud orientada a los iguales, controlan el mercado y las ganancias de él derivadas, pero como agentes de la transmisión cultural no hacen más que consentir los gustos culturales degradados de jóvenes desconectados de un trato saludable con los adultos. La cultura de los iguales nace con los niños y crece con ellos al paso que van cumpliendo años. Por razones que explicaré en la Parte III, la orientación a los iguales fomenta la agresividad y una sexualidad precoz y malsana. El resultado es una cultura joven agresivamente hostil e hipersexualizada, propagada por los medios de comunicación de masas, a los que los niños están expuestos desde los inicios de la adolescencia. Los actuales vídeos de rock afectan incluso a los adultos, los cuales crecieron bajo la influencia de la "revolución sexual". A medida que la orientación a los iguales se presenta cada vez más temprano, ocurre lo mismo con la cultura que genera. A finales de los 90, el fenómeno pop de las Spice Girls, con sus movimientos de caderas y sus estómagos y ombligos desnudos, nos aparece en retrospectiva como una inocente expresión cultural, comparada con los ídolos pop erotizados pornográficamente que se presentan a los preadolescentes de hoy en día.

Aunque ya desde los años 50 se evidenciaba una cultura joven, la primera manifestación obvia, dramática, de una cultura generada por la orientación a los iguales fue la contracultura *hippie* de los 60 y 70. El teórico canadiense de los medios, Marshall McLuhan, la llamó "el nuevo tribalismo de la Edad Eléctrica". Cabello, atuendo y música desempeñaron una parte significativa en la difusión de esta cultura, pero lo que la definió, más que ninguna otra cosa, fue su glorificación del vínculo con los iguales que le había dado origen. Los compañeros ocuparon la preferencia frente a las familias. Se fomentó el contacto y conexión físicos con los iguales; se declaró la hermandad de la tribu pop, como en la "Nación Woodstock", basada generacionalmente. El grupo de iguales fue el verdadero hogar. La frase "No hay que confiar en nadie que tenga más de treinta años" se convirtió en el lema de una juventud que había ido mucho más allá de una crítica sana de sus mayores y llegado al rechazo militante de la tradición. Por un lado, la degeneración de esa cultura en enajenación y abuso de las drogas y, por otro, su cooptación para propósitos comerciales, de parte de los medios contra los que se rebelaba, eran casi predecibles.

La sabiduría de culturas más antiguas se ha ido acumulando a lo largo de centurias y, a veces, de milenios. Las culturas sanas contienen también rituales, costumbres y modos de hacer las cosas que nos protegen de nosotros mismos y salvaguardan valores importantes para la vida humana, incluso cuando ni siquiera somos conscientes de qué valores se trata. Una cultura evolucionada requiere tener algún arte y música donde uno pueda desarrollarse; símbolos que comporten significados más profundos para la existencia y modelos que inspiren grandeza. Lo más importante de todo: una cultura debe proteger su esencia y su capacidad de reproducirse a sí misma, a saber, el vínculo de los niños con sus padres. La cultura generada por la orientación a los iguales no contiene sabiduría, no protege a sus miembros de sí mismos, crea únicamente modas fugaces y adora ídolos vacíos de valor o significado. Simboliza sólo el ego subdesarrollado y simplista y destruye los vínculos niño-adultos. Estamos observando el abaratamiento de los valores culturales con cada nueva generación orientada hacia sus compañeros. A pesar de su autoengaño y engreído aislamiento del mundo adulto, la "tribu" Woodstock aún abarcaba valores universales de paz, libertad y hermandad. Hoy, los festivales musicales versan sobre poco más que estilo, ego, exuberancia tribal y dólares.

La cultura generada por la orientación a los iguales es estéril en el sentido estricto de esa palabra: es incapaz de reproducirse o de transmitir valores que puedan servir a generaciones futuras. Hay muy pocos *hippies* de tercera generación. Cualquiera que sea su atractivo nostálgico, esa cultura no tuvo gran poder de permanencia. La cultura de los iguales es momentánea, transitoria, creada diariamente, una cultura del día, por así decirlo. El contenido de la cultura de los iguales resuena con la psicología de nuestros muchachos y adultos orientados hacia sus compañeros que se han detenido en su propio desarrollo. En cierto sentido, es una suerte que la cultura joven no pueda ser pasada a futuras generaciones, puesto que su único aspecto redentor es que es fresca cada decenio. No edifica o cultiva y ni siquiera evoca remotamente lo mejor que hay en nosotros o en nuestros hijos.

La cultura de los iguales, preocupada sólo por lo que está de moda en el momento, carece de todo sentido de tradición o de historia. A medida que la orientación a los iguales se incrementa, el aprecio de los jóvenes por la historia disminuye, incluso cuando se trata de la historia reciente. Para ellos, presente y futuro coexisten en un vacío sin conexión con el pasado. Las implicaciones son alarmantes para las perspectivas de decisiones políticas o sociales tomadas a raíz de tal ignorancia. Un ejemplo actual es Sudáfrica, donde el final del *apartheid* ha traído no sólo libertad política, sino –del lado negativo– una rápida y desbordada occidentalización y la llegada de la cultura de iguales globalizada. La tensión entre generaciones ya se está intensificando. "Nuestros padres tratan de meternos en la cabeza el pasado," según dijo un adolescente sudafricano al reportero de un periódico canadiense. "Estamos obligados a escuchar de racistas y política...". El periodista describe a Steve Mokwena, de treinta y ocho años, historiador y veterano de la lucha *antiapartheid*, como "de un mundo diferente del de los jóvenes con quienes ahora trabaja". " Se alimentan a la fuerza con una dieta de basura pop estadounidense.

Es muy preocupante," expresó Mokwena, que –casi cuarentón– dista de ser un canoso patriarca.[2]

Cabe alegar que la orientación a los iguales quizá pueda aportarnos la genuina globalización de la cultura, una civilización universal que ya no divida al mundo entre "nosotros y ellos". ¿No fanfarroneó el locutor de MTV que los niños de todo el mundo televisivo se parecían unos a otros, más que a sus padres y abuelos? ¿No podría ser éste el estilo del futuro, una forma de trascender las culturas que nos dividen y establecer una cultura mundial de conexión y paz? Creemos que no.

A pesar de las semejanzas superficiales creadas por la tecnología global, es más probable que las dinámicas de la orientación a los iguales promuevan la división, en vez de la universalidad saludable. Basta con observar la extrema tribalización de las pandillas de jóvenes, que son las formas sociales más extremas de orientación hacia los compañeros. Buscar ser igual que otro desata de inmediato la necesidad de ser diferente de los demás. Mientras se fortalecen las semejanzas dentro de un grupo, las diferencias con los que están fuera del grupo se acentúan, hasta llegar a la hostilidad. Cada grupo está solidificado y reforzado por la emulación y las directrices mutuas. Ha sido de este modo como se han formado las tribus desde los comienzos del tiempo. La crucial diferencia es que la cultura tribal tradicional se transmitía de una generación a la siguiente, mientras que las tribus de hoy están definidas y limitadas por barreras entre generaciones.

El medio escolar está preñado de tales dinámicas. Cuando niños inmaduros, cortados de las anclas que representan los adultos, se mezclan, se forman grupos espontáneamente, a menudo a lo largo de las líneas divisorias más obvias de grado escolar, género y raza. Dentro de estos grupos más grandes surgen ciertas subculturas: unas veces a lo largo de los lineamientos del atuendo y de la apariencia; otras, según intereses, actitudes o habilidades compartidas, como atletas, sabihondos y fanáticos de las computadoras. Otras veces aún, se forman de acuerdo con una subcultura de amigos, como expertos de monopatines, ciclistas y *skinheads*. Muchas de estas subculturas se refuerzan y conforman por influencia de los medios y se apoyan en ropas, símbolos, películas, música y lenguaje, que cobran perfiles de cultos religiosos. Si la punta del iceberg de la orientación a los iguales

2. *The Globe and Mail*, 12 de abril de 2004.

son las pandillas y los aspirantes a pandillistas, en la base están las camarillas. Al igual que los dos dialogantes por el MSN (citados al comienzo de este capítulo), los seres inmaduros que giran unos en torno a los otros inventan su propio idioma y modos de expresión que empobrecen su propia auto expresión y los separa de los demás. Estos fenómenos habrán aparecido en otros tiempos, pero no en la misma medida como los presenciamos hoy.

El resultado es la tribalización que mencionaba Patricia Hersch. Los niños, desplazados de sus familias, desconectados de sus maestros y todavía no lo bastante maduros para relacionarse entre sí como seres independientes, automáticamente se reagrupan para satisfacer su impulso instintivo de vinculación. La cultura del grupo o se inventa o se toma de la cultura de iguales en general. Los jóvenes no tardan en saber a qué tribu pertenecen, cuáles son sus reglas, con quién pueden hablar y de quién se han de mantener a distancia. A pesar de nuestros intentos de enseñar a los niños el respeto a las diferencias individuales y de imbuir en ellos un sentido de pertenencia a una civilización bien cohesionada, nos estamos fragmentando a una velocidad alarmante en un caos tribal, y nuestros propios hijos van a la vanguardia. El tiempo que nosotros, como padres y educadores, pasamos tratando de enseñarles tolerancia social, aceptación y etiqueta, se habría invertido mucho mejor en cultivar la conexión con ellos. Los niños criados en jerarquías tradicionales de vinculación no son, ni con mucho, tan susceptibles a las fuerzas espontáneas de la tribalización. Los valores sociales que deseamos inculcar se pueden transmitir sólo a través de las líneas existentes de la vinculación.

La cultura creada por la orientación a los iguales no se mezcla bien con otras culturas. Así como la orientación a los iguales existe por sí misma, otro tanto ocurre con la cultura que genera. Opera mucho más como un culto que como una cultura. Los seres inmaduros que abrazan la cultura generada por la orientación a los iguales quedan separados de la gente de otras culturas. Los jóvenes orientados a los iguales se vanaglorian de excluir los valores tradicionales y las conexiones históricas. La gente de las culturas que se transmiten verticalmente mantiene la capacidad de correlacionarse respetándose, por más que en la práctica esa capacidad quede abrumada por los conflictos históricos y políticos en que los seres humanos se ven entrampados. Bajo esas expresiones culturales particulares pueden reconocer mutuamente la universalidad de los valores humanos y apreciar la riqueza de la diversidad. Sin embargo, los niños orientados hacia sus compañeros tienden a tratarse de una manera exclusiva. Se separan de aquellos que no son como ellos. A medida que nuestros niños orientados hacia sus compañeros alcanzan la adolescencia, a muchos padres les parece que sus propios hijos se han vuelto apenas reconocibles, con su música, vestimenta, lenguaje, rituales y adornos corporales tribales. "Los tatuajes y piercings, antes considerados como provocativos, son ahora meramente señalizaciones generacionales en una cultura que constantemente traza y retrasa la línea entre conductas aceptables o inadmisibles," según señalaba un periodista canadiense en 2003.[3]

Muchos de nuestros hijos crecen privados de la cultura universal que produjo las creaciones inmortales de la humanidad: el Bhagavad Gîtâ, los escritos de Rumi y Dante, Shakespeare y Cervantes o Faulkner, y también lo más florido de los autores vivos; la música de Beethoven y Mahler, o incluso las traducciones de la Biblia. Ellos sólo conocen lo que es actual y popular, y aprecian únicamente lo que pueden compartir con sus amigos.

La universalidad verdadera, en el sentido positivo de respeto mutuo, curiosidad y valores humanos compartidos, no exige una cultura globalizada, creada por la orientación a los iguales. Exige madurez psicológica, una madurez que no resulte de una educación didáctica o sólo de un desarrollo saludable. Como trataremos a continuación, sólo los adultos pueden ayudar a los niños a crecer de este modo. Y sólo en las relaciones saludables, con mentores adultos –padres, maestros, gente mayor, artistas, músicos o intelectuales–, pueden recibir los niños el legado cultural universal de la humanidad. Sólo en esas relaciones pueden desarrollar cabalmente sus propias capacidades para una expresión cultural libre, fresca e individual.

---

3. *Vancouver Sun,* 30 de agosto de 2003.

PARTE III

Atascados en la inmadurez:
cómo la orientación hacia los compañeros
frena el sano desarrollo de nuestros hijos

8

La peligrosa huida del sentimiento

Mientras caminaba hace poco por los pasillos de la secundaria de mi hijo durante la hora del almuerzo me sorprendió lo semejantes que parecían los pasillos y comedores de la escuela a los pasillos y comedores de las cárceles juveniles donde trabajé. Las posturas, los ademanes, el tono, las palabras y el trato entre condiscípulos que presencié en esa masa de adolescentes, todo hablaba de una extraña invulnerabilidad. Esos muchachos parecían incapaces de ser lastimados. Su comportamiento traslucía cierta seguridad de sí, hasta cierta fanfarronada que parecía inatacable y, al mismo tiempo, superficial.

La ética que se ha impuesto en la cultura de iguales es *cool*, "buena onda" –total ausencia de apertura emocional–. Los más apreciados dentro del grupo presentan un aspecto imperturbable que desconcierta, no muestran miedo, y al mostrarlo, parecen inmunes a la vergüenza y suelen susurrar expresiones como "Me da igual", "No me importa" y "Lo que sea".

La realidad es muy diferente. Los humanos son los más vulnerables –término que viene del verbo latino *vulnerare*, 'herir'– de todas las criaturas. No sólo somos vulnerables física, sino también psicológicamente. ¿Entonces qué explica esta discrepancia? ¿Cómo pueden los humanos jóvenes que, de hecho, son tan vulnerables, aparecer tan inmunes a la vulnerabilidad? Su dureza, su aspecto frío, ¿es una actuación o es real? ¿Es una máscara que se pueden quitar cuando alcanzan cierta seguridad o es el verdadero rostro de la orientación hacia los iguales?

Cuando me topé por primera vez con esta subcultura de la invulnerabilidad de los adolescentes, me dio la impresión de que era una actuación. El psiquismo humano logra desarrollar poderosas defensas contra el sentido consciente de vulnerabilidad, defensas que se graban en los circuitos emocionales del cerebro. Preferí pensar que esos jóvenes, dada la oportunidad, se quitarían la armadura y revelarían su lado humano más suave y genuino. A veces, esta expectativa me resultó correcta, pero con mayor frecuencia descubrí que la invulnerabilidad de los adolescentes no era una actuación, o un fingimiento. Muchos de ellos no sentían rencor ni dolor. Esto no quiere decir que fueran incapaces de ser heridos, pero con respecto a sus sentimientos experimentados conscientemente, no había máscara que quitarse.

Los jóvenes capaces de experimentar emociones de tristeza, miedo, pérdida y rechazo ocultan a menudo esos sentimientos frente a sus compañeros para evitar el ridículo y quedar expuestos a ataques. La invulnerabilidad es un camuflaje que adoptan para mezclarse con el grupo, pero que se quitarán rápidamente al estar con aquellos con quienes tienen la seguridad de mostrar su verdadero yo. Éstos no son los muchachos que más me preocupan, aunque me inquieta el impacto que una atmósfera de invulnerabilidad ejercerá en su aprendizaje y desarrollo. En ese ambiente, la curiosidad genuina no puede prosperar, es imposible hacer preguntas con plena libertad y expresar un entusiasmo ingenuo por aprender. En ese entorno no se toman riesgos, ni la pasión por la vida y la creatividad encuentran salidas.

Los jóvenes más profundamente afectados y con mayor riesgo de daño psicológico son aquellos que aspiran a ser fuertes e invulnerables, no sólo en la escuela sino en general. No pueden ponerse y quitarse la armadura según las circunstancias. La defensa no es algo que hacen, sino que ellos son la defensa. Este endurecimiento emocional es muy obvio en delincuentes, miembros de pandillas y chicos de la calle, pero es también una dinámica significativa en la variedad cotidiana y común de jóvenes orientados a los iguales, que existe en el hogar estadounidense típico.

Los jóvenes orientados hacia sus compañeros son más vulnerables

La única razón de que un joven no sea consciente de su vulnerabilidad es que ésta se haya convertido en una carga excesiva y sus heridas sean demasiado dolorosas para experimentarse. En otras palabras, los jóvenes abrumados por un daño emocional sufrido en el pasado se volverán probablemente inmunes a esa misma experiencia en el futuro.

La relación entre heridas psicológicas y la huida de la vulnerabilidad es demasiado obvia en niños cuya experiencia de dolor emocional ha sido profunda. Los niños que con mayor probabilidad experimentarán este tipo extremo de endurecimiento emocional son los de orfanatos, de casas de adopciones múltiples y los que han experimentado pérdidas significativas o han sufrido abuso y abandono. Dado el trauma que han experimentado, es fácil percibir por qué han desarrollado poderosas defensas inconscientes.

Lo sorprendente es que, sin trauma comparable, muchos jóvenes orientados hacia sus compañeros durante algún tiempo pueden manifestar el mismo grado de actitud defensiva. Parece que los jóvenes orientados a los iguales tienen necesidad de protegerse contra la vulnerabilidad en el mismo grado que los traumatizados. ¿Por qué ocurre, dada la ausencia de experiencias traumáticas?

Antes de tratar las razones de la mayor fragilidad e insensibilidad emocional de los jóvenes orientados hacia sus compañeros, necesitamos esclarecer el significado de la frase "defendido contra la vulnerabilidad" y su casi sinónimo "huida de la vulnerabilidad". Queremos dar a entender con estas expresiones las reacciones defensivas instintivas del cerebro contra verse abrumado por un sentido de vulnerabilidad. Estas reacciones defensivas inconscientes se evocan contra una conciencia de vulnerabilidad, no contra la vulnerabilidad real. El cerebro humano no es capaz de impedir que un chico quede herido por sólo sentirse herido. Los términos "defendido contra la vulnerabilidad" y "huida de la vulnerabilidad" encapsulan esos significados. Conllevan el sentido de que el joven pierde contacto con los pensamientos y emociones que lo hacen sentirse vulnerable y tiene una menor percepción de la susceptibilidad humana a estar emocionalmente herido. Todo el mundo puede experimentar esa cerrazón emocional en dado momento. Un niño se vuelve defendido contra la vulnerabilidad cuando la cerrazón ya no es sólo una reacción temporal, sino que se transforma en un estado persistente.

Hay cuatro razones por las cuales los jóvenes orientados hacia sus compañeros son más susceptibles a las heridas emocionales que los orientados hacia los adultos. El efecto neto es una fuga de la vulnerabilidad que es preocupantemente similar al endurecimiento emocional de los niños traumatizados.

Los jóvenes orientados hacia sus compañeros pierden su escudo natural contra el estrés

La primera razón por la cual los niños orientados hacía sus compañeros se tengan que endurecer emocionalmente es que han perdido su fuente natural de poder y autoconfianza y, al mismo tiempo, su escudo natural contra daños y dolores intolerables.

Aparte de la constante avalancha de tragedias y traumas que ocurren por doquier, el mundo personal del niño está preñado de interacciones y eventos intensos que pueden herir: ser ignorado, no ser importante, quedar excluido, no estar a la altura de las circunstancias, experimentar desaprobación, no ser querido, no ser preferido, ser avergonzado y ridiculizado. Lo que protege al joven de experimentar el peso de todo este estrés es la vinculación con sus padres. Es el vínculo lo que importa: mientras el niño no esté vinculado con personas que lo menosprecian, el daño sufrido será relativamente pequeño. Las burlas pueden herir y causar lágrimas en el momento, pero el efecto no será duradero. Cuando los padres son el punto cardinal, son los mensajes que ellos mandan lo que importa. Cuando ocurren tragedias y traumas, el niño mira a sus padres en busca de pistas sobre si tiene que preocuparse o no. Mientras sus vínculos estén a salvo, el cielo podría venirse abajo y el mundo podría hundirse, que esos niños quedarían en cierta medida protegidos de sentirse peligrosamente vulnerables. La película de Roberto Benigni, *La vida es bella*, acerca del afán de un padre por proteger a su hijo de los horrores del racismo y del genocidio, ilustra muy atinadamente este punto. El vínculo protege al niño frente al mundo exterior.

Un padre me contó cómo había presenciado el poder del vínculo para mantener a salvo a un niño cuando su hijo (al que llamaremos Fernando) tenía unos cinco años. "Fernando quería jugar fútbol en la liga de su barrio. El primer día de entrenamiento, algunos niños mayores le hicieron pasar un mal rato. Cuando escuché sus voces y cómo se burlaban y lo ridiculizaban, me convertí de inmediato en un padre-oso protector. Tuve toda la intención de poner en su lugar a aquellos pequeños matones, cuando observé cómo Fernando les plantaba cara, poniéndose tieso para parecer más alto, poniendo los brazos en la cintura y sacando el pecho hasta donde le daba. Escuché que decía algo así como: '¡Yo no soy ningún estúpido! ¡Mi padre dice que soy todo un futbolista!'. ¡Y realmente lo parecía!" La idea que tuvo Fernando de lo que su padre pensaba de él lo protegió con mayor eficacia que si hubiera podido lograrlo su padre mediante una intervención directa. Lo que su padre pensaba de él tuvo prioridad y el pequeño pudo hacer a un lado los insultos de sus compañeros. Por el contrario, un niño orientado a sus iguales, que ya no mira a los adultos en busca de evaluación, carece de tal protección.

Hay otra cara de la moneda, desde luego. En la medida en que la vinculación de este niño con su padre lo protege contra influencias dañinas de otros, dicha vinculación lo sensibiliza a las palabras y gestos de su padre. Si su padre lo criticara, le hiciera sentir vergüenza o lo menospreciara, Fernando quedaría devastado. El vínculo con sus padres lo vuelve en alto grado vulnerable con relación a ellos, pero menos vulnerable con relación a otros. El vínculo tiene un lado interno y otro externo: la vulnerabilidad es el lado interno; la invulnerabilidad, el externo. El vínculo es, a la vez, escudo y espada. El vínculo divide el mundo entre quienes pueden herirnos y quienes no pueden hacerlo. El vínculo y la vulnerabilidad –estos dos grandes temas de la existencia humana– van de la mano.

Una parte obvia de nuestro trabajo como padres es defender a nuestros hijos de ser lesionados físicamente. Aunque las contusiones no sean siempre tan visibles, la capacidad de quedar herido es todavía mayor en la arena psicológica. Incluso nosotros los adultos, como criaturas relativamente maduras, podemos aun ser violentamente desestabilizados o sentirnos totalmente impotentes frente al dolor emocional de vínculos rotos. Si como adultos podemos ser heridos de esta manera, cuánto más los niños que son mucho más dependientes y tienen una mucha mayor necesidad de vínculos.

El vínculo es la más apremiante necesidad de un niño, su más potente impulso, y sin embargo, es el vínculo que dispone al niño a ser herido. Como las dos caras de una moneda, no podemos tener una sin la otra. Cuanto más apegado esté un niño, tanto más puede quedar herido. El vínculo es territorio vulnerable. Y esto nos lleva a la segunda razón de la exacerbada actitud emotiva de defensa en los jóvenes orientados hacia sus compañeros.

Los jóvenes orientados hacia sus compañeros sufren de los tratos insensibles que reciben de otros niños

Tal como un niño orientado a los adultos es más vulnerable con relación a sus padres y maestros, los niños orientados hacia sus compañeros son más vulnerables al tratar unos con otros. Habiendo perdido los escudos protectores de la vinculación con sus padres, se sensibilizan en alto grado a las acciones y comunicaciones de otros niños. El problema estriba en que el trato natural entre niños dista de ser cuidadoso, considerado y civilizado. Cuando los compañeros sustituyen a los padres, este trato recíproco, descuidado e irresponsable, logra una potencia que nunca debiera haber tenido. Las sensibilidades quedan fácilmente rebasadas. Bástenos imaginar cómo nos iría a nosotros adultos el quedar sometidos por nuestros amigos al tipo de trato social que los niños tienen que soportar un día tras otro: pequeñas traiciones, rechazos, desprecios y falta total de fiabilidad. No es sorprendente que los jóvenes orientados a los iguales se cierren ante la vulnerabilidad.

Basada en extensa investigación, la literatura acerca del impacto que sobre los jóvenes tiene el rechazo de sus camaradas, es muy clara sobre las consecuencias negativas, al usar palabras como: agobiante, devastador y mortificante.Los suicidios de jóvenes van en aumento y la literatura indica que el rechazo de los compañeros es la causa creciente. He observado de primera mano las vidas de numerosos adultos y niños devastadas por el trato sufrido de parte de sus iguales. El primer cliente que tuve en mi consultorio psicológico fue un adulto que cuando iba a la escuela primaria, había sido víctima del maltrato de sus compañeros. Por razones desconocidas, se había convertido en el chivo expiatorio de unos niños frustrados que no lo dejaban respirar. Adquirió tan fuertes compulsiones y obsesiones que, ya adulto, no lograba llevar una vida normal. Por ejemplo, no resistía cualquier referencia al número 57, porque 1957 fue el año en que más lo molestaron sus condiscípulos. Como si cualquier referencia a esa cifra lo contaminara, se veía impulsado a realizar complicados rituales de limpieza que le volvían la vida normal imposible. El ostracismo y abuso de condiscipulos han aruinado las vidas de muchos que fueron chivos expiatorios durante su niñez. (Los estudios recientes prueban que esos fenómenos escalan rápidamente bajo la influencia de la orientación a los iguales y los consideraremos más detalladamente en los capítulo 10 y 11 sobre agresividad y bravuconería.)

Supuestamente, el principal culpable es el rechazo de parte de los compañeros: el ignorar, excluir, burlarse, ridiculizar, molestar, avergonzar. Algunos expertos llegaron a la conclusión de que la aceptación de los iguales es absolutamente necesaria para la salud emocional y el bienestar del niño, y que no hay nada peor que no ser aceptado por sus compañeros. Se supone que el rechazo de los iguales es una sentencia automática de que la persona sufrirá una inseguridad de sí que le durará el resto de la vida. Muchos padres viven con el miedo de que sus hijos no tengan amigos y no sean estimados por sus compañeros. Esta manera de pensar deja fuera de consideración dos cuestiones fundamentales: ¿qué, en primer lugar, vuelve al niño tan vulnerable? y ¿por qué esa vulnerabilidad va aumentando?

Es absolutamente cierto que los niños menosprecian, ignoran, avergüenzan, se burlan e insultan. Los niños siempre lo han hecho cuando no son vigilados suficientemente por los adultos encargados de ellos. Pero es el vínculo, no los comportamientos insensibles o el lenguaje de los compañeros, lo que crea la vulnerabilidad. La actual insistencia en el impacto del rechazo y aceptación de los compañeros ha pasado completamente por alto el papel del vínculo. Si ante todo el niño está apegado a sus padres, es la aceptación de éstos lo vital para su salud y bienestar emocional, y el no ser bien querido por sus padres significa un golpe devastador a su autoestima. La capacidad de los niños para ser inhumanos quizá no haya cambiado, pero –según muestran los estudios– lo que va en aumento es que los niños se hieren unos a otros. Si muchos chicos son dañados actualmente por la insensibilidad de sus compañeros, no es necesariamente porque hoy sean más crueles que en el pasado, sino porque la orientación a los iguales los ha vuelto más susceptibles a las burlas y acosos emocionales de los demás. Nuestro fracaso en lograr que los jóvenes se mantengan apegados a nosotros y a los demás adultos responsables de ellos no sólo les ha arrebatado sus escudos, sino que ha puesto una espada en las manos de sus compañeros. Cuando éstos sustituyen a los padres, los jóvenes pierden su protección vital contra las actitudes irreflexivas de los demás. La vulnerabilidad de un niño en tales circunstancias puede quedar fácilmente anonadada. El dolor resultante es más allá de lo tolerable para muchos niños.

Los estudios son inequívocos en la comprobación de que la mejor protección del niño, incluso en la adolescencia, es un fuerte vínculo con un adulto. El más impresionante de estos estudios abarcó noventa mil adolescentes de las ochenta comunidades más representativas de Estados Unidos. El resultado primario fue que los adolescentes con fuertes nexos emocionales con sus padres tenían mucha menos probabilidad de arrastrar problemas de drogas y alcohol, intentar suicidarse, mostrar conducta violenta y actividad sexual precoz.[1] Tales adolescentes, en otras palabras, tenían un mucho menor riesgo de sufrir los problemas derivados de defenderse contra la vulnerabilidad. Lo que los resguardaba del estrés y protegía su salud y funcionamiento emocional eran los fuertes vínculos con sus padres. Ésta fue también la conclusión del distinguido psicólogo estadounidense Julius Segal, brillante pionero de la investigación acerca de la capacidad de recuperación en los jóvenes. Resumiendo estudios mundiales, concluyó que el factor más importante que impide a los jóvenes ser devastados por el estrés era "la presencia en sus vidas de un adulto carismático, una persona con la que se identificaran y de quien recabaran fuerza".[2] Como dijo también el Dr. Segal: "Nada funcionará si no existe un nexo indestructible de cariño entre padres e hijo".

Los compañeros nunca deberían haber llegado a importar tanto en la vinculación y, desde luego, no más que los padres o los maestros u otras figuras adultas. Las burlas y los rechazos de los compañeros hieren, pero no deberían llegar hasta la médula, no deberían ser tan devastadores. El profundo decaimiento del niño excluido revela más un serio problema de vinculación que un problema de rechazo de parte de sus compañeros.

En respuesta a la cada vez más intensa crueldad recíproca de

---

1. El estudio más extenso fue el "National Longitudinal Study of Adolescent Health in the United States", que abarcó a unos noventa mil adolescentes del país. El estudio, efectuado por el psicólogo Michael Resnick y una docena de colegas suyos, se tituló "Protecting Adolescents from Harm: Findings from the National Longitudinal Study on Adolescent Health" [Protegiendo a los adolescentes de sufrir daño: resultados del Estudio longitudinal nacional sobre salud de los adolescentes] y fue publicado en el *Journal of the American Medical Association* en septiembre de 1997. Ésta es también la conclusión del malogrado Julius Segal, uno de los pioneros de la investigación sobre recuperación (*resilience*), así como de los autores de *Raising Resilient Chiuldren*, Robert Brooks y Sam Goldstein: Brooks, R. y Goldstein, S., *Raising Resilient Children*. Contemporary Books, Nueva York 2001.
2. Segal es citado por Robert Brooks, Ph.D., de la Harvard Medical School, en su artículo "Self-worth, Resilience and Hope. The Search for Islands of Competence" [Autovalía, capacidad de recuperación y esperanza. La búsqueda de islas de competencia]. Este artículo se puede encontrar en la página electrónica del Center for Development & Learning. Su url es: www.cdl.org/resources/reading_room/self_worth.html.

los niños, numerosas escuelas tratan de diseñar programas para inculcar la responsabilidad social en los jóvenes. Nos equivocamos por completo al intentar responsabilizar a un niño hacia otro niño. Según mi experiencia, es una utopía pensar que podemos erradicar la exclusión, el rechazo y los insultos entre compañeros de este modo. En cambio, deberíamos concentrarnos en minar esa natural manifestación de inmadurez al restablecer el poder del que gozan los adultos para proteger a los niños de sí mismos y de unos a otros.

Las muestras de vulnerabilidad son ridiculizadas y explotadas por los compañeros

Los jóvenes orientados hacia sus compañeros se enfrentan entonces a dos graves riesgos psicológicos que bastan para volver insoportable la vulnerabilidad y activar sus cerebros en modo defensivo: 1) la pérdida del escudo de la vinculación con los padres; 2) el hecho que niños despreocupados e irresponsables blanden ahora la poderosa espada del vínculo. Un tercer golpe contra la libertad de sentir abierta y profundamente –y la tercera razón para el cierre emocional del niño orientado a sus iguales– es que cualquier signo de vulnerabilidad suele ser atacado por aquellos que se han cerrado a la vulnerabilidad.

Para dar un ejemplo del extremo del espectro: en mi labor con jóvenes delincuentes violentos, uno de mis objetivos primordiales era derretir sus defensas contra la vulnerabilidad para permitirles comenzar a sentir sus heridas. Si una sesión resultaba exitosa y yo había logrado ayudarlos a superar sus defensas para llegar a algún dolor subyacente, sus rostros y voces se ablandaban y les brotaban las lágrimas. Para la mayoría de estos jóvenes, esas lágrimas eran las primeras en muchos años. Cuando uno no está acostumbrado a llorar, le puede afectar marcadamente el rostro y los ojos. Al principio, era tan inexperimentado que mandaba de regreso a esos jóvenes con sus compañeros de prisión después de dichas sesiones. No es difícil adivinar qué sucedía. Dado que su vulnerabilidad aún estaba escrita en sus rostros, llamaba la atención de los demás presos. Aquellos que se defendían contra su propia vulnerabilidad se veían impulsados a atacar. Asaltaban la vulnerabilidad como si fuera el enemigo. Pronto aprendí a tomar medidas defensivas, ayudando mis pacientes a no mostrar su vulnerabilidad. Afortunadamente, tenía un baño al lado de mi oficina y a veces, los jóvenes pasaban hasta una hora echándose agua fría en la cara, para borrar cualquier vestigio visible de emoción. Aunque sus defensas se hubieran ablandado un poco, necesitaban todavía llevar una máscara de invulnerabilidad para evitar nuevas heridas. Parte de mi trabajo era ayudarlos a diferenciar por un lado entre la máscara de invulnerabilidad que tenían que llevar en ese lugar para evitar convertirse en víctimas y, por otro lado, las defensas interiorizadas contra la vulnerabilidad que les impedían sentir profundamente.

La misma dinámica, desde luego no hasta el mismo extremo, opera en el mundo dominado por los niños orientados hacia sus compañeros. La vulnerabilidad suele ser atacada, no con puños sino al hacerles sentir vergüenza. Muchos chicos aprenden rápido a encubrir cualquier signo de debilidad, sensibilidad y fragilidad, y también de inquietud, miedo, entusiasmo, necesidad y hasta curiosidad. Sobre todo, jamás deben revelar que las burlas dieron al blanco.

Carl Jung explicaba que solemos atacar en los demás las tendencias nuestras que más nos molestan. Cuando la vulnerabilidad es el enemigo, se ataca dondequiera que se la perciba, incluso en nuestro mejor amigo. Las señales de alarma pueden provocar burlas, como llamar a alguien "gallina" o "marica". Las lágrimas causan la ridiculización. Expresar curiosidad puede generar miradas extrañas y acusaciones de ser un tipo raro o un perdedor. Manifestaciones de ternura pueden llevar a una intensificación de las burlas. Dar a entender que algo duele o mostrar interés en algo resulta riesgoso alrededor de compañeros molestos con su propia vulnerabilidad. En compañía de compañeros que han perdido la sensibilidad, cualquier demostración emocional abierta será muy probablemente blanco de burlas.

Las relaciones entre iguales son inherentemente inseguras

Hay una cuarta e incluso más fundamental causa para forzar a los niños orientados hacia sus compañeros a escapar de su sensibilidad intensificada respecto de heridas emocionales.

La vulnerabilidad generada por la orientación a los iguales puede ser abrumadora, incluso cuando los niños no se hieren unos a otros. Esta vulnerabilidad es propia del carácter sumamente inseguro de las relaciones orientadas a los iguales. La vulnerabilidad no sólo tiene que ver con lo que ocurre, sino con lo que pudiera ocurrir - con la inherente inseguridad del vínculo. Lo que se tiene se puede perder, y cuanto más valioso, mayor es la probabilidad de pérdida. Se puede lograr cercanía en una relación, pero no se puede asegurarla, en el sentido de mantenerse apegado a ella —no es tan seguro como amarrar una barca o adquirir un bono del gobierno a interés fijo. Tenemos muy poco control sobre lo que ocurre en una relación, a saber si mañana se nos seguirá queriendo o buscando.

Aunque la posibilidad de pérdida está presente en cualquier relación, nos esforzamos como padres en proporcionar a nuestros hijos lo que por su constitución son incapaces de darse unos a otros: una conexión que no se base en agradarnos, satisfacernos, o ser recíproca. En otras palabras, ofrecemos a nuestros hijos precisamente lo que falta en los vínculos entre iguales: la aceptación incondicional.

Los seres humanos poseen una comprensión intuitiva del punto en que la vulnerabilidad se vuelve insoportable. La vulnerabilidad debida al temor de la pérdida es connatural a las relaciones entre iguales. En esas relaciones no hay madurez en que apoyarse, ningún compromiso en que confiar, ningún sentido de responsabilidad respecto a otro ser humano. El niño se enfrenta a la cruda realidad del vínculo inseguro: ¿ qué pasa si no me conecto con mis compañeros?, ¿qué pasa si no logro que la relación funcione?, ¿ si no concuerdo con lo que hacen mis amigos, si mi mamá no me deja ir con ellos, o si mi amigo prefiere a otro fulano? Tales son las siempre presentes angustias de los jóvenes orientados hacia sus compañeros, justo por debajo de la superficie. Los jóvenes orientados a los iguales están obsesionados con quién le gusta a quién, quién prefiere a quién, quién desea estar con quién. No hay lugar para errores, para la más mínima deslealtad, los desacuerdos, las diferencias y las faltas de obediencia. La verdadera individualidad queda aplastada por la necesidad de mantener la relación a toda costa. Sin embargo, por mucho que el joven se esfuerce, cuando los compañeros sustituyen a los padres, el sentido de inseguridad puede aumentar al grado de volverse insoportable. Es entonces cuando suele aparecer la apatía, ocurre el cierre defensivo y los niños ya no parecen vulnerables. Quedan emocionalmente congelados por defenderse contra el dolor de la pérdida, hasta antes de que ésta ocurra. Tal dinámica se desarrolla plenamente en las relaciones de "amor" sexual de los adolescentes mayores (véase capítulo 12).

En *Separation*, el segundo volumen de su gran trilogía sobre la vinculación, John Bowlby describe lo que se observó cuando diez niños pequeños de maternal volvieron a ver a sus madres después de una separación que duró de doce días a veintiuna semanas. En todos los casos, las separaciones resultaron de emergencias dentro de la familia o de la ausencia de cuidadores pero, en ningún caso, de una intención voluntaria de parte de los padres de abandonar a sus hijos.

Durante los primeros días después de la partida de la madre, los niños se mostraban ansiosos, buscándola por todas partes. Esta fase fue seguida por una aparente resignación y hasta depresión, a lo que siguió lo que daba la impresión de ser una vuelta a la normalidad. Los niños comenzaban a jugar, se relacionaban con las cuidadoras, comían y aceptaban los demás cuidados. El verdadero costo emocional del trauma de la pérdida se volvió evidente sólo cuando las madres regresaron. Al verse con su madre por primera vez después de días o de semanas de ausencia, cada uno de los niños mostró una alienación significativa. Dos parecieron no reconocer a sus madres en absoluto. Los otros ocho se dieron la vuelta y se alejaron. La mayoría o bien lloró o bien estuvo al borde de las lágrimas; algunos alternaron entre lagrimas o falta total de expresión. Esa dinámica de retraerse fue denominada "desvinculación" por Bowlby.[3] Tal desvinculación tiene un propósito defensivo: "Fue tan doloroso para mí experimentar tu ausencia que, para evitar ese dolor de nuevo, me voy a encerrar en una concha de emociones endurecidas, donde no entre el amor y, por lo tanto, tampoco penetre el dolor. Nunca más quiero volver a sentir ese dolor".

Bowlby ha señalado que los padres pueden estar físicamente presentes, pero emocionalmente ausentes, debido al estrés, angustia, depresión o preocupación por otros asuntos. Desde el punto de vista del niño, casi no importa. Sus reacciones codificadas serán las mismas, porque para él, el asunto principal no es la mera presencia física de sus padres, sino su accesibilidad emocional. El niño que sufre mucha inseguridad en su relación con sus padres adoptará la invulnerabilidad de la desvinculación defensiva como su forma primaria de ser. Cuando los padres constituyen el vínculo del niño, su amor y sentido de responsabilidad usualmente garantizarán que no fuercen al niño a adoptar tales medidas desesperadas. Los compañeros no

---

3. Bowlby, *Loss*. Basic Books, Nueva York 1980, p. 20.

tienen tal conciencia, escrúpulos ni sentido de responsabilidad. La amenaza del abandono está siempre presente en las interacciones orientadas a iguales y los niños responden automáticamente con la desvinculación emocional.

Entonces, no sorprende que la ética que gobierna la cultura de iguales sea *cool*, fría. Aunque esta palabra *cool* tenga múltiples significados en inglés, predominantemente denota algo de invulnerabilidad. Cuando la orientación a los iguales es intensa, no hay señales de vulnerabilidad en el habla, la manera de caminar, de vestirse o en las actitudes.

Antes de ser médico, mi coautor fue maestro de secundaria. Gabor recuerda que cuando en su clase de décimo grado leyó *Of Mice and Men* [De ratones y hombres] –escrito por el californiano John Steinbeck (1902-1968), Premio Nobel de Literatura (1962)-, los alumnos mostraron una falta total de empatía hacia los dos trabajadores, simplones y pobres que son los protagonistas del libro. "¡Es que son tan estúpidos! –comentaban muchos alumnos– Se merecían lo que les pasó." Estos adolescentes mostraron muy poca apreciación de la tragedia y carecían de respeto por la dignidad de la gente en soportar el dolor.

Es fácil culpar a la televisión, al cine o a la música *rap* la falta de sensibilidad de nuestros hijos ante el sufrimiento humano, ante la violencia o incluso ante la muerte. Sin embargo, la invulnerabilidad fundamental no procede de la cultura comercializada, por reprensible que sea, que complace y explota el endurecimiento emocional y la inmadurez de los jóvenes. La invulnerabilidad de los niños orientados a sus compañeros surge de adentro. Incluso si no hubiera películas ni programas de televisión para conformar su expresión, ésta surgiría espontáneamente como el *modus operandi* de la juventud orientada hacia sus compañeros. Aunque los niños orientados a sus iguales vengan de muchos países y pertenezcan a un infinito número de subculturas, el tema de la invulnerabilidad es universal en la cultura joven. Las modas van y vienen, la música puede cambiar de forma, la manera de hablar varía, pero esa desvinculación y cierre emocional parecen invadirlo todo. El universalismo de esta cultura es testimonio fehaciente de la desesperada huida de la vulnerabilidad.

Testimonio de la naturaleza insoportable de la vulnerabilidad que experimentan los jóvenes orientados hacia sus compañeros es la preponderancia de drogas que atenuan la vulnerabilidad. Los jóvenes orientados a los iguales harán todo lo posible por evitar los sentimientos humanos de soledad, sufrimiento y dolor, y escapar a la sensación de haber sido heridos, expuestos. alarmados, inseguros, incapaces o acomplejados. Cuanto mayores y más orientados a los iguales sean, tanto más parece que las drogas son parte inherente de su estilo de vida. La orientación a los iguales fomenta un apetito por cualquier cosa que reduzca la vulnerabilidad. Las drogas son analgésicos emocionales y al mismo tiempo ayudan los jóvenes a escapar del estado de desconexión debido a su desvinculación emocional. De la pérdida de las emociones nacen la indiferencia y la alineación. Las drogas proporcionan un estímulo artificial a los que están emocionalmente hastiados. Avivan las sensaciones y proporcionan un falso sentido de interacción, sin incurrir en los riesgos que implica una genuina apertura. En realidad, la misma droga puede desempeñar funciones aparentemente opuestas en un mismo individuo: por ejemplo. el alcohol y la marihuana pueden entorpecer o al contrario, liberar la mente de inhibiciones sociales. Otras drogas son estimulantes, como la cocaína, las anfetaminas y el "éxtasis", cuyo nombre enfoca lo que exactamente falta en la vida psíquica de los jóvenes que la utilizan.

La función psicológica que desempeñan estas drogas es pasada por alto por adultos bienintencionados que piensan que el problema procede de fuera del individuo a través de la presión de los compañeros y las costumbres de la cultura joven. No se trata de inculcar a los jóvenes que digan "no". El problema es mucho más profundo. Mientras no enfrentemos y cambiemos la orientación de nuestros jóvenes hacia sus compañeros, alimentaremos un apetito insaciable por estas drogas. La afinidad por las drogas que reducen la vulnerabilidad se origina en lo más hondo del alma que trata de defenderse. La seguridad emocional de nuestros jóvenes puede provenir sólo de nosotros: entonces ya no se verán impulsados a escapar de sus sentimientos y a tener que depender de los efectos anestesiantes de los narcóticos. Su necesidad de sentirse vivos y apasionados debe surgir de dentro de ellos mismos, de su propia capacidad innatamente ilimitada para participar en el Universo.

Esto nos devuelve al carácter esencialmente jerárquico de la vinculación. Cuanto más un niño necesite que el vínculo funcione, tanto más importante será que se apegue a quienes lo cuidan. Sólo entonces podrá soportarse la vulnerabilidad inherente al vínculo emocional. Los niños no necesitan amigos, sino padres, abuelos, adultos que asuman la responsabilidad de atenderlos. Cuanto más los niños se apegan a los adultos que los cuidan, tanto más son capaces de tratar con sus compañeros sin abrumarse con la vulnerabilidad involucrada. Cuanto menos importen los iguales, tanto más la vulnerabilidad de las relaciones entre iguales logrará ser soportada. Aquellos niños que no necesitan amigos son precisamente los más capaces de tenerlos sin perder la facultad de sentir profunda y vulnerablemente.

Pero, ¿por qué deseamos que nuestros hijos permanezcan abiertos a su propia vulnerabilidad? ¿Qué se pierde cuando la desvinculación congela las emociones para proteger al niño? Intuitivamente todos sabemos que es preferible sentir que no sentir. Nuestras emociones no son un lujo, sino un aspecto esencial de nuestra constitución humana. Las tenemos no sólo por el placer de sentir, sino porque tienen un valor crucial de supervivencia. Nos orientan, nos interpretan el mundo, nos dan información vital sin la cual no podemos seguir adelante. Nos dicen qué es peligroso y qué es benigno, qué amenaza nuestra existencia y qué alimenta nuestro crecimiento. Basta imaginar lo incapacitados que nos sentiríamos si no pudiéramos ver, oír, gustar o sentir calor, frío o dolor físico. Apagar las emociones es perder una parte indispensable de nuestro aparato sensorio y, más allá de eso, una parte indispensable de quiénes somos. Las emociones son las que hacen que nuestras vidas valgan la pena, sean excitantes, constituyan un reto y tengan sentido. Impulsan nuestras exploraciones del mundo, motivan nuestros descubrimientos y alimentan nuestro crecimiento. Hasta al nivel celular, los seres humanos están o en modo defensivo o de crecimiento, pero no pueden estar en ambos modos al mismo tiempo. Cuando los niños se vuelven invulnerables dejan de relacionarse con la vida como posibilidad infinita, dejan de relacionarse consigo mismos como potencial ilimitado y dejan de relacionarse con el mundo como campo nutricio de su autoexpresión. La invulnerabilidad impuesta por la orientación a los iguales aprisiona a los jóvenes en sus limitaciones y temores. Por lo tanto, es lógico que tantos de ellos estén bajo tratamiento profesional por depresiones, angustias y otros trastornos.

El amor, la atención y la seguridad que sólo los adultos pueden ofrecer, liberan a los niños de la necesidad de volverse invulnerables y les devuelve aquel potencial para la vida y la aventura que nunca podrían alcanzar a través de actividades riesgosas, deportes extremos o drogas. Sin esa seguridad, nuestros hijos se ven forzados a sacrificar

9

Atascados en la inmadurez

"¡Estoy harta! –decía la madre de Sara, molesta con el comportamiento incongruente e impredecible de su hija–. No acaba nada, por más que nos esforcemos por facilitarle las cosas." Una situación recurrente inquietaba especialmente a sus padres. Hacían todo lo imposible por satisfacer cualquier capricho que la chica expresara, pero nada iba bien porque ella desistía al primer momento de frustración o fracaso. Dejó la clase de patinaje artístico después de la segunda lección, a pesar de que sus padres habían cuidadosamente ahorrado para pagar el curso y hasta habían acomodado su horario para que concordaran con los horarios de las clases. Sara, además, era muy impulsiva, impaciente y se enojaba fácilmente. No dejaba de prometer que se portaría bien, pero luego no lo hacía.

Los padres de Pedro también estaban preocupados. Su hijo era crónicamente impaciente e irritado y a veces se volvía odioso con su hermana y con ellos mismos. "Parece que nunca se da cuenta –se quejó conmigo su padre– de que lo que hace o dice produce un impacto en el resto de la familia." Siempre estaba discutiendo y llevando la contraria. No tenía aspiraciones a largo plazo. No mostraba pasión por nada, salvo por el Nintendo y los juegos de ordenador. El concepto de trabajo no parecía significar nada para él, fuera lo mismo trabajo escolar, que estudio en casa o quehaceres domésticos. "Lo que más me preocupa –decía su padre– es que Pedro no parece preocuparse por nada." El muchacho no mostraba inquietud alguna por su falta de dirección y de metas importantes.

Salvo algunas diferencias, Pedro y Sara presentaban una constelación similar de rasgos. Ambos eran impulsivos, parecían saber cómo hubieran tenido que conducirse, pero no lo hacían. Ambos eran irreflexivos, no pensaban antes de actuar y sus reacciones oscilaban entre los dos extremos del péndulo. Sus padres deseaban saber si tenían que preocuparse. Para los padres de Sara, mi respuesta fue que probablemente no. Sara sólo tenía cuatro años y esos rasgos iban con la edad. Si todo se desarrollaba como debiera, los siguientes años traerían diferencias significativas en la actitud y conducta de Sara. Sin embargo, los padres de Pedro tenían motivo para inquietarse. Pedro tenía catorce años y su personalidad no había cambiado desde la guardería.

Tanto Sara como Pedro manifestaban lo que se ha clasificado de *síndrome del preescolar*, comportamientos apropiados para cualquier niño en edad temprana. En esta etapa del desarrollo, existen funciones psicológicas que todavía no están integradas –falta de funcionamiento integrado, que es una señal de alerta de inmadurez psicológica–. Los únicos que tienen el "derecho" de actuar como preescolares son... los preescolares. En cualquier niño mayor o cualquier adulto, esa falta de integración indica una inmadurez que está desfasada con respecto a la edad.

El crecimiento físico y el funcionamiento psicológico del adulto no van acompañados automáticamente de maduración psicológica y emocional. Robert Bly, en su libro *The Sibling Society (La sociedad de los compañeros)*, expone que la inmadurez es endémica en nuestra sociedad. "La gente no se preocupa de crecer y todos nadamos en una pecera de semi-adultos," escribe.[1] En el mundo actual, el síndrome del preescolar afecta a muchos niños que ya pasaron los años preescolares y dicho síndrome puede muy bien verse en adolescentes y hasta en adultos. Muchos adultos no han alcanzado la madurez, no han logrado ser individuos independientes y automotivados capaces de atender sus necesidades emocionales y respetar las necesidades de los demás.

La orientación a los iguales quizá sea la principal culpable de la actual falta de madurez: orientación a los iguales e inmadurez van de la mano. Cuanto antes se presenta la orientación a los iguales, tanto más intensa es la dedicación a sus compañeros y tanto más probable

---

1. Bly, Robert, *The Sibling Society*. Vintage Books, Nueva York 1977, p. vii.

resulta que se quede uno en un infantilismo perpetuo.

Pedro estaba muy orientado a sus compañeros. No está claro qué fue primero: si la inmadurez lo había vuelto tan susceptible a sus iguales o si fue su pronta orientación a éstos la causa de la detención en su desarrollo. La causa podría encontrarse en ambas vertientes, pero una vez formada la orientación a los iguales, ésta hace que el problema empeore, y que estos niños dejen de crecer.

Qué significa ser inmaduro

A medida que maduramos, nuestra mente desarrolla la capacidad de combinar las cosas. Tendrá percepciones, sensaciones, pensamientos, sentimientos e impulsos, todos al mismo tiempo, sin por ello confundir nuestros pensamientos ni paralizar nuestras acciones. A esta capacidad la denominé "funcionamiento integrado" cuando, más arriba, mencioné el síndrome del preescolar. Alcanzar este punto en el desarrollo tiene un tremendo efecto transformador y civilizador sobre la personalidad y el comportamiento. Los atributos de infantilismo, tales como la impulsividad y el egocentrismo, van desvaneciéndose y comienza a aflorar una personalidad mucho más equilibrada. Es imposible enseñar a la mente a hacer esto; el funcionamiento integrado tiene que desarrollarse, madurarse. Los antiguos romanos tenían una palabra para esa mezcla: *temperare* "templar". Actualmente "templar" significa 'regular', 'moderar', pero originalmente significaba 'mezclar los ingredientes para hacer barro'. Tanto Sara como Pedro estaban "sin templar" en experiencia y expresión. Estar sin templar –o sea, ser incapaz de tolerar sentimientos mezclados– es sello distintivo de inmadurez.

Por ejemplo, Sara era muy afectuosa con sus padres, pero como todos los niños, se sentía a veces frustrada y entonces hacía berrinches hasta el punto de gritar "Te odio" a su madre. En ese estadio evolutivo, las frustraciones de Sara con su madre, nunca se veían templadas con cariño, tal como las frustraciones de caerse no se templaban con su deseo de practicar el patinaje artístico. De ahí su impulsividad. Asimismo, cuando Pedro estallaba, recurría a insultos. Aunque se ponía en problemas previsible y repentinamente, su aprensión por las consecuencias negativas quedaba eclipsada por cualquier frustración intensa que experimentara en ese momento.

De nuevo, los sentimientos no se mezclaban. Estos dos niños perdían los estribos y como consecuencia, sus reacciones eran estridentes, insolentes e incondicionales.

Asimismo Pedro no asimilaba la idea del trabajo porque ese concepto requiere sentimientos a veces contradictorios. El trabajo no suele ser muy atractivo, pero lo realizamos generalmente porque logramos mezclar nuestra resistencia del momento con un compromiso o propósito que quizá tenemos en mente para el largo plazo. Demasiado inmaduro para aspirar a una meta mas allá de su satisfacción inmediata, Pedro se ponía a trabajar sólo cuando tenía ganas, lo cual no era muy a menudo. No podía experimentar más de un sentimiento a la vez. En tal sentido no se diferenciaba de los preescolares. Su incapacidad de soportar pensamientos, sentimientos y propósitos contrapuestos en su conciencia era un legado de su orientación hacia sus compañeros.

El molde natural del crecimiento

En nuestra precipitación por figurar qué hacer con tal o cual problema, solemos pasar por alto el primer paso esencial que consiste en ver, reflexionar y entender. No podemos darnos el lujo de saltarnos ese paso cuando se trata de la crianza de los niños en el caótico mundo actual. Tenemos que saber cómo funcionan las cosas para poder entender qué es lo que puede salir mal —ésta es una necesidad para prevenir o, de ser necesario, buscar una solución–. Lo que viene a continuación es un esbozo de la madurez, proceso cuyos fundamentos deben ser conocidos por todos los progenitores y maestros. Para muchos, este bosquejo sencillamente confirmará lo que ya han captado intuitivamente.

¿Cómo maduran los seres humanos? Uno de los avances más significativos en teoría evolutiva ocurrió en los años 50 cuando los científicos descubrieron que existe un orden predecible y congruente en el proceso de maduración, siempre y dondequiera que ocurra. La primera fase implica una especie de escisión o diferenciación, a la que sigue una segunda fase que aporta creciente integración de elementos separados. Esta secuencia tiene lugar sea en una planta, un animal o también en el campo biológico o psicológico o cuando se trata de una sola célula o de la compleja entidad a la que denominamos el yo.

La maduración procede primero a través del proceso de división, separando las partes hasta que se distingan como autónomas e independientes. Sólo entonces el desarrollo mezclará entre sí esos distintos y separados elementos. Es algo sencillo pero al mismo tiempo profundo; un proceso que vemos incluso al nivel más básico: el embrión primero crece dividiéndose en células distintas, cada una con su propio núcleo y claros límites. Luego, una vez que cada una de esas células se ha separado suficientemente hasta ya no correr peligro de fusionarse nuevamente, el enfoque del desarrollo se convierte en la interacción entre ellas. Grupos de células se integran en órganos y en funciones. Luego, los diferentes órganos se desarrollan por separado, se organizan y se integran en los varios sistemas del cuerpo –por ejemplo, el corazón y los vasos sanguíneos forman el sistema cardiovascular–. El mismo proceso ocurre con los dos hemisferios cerebrales. Las regiones del cerebro en desarrollo primero funcionan muy independientes unas de otras tanto fisiológica como eléctricamente, pero luego se van integrando gradualmente. Mientras tanto, el niño muestra nuevas capacidades y comportamientos.[2] Este proceso continúa hasta bien entrada la adolescencia e incluso después de ella.

La maduración en el campo psicológico supone la diferenciación de los elementos de la conciencia: pensamientos, sentimientos, impulsos, valores, opiniones, preferencias, intereses, intenciones y aspiraciones. Es preciso que ocurra la diferenciación antes que estos elementos de la conciencia se puedan mezclar para producir experiencias y expresiones temperadas. Lo mismo ocurre en el campo de las relaciones: la maduración requiere que el niño, primero, se vuelva único y separado de los demás individuos. Cuanto más diferenciado se vuelve, tanto más capaz es de mezclarse con otros, sin perder el sentido de sí mismo.

Desde un punto de vista más fundamental, el sentido de sí mismo primero requiere separarse de sus experiencias internas, capacidad por completo ausente en el niño pequeño. El niño tiene que darse cuenta que no es idéntico a cualquier sentimiento que se active en él en un momento dado. Puede sentir algo sin que sus acciones sean necesariamente dominadas por esa sensación. Puede ser consciente

---

2. Para un estudio completo de los aspectos fisiológicos del desarrollo del encéfalo humano y su relación con el desarrollo psicológico, ver Dawson, Geraldine, y Fischer, Kurt W., *Human Behavior and the Developing Brain*. Guildford Press, Nueva York 1994, en especial el capítulo 10.

de otros sentimientos, pensamientos, valores, compromisos en conflicto que quizá vayan a contrapelo de lo que siente en el momento. O sea, puede escoger.

Tanto Pedro como Sara carecían de una relación con ellos mismos porque no había ocurrido todavía el prerrequisito de la división. No estaban dados a reflexionar sobre sus experiencias internas ni a estar o no de acuerdo con ellos mismos, aprobando o desaprobando lo que veían dentro de ellos mismos. Debido a que sus sentimientos y pensamientos no se diferenciaban lo suficiente para lograr inter-mezclarse, eran sólo capaces de experimentar un sentimiento o impulso a la vez. Ninguno de los dos estaba acostumbrado a frases como "Parte de mí piensa de esta manera y parte de mí piensa de esta otra manera". Ninguno de los dos tenía expresiones del tipo "por otro lado..." y no se sentían ambivalentes sobre estallar en enojo o sobre evitar cosas. Sin la capacidad de reflexión se definían por la experiencia interna del momento. Exteriorizaban en seguida cualquier emoción que resentían. Podían ser su experiencia interna, pero no podían verla. Esta incapacidad los volvía impulsivos, egocéntricos, reactivos e impacientes. Debido a que la frustración no se mezclaba con el cariño, no tenían paciencia. Debido a que el enfado no se mezcla con el amor, no mostraban perdón. Debido a que la frustración no se mezclaba ni con el temor ni con el afecto, perdían los estribos. En suma, carecían de madurez.

Hubiera sido poco realista esperar que Sara fuera capaz de sentimientos mezclados o por lo tanto, capaz de moderación en sus expresiones. Era demasiado pequeña. Era razonable esperar reflexión y capacidad de tolerar impulsos y emociones mixtos en Pedro, pero era igualmente poco realista: no estaba más maduro que Sara.

Tranquilicé con confianza a los padres de Sara porque ella mostraba muchas pruebas de un activo proceso de maduración. Había alentadores signos de un activo proceso de diferenciación: estaba entusiasta por hacer cosas por sí misma y le gustaba llegar a entender por su cuenta. Quería definitivamente ser su propia persona y tener sus propios pensamientos, ideas y razones para actuar. Mostraba también una maravillosa energía de aventurarse, una curiosidad por las cosas que no le eran familiares o a las que no estaba apegada, un afán por explorar lo desconocido y una fascinación por todo lo nuevo. Además, realizaba un juego solitario que era imaginativo, creativo y por completo auto-satisfactorio. Estos indicativos signos del proceso de maduración permitían que sus padres pudieran hacer a un lado la aprensión de que su hija no estaba madurando normalmente. Su personalidad iba formándose y, llegado el tiempo, se daría el fruto. Se requería paciencia.

Por el contrario, no había encontrado signos similares en la emergente vida de Pedro. No había soledad creativa ni deseo de hacer cosas por sí mismo, ningún orgullo de ser autosuficiente, ningún intento por ser su propia persona. Estaba preocupado por crear fronteras con sus padres, pero esto no era por el deseo de una verdadera individuación, sino sólo para mantener a sus padres fuera de su vida. Su resistencia a apoyarse en ellos no estaba motivada por el deseo de hacer las cosas por sí mismo. Llevaba la contraria y se oponía a todo, pero –como tratamos en el capítulo 6– por culpa de los vínculos con sus amigos y no por un impulso genuino hacia la independencia.

La maduración es espontánea, pero no inevitable. Es como un programa de ordenador que viniera preinstalado en el disco duro, pero que no necesariamente se activara. A menos que Pedro se desatorara, iba camino de convertirse en uno de esos adultos entrampados todavía en el síndrome preescolar. Pero, ¿cómo hacer que niños como Pedro salgan del atolladero? ¿Qué es lo que activa el proceso de maduración?

Cómo fomentar la maduración

Por más que padres y maestros no dejen de decir a los niños que "maduren", la maduración no es algo que se imponga con mandatos. No se le puede enseñar a un niño a ser un individuo o entrenarlo para que se convierta en su propia persona. Ésta es labor de la maduración y sólo de la maduración. Podemos fomentar el proceso, proporcionar las condiciones adecuadas, retirar los impedimentos, pero no podemos hacer que un niño crezca, como no lo podemos hacer con las plantas de un jardín.

Al tratar con niños inmaduros les hemos de enseñar cómo actuar, establecer los límites de lo que es aceptable y expresar cuáles son nuestras expectativas. A los niños que no entienden lo justo, hay que enseñarles a esperar su turno. A los niños aún no lo bastante maduros para apreciar el impacto de sus acciones es preciso enseñarles las normas e instrucciones para un comportamiento aceptable. Pero tal comportamiento programado no puede confundirse con el comportamiento correcto real. Uno no puede ser más maduro de lo que es, o actuar adecuadamente sólo porque alguién se lo enseñó así. Esperar su turno cuando es correcto es desde luego un acto civilizado, pero esperar el turno por un sentido genuino de equidad o justicia sólo puede provenir de la madurez. El decir "perdón" puede ser apropiado en dada situación, pero asumir la responsabilidad por sus propias acciones sólo puede provenir del proceso de individuación. No hay sustituto a la genuina madurez, no hay atajos para llegar a ella. La conducta puede prescribirse o imponerse, pero la madurez proviene del corazón y de la mente. El auténtico reto para los padres es ayudar a los niños a madurar, no simplemente a parecer adultos.

Si la disciplina no es ninguna cura para la inmadurez y si programar ayuda, pero es insuficiente, ¿cómo haremos entonces para que nuestros hijos maduren? Durante años, los evolucionistas se han quedado perplejos sobre las condiciones que activan la madurez. El avance llegó sólo cuando los investigadores descubrieron la importancia fundamental del vínculo.

Sorprendentemente, el curso que sigue la maduración es muy directo y evidente. Como tantas cosas en el desarrollo del niño, comienza con el vínculo. Como expliqué en el capítulo 2, el vínculo es la primera prioridad de los seres vivientes. Sólo cuando hay cierto alivio de esa preocupación puede ocurrir la madurez. En las plantas, las raíces tienen que arraigarse para que comience el crecimiento y que el producir fruto se convierta en una posibilidad. En el caso de los niños, la última meta de poder existir como seres independientes puede realizarse sólo cuando se han satisfecho sus necesidades de vinculación, de contacto cariñoso y pueden depender de la relación incondicionalmente. Pocos padres –y aún menos expertos– entienden esto intuitivamente. "Cuando fui padre –me decía un hombre conciente– vi que el mundo parecía absolutamente convencido de que hay que modelar a sus propios hijos –modelar activamente sus caracteres en vez de simplemente crear un ambiente donde puedan desarrollarse y crecer–. Nadie parecía captar que si se les da la conexión amorosa que necesitan, florecerán."

La clave para activar la madurez es cuidar las necesidades de vinculación de los niños. Para fomentar la independencia, necesitamos primero invitar a la dependencia; para favorecer la individuación hemos de proporcionar un sentido de pertenencia y de unidad; para ayudar al niño a separarse hemos de asumir la responsabilidad de mantenerlo cerca de nosotros. Ayudamos la separación al proporcionar más contacto y conexión que lo que él mismo busca. Cuando pide que lo abracemos, le damos un abrazo más afectuoso que el que él nos da. Liberamos a nuestros hijos no cuando les hacemos trabajar para ganarse nuestro amor, sino dejándoles descansar en ese amor. Ayudamos a un niño a enfrentar la separación que supone el irse a dormir o ir a la escuela satisfaciendo su necesidad de cercanía. Por lo tanto, el curso de la maduración es paradójico: *la dependencia y la vinculación fomentan la independencia y la genuina separación.*

El vínculo es la matriz de la maduración. Tal como la matriz biológica da nacimiento a un ser autónomo en el sentido físico, el vínculo genera un ser autónomo en el sentido psicológico. Después del nacimiento físico, la meta evolutiva es formar una matriz de vínculo emocional para el niño desde donde pueda nacer una vez más como individuo autónomo capaz de funcionar sin estar dominado por los impulsos de vinculación. Los humanos nunca superan su necesidad de conectarse con los demás –ni deben hacerlo–, pero la gente verdaderamente madura no está controlada por esas necesidades. Convertirse en ese ser independiente requiere toda la infancia de un niño, la cual ahora se extiende hasta los últimos años de la adolescencia y quizá más allá.

Tenemos que liberar al niño de su preocupación por los vínculos para que pueda proseguir su meta natural de maduración independiente. El secreto para lograrlo es asegurarse de que el niño no necesita trabajar para satisfacer sus necesidades de contacto y cercanía, y así encontrar su ubicación y su orientación. Los niños requieren tener sus necesidades de vinculación saciadas: sólo entonces puede ocurrir un viraje energético hacia la individuación, el proceso de convertirse en una persona verdadera. Sólo entonces queda el niño libre para aventurarse en la vida y crecer emocionalmente.

El hambre de vínculo se parece mucho al hambre física. La necesidad de alimento nunca desaparece, como jamás acaba la necesidad de vinculación del niño. Como padres liberamos al niño de la búsqueda de la alimentación física. Asumimos la responsabilidad de alimentar al niño y proporcionarle un sentido de seguridad al respecto. Por mucho alimento que un niño tenga, si no tiene confianza en que se le seguirá proveyendo, conseguir la comida seguirá siendo la prioridad principal. El niño no está libre de seguir con su aprendizaje y su vida hasta que las cuestiones referentes a la alimentación están resueltas, y nosotros los padres es algo que damos por sentado. Nuestra tarea debería resultarnos igual de obvia al satisfacer el hambre de vinculación de nuestros hijos.

En su libro *On Becoming a Person* [Convirtiéndose en una persona], el psicoterapeuta Carl Rogers habla de una actitud cariñosa y afectuosa a la que denominó *mirada incondicionalmente positiva*. Dijo: "No viene con ninguna condición de valor". Es puro cuidar, escribió Rogers, "pero no es algo posesivo y no demanda gratificación personal. Es una atmósfera que simplemente transmite: *Cuido de ti y el cuidar de ti no depende de si te portas de tal o cual manera.*"[3] Rogers resumía las cualidades de un buen terapeuta en relación con sus clientes. Sustitúyase terapeuta por padre y cliente por hijo, y tenemos una elocuente descripción de lo que se necesita en la relación padres-hijo. El amor incondicional de los padres es el nutriente indispensable para el crecimiento emocional sano del niño. La primera tarea es crear un espacio en el corazón del niño donde reine la certidumbre de que él es sin duda la persona a la que sus padres desean y aman. No necesita hacer algo o ser diferente para ganarse ese amor —en realidad, no puede hacer nada, dado que ese amor no lo gana ni lo pierde-. Es incondicional. Está simplemente ahí, independientemente de cuál lado actúa el niño, el "bueno" o el "malo". El niño puede ser antipático, quejumbroso, egoísta o hasta grosero, y aun así, los padres harán que se sienta querido. Es posible encontrar modos de hacerle notar que ciertas conductas no son aceptables sin que se sienta rechazado. Podrá manifestar frente a sus padres su inquietud, sus rasgos menos agradables y, aun así, recibir un amor totalmente satisfactorio, seguro e incondicional de parte de ellos.

Un niño requiere experimentar suficiente seguridad, suficiente amor incondicional, para que ocurra el requerido cambio energético. Es como si la mente dijera: "Muchas gracias; esto es lo que yo necesitaba y ahora podemos proseguir con la tarea real del desarrollo para transformarme en un ser autónomo. No necesito ir a buscar gasolina, pues tengo el tanque lleno y puedo regresar de nuevo a la carretera". Nada es más importante en el plan evolutivo.

Evan era un niño de once años cuyo padre era amigo de mi coautor y recientemente había concluido un seminario de fin de

---

3. Rogers, Carl, *On Becoming a Person*. Guildford Press, Nueva York 1994, en especial el capítulo 10.

semana sobre relaciones familiares y, un lunes por la mañana, llevaba a su hijo a la escuela. Seguía insistiendo que Evan continuara con clases de karate, que el niño quería dejar. "Sabes, Evan –le dijo su padre–, si vas al karate te voy a querer ¿y sabes qué más?: si no vas al karate te querré igual." Durante unos minutos, el niño no dijo nada. Luego, de repente, miró al cielo encapotado y le sonrió a su padre: "¿Acaso no está bonito el día, papá? –le dijo– ¿No son bonitas esas nubes?", y al cabo de unos momentos de silencio añadió: "Creo que sí llegaré al cinturón negro". Y ha continuado con sus estudios de las artes marciales.

Incluso los adultos pueden experimentar los efectos de este cambio evolutivo, dadas las debidas condiciones. Una situación que puede generar un brote de energía es la experiencia de estar muy enamorado y sentirse seguro de ese amor. La gente recién enamorada experimenta una renovación de sus intereses, una nueva curiosidad, un agudo sentido de exclusividad y de individualidad y un despertar del espíritu de descubrimiento. No procede de alguien que nos presiona para madurar e independizarnos, sino de sentirnos profundamente llenos y satisfechos en nuestras necesidades de vinculación.

Lo que estorba el desarrollo de tantos de nuestros niños es su incapacidad de realizar ese cambio, desde buscar la satisfacción de su hambre de vinculación hasta la aparición de un compromiso independiente y exuberante hacia su mundo. Hay cinco razones, importantes para padres y educadores, para entender por qué la orientación hacia los compañeros roba a los niños la capacidad de sentirse saciados.

La orientación hacia los compañeros atrofia el crecimiento de cinco maneras

1. El cariño de los padres no logra penetrar

Un efecto de la orientación hacia los compañeros es que el amor y el cariño que tenemos por nuestros hijos no logra fluir. Tal fue el caso de Pedro y de muchos padres con los que he tratado. No hay duda de que los padres de Pedro lo querían y estaban dispuestos a sacrificarse por él. Sin embargo, como tantos padres en su situación, les costaba mantener el amor en ausencia de todo tipo de reciprocidad de parte de su hijo y todo se volvía más intimidante cuando activamente rechazaba su actitud acogedora, repudiaba su afecto y declinaba cualquier comunicación de interés de parte de ellos. Pedro, sencillamente, no permitía que el cariño y el cuidado de sus padres calaran en él.

Veo tantas situaciones en que un niño está en medio de la abundancia, un banquete virtual extendido delante de él, pero sufre de desnutrición psicológica por problemas de vinculación. No se puede alimentar a alguien que no se sienta a la mesa. Todo el amor del mundo no sería bastante para llevar al niño al punto decisivo: el cordón umbilical requiere estar conectado para que pase el alimento. Es imposible saciar las necesidades de vinculación de un niño que no está activamente apegado a la persona que está dispuesta y puede satisfacer dichas necesidades. Cuando un niño sustituye a sus padres por sus compañeros como figuras primarias de vinculación, es de ellos de quienes buscará alimentación emocional. Dicho llanamente: es excepcional que los vínculos entre iguales satisfagan el hambre de vínculos. El cambio evolutivo de la energía nunca ocurre. Como no hay ningún movimiento desde el vínculo a la individuación, la orientación a los iguales y la inmadurez van de la mano.

2. Los vínculos con los iguales y la inseguridad no llevan a que un niño descanse

Las relaciones con los iguales conectan a seres inmaduros y, como señalé en el capítulo anterior, son inherentemente inseguras. No pueden permitir que un niño descanse de la incesante búsqueda de aprobación, amor y deseo de sentirse importante. El niño nunca queda libre de la búsqueda de cercanía. En vez de descanso, la vinculación con los iguales fomenta agitación. Cuanto más orientado a sus iguales esté el joven, más generalizada y crónica se vuelve la inquietud subyacente. Por más contacto y conexión que existan con sus compañeros, nunca se puede dar por sentada la proximidad ni se la puede asegurar. Un joven que depende de su popularidad con los demás –o que sufra por la falta de ella– toma en cuenta cada matiz, se siente amenazado por cada palabra, mirada o gesto negativos. Con los iguales, nunca se llega al viraje: la búsqueda de la cercanía nunca se transforma en seguir adelante como ser independiente. Dada su naturaleza altamente condicional, las relaciones entre iguales –salvo raras excepciones– no logran promover el crecimiento del emergente yo del niño. Una excepción sería la amistad con niños que estuvieran seguros respecto a sus vínculos con adultos. En tales casos la aceptación y la compañía de un amigo pueden contribuir al sentido de seguridad del niño. Al sentirse fundamentalmente seguro en sus relaciones con los adultos, tal niño recibe un apoyo extra de las amistades: al no tener que depender de ellas, no se siente amenazado por la inherente inestabilidad de sus compañeros.

3. Los niños orientados hacia sus compañeros son incapaces de sentirse satisfechos

Hay otra razón por la cual los niños orientados hacia sus compañeros son insaciables. Para lograr el viraje, el niño no sólo tiene que estar satisfecho, sino que esa satisfacción tiene que penetrarlo. Ha de quedar grabado de alguna manera en el cerebro del niño que el anhelo de cercanía y conexión se han satisfecho. Este registro no es algo cognitivo o siquiera consciente, sino profundamente emocional. Es la emoción la que mueve al niño y cambia la energía de una meta evolutiva a otra: del vínculo a la individuación. El problema es que, para que la satisfacción penetre, el niño ha de ser capaz de sentir profunda y vulnerablemente —experiencia de la que se defienden los niños orientados hacia sus compañeros. Por las razones expuestas en el capítulo anterior, esos niños no pueden permitirse sentir su vulnerabilidad.

Puede parecer extraño que los sentimientos de vulnerabilidad requieran apertura hacia sentimientos de vulnerabilidad. En la satisfacción no hay dolor o daño, sino todo lo contrario. Sin embargo, hay una lógica emocional subyacente a este fenómeno. Para que el niño se sienta lleno, debe primero sentirse vacío; para sentirse ayudado, debe sentirse primero impotente y para sentirse completo, debe sentirse primero incompleto. Para experimentar la alegría de la reunión, uno debe experimentar el dolor de la pérdida; para sentirse confortado, uno primero debe sentirse herido. La saciedad puede ser una experiencia muy placentera, pero el prerrequisito es ser capaz de sentir su vulnerabilidad. Cuando un niño pierde la capacidad de sentir sus vacíos de vínculos, pierde también la capacidad de sentirse cuidado y satisfecho. Una de las primeras cosas que trato de comprobar en mi estimación de los niños es si existen sentimientos de carencia y pérdida. Es indicativo de la salud emocional de los niños el que sean capaces de sentir lo que está faltando y saber de qué se trata esa vaciedad. En cuanto son capaces de expresarla, dicen cosas como: "Echo de menos a mi papá", "Me dolió que mi abuela no me tomara en cuenta", "Me pareció que a usted no le interesó lo que yo decía". "No creo que yo le caiga bien a fulano tal".

Muchos jóvenes actualmente se defienden demasiado, se cierran demasiado emocionalmente para experimentar esas emociones de vulnerabilidad. Los jóvenes se sienten afectados por lo que falta, lo sientan o no, pero sólo cuando consiguen sentir y saber concientemente qué es lo que les falta, entonces pueden ser liberados de su búsqueda del vínculo. Los padres de tales jóvenes no pueden llevarlos al viraje o conducirlos a un lugar de descanso. Si un joven se defiende contra su propia vulnerabilidad como resultado de su orientación hacia sus compañeros, también se vuelve insaciable respecto a sus padres. Tal es la tragedia de la orientación a los iguales: vuelve nuestro amor y afecto totalmente inútiles e insatisfactorios.

Para los niños insaciables, nada jamás es suficiente. No importa lo que uno hace, los esfuerzos gastados en arreglar las cosas, la atención y asentimiento prestados, nunca se alcanza el viraje. Eso resulta extremamente deprimente y agotador. Nada es tan agradable para unos padres como el sentido de ser la fuente de satisfacción de su hijo. Millones de padres no reciben esa experiencia porque sus hijos o bien buscan en otra parte el cariño o se defienden demasiado contra su propia vulnerabilidad para ser capaces de satisfacción. La insaciabilidad mantiene a los jóvenes evolutivamente atorados en primera velocidad, atascados en la inmadurez, incapaces de trascender sus instintos básicos. Viven con la frustración de no poder encontrar jamás el descanso y estar siempre dependiendo de algo o alguien externo para satisfacerse. Ni la disciplina impuesta por los padres ni el amor que ellos les profesan puede curar esta condición. La única esperanza es llevar de nuevo a los hijos al refugio del vínculo que les corresponde y luego ablandarlos para que realmente puedan penetrar el amor y el cuidado.

¿Qué ocurre cuando la insaciabilidad domina el funcionamiento emocional de una persona? El proceso de la maduración queda obstaculizado por una obsesión o una adicción (en este caso, la conexión con los compañeros). El contacto con los iguales estimula el apetito, pero sin alimentar. Excita sin satisfacer. El resultado final del contacto con los iguales es de ordinario el deseo urgente de más y, cuanto más obtiene el niño, más quiere. La madre de una niña de ocho años comentaba: "No lo acabo de entender: cuanto más tiempo pasa mi hija con sus amigas, más quiere estar con ellas. ¿Cuánto tiempo quiere para estar con otras niñas?" Asimismo, los padres de un joven adolescente se quejaban de que "en cuanto nuestro hijo llega a casa del campamento, empieza a llamar por teléfono para hablar con los chicos con los que acaba de estar; y, sin embargo, es a su familia que no ha visto durante dos semanas". La obsesión por el contacto con los compañeros es siempre peor después de pasar tiempo con ellos, sea en la escuela o en los juegos, pijamadas, recesos, excursiones o campamentos. Si el contacto con los compañeros saciara, el tiempo pasado con ellos conduciría automáticamente a cada vez más juego autogenerado, soledad creativa o reflexión.

Muchos padres confunden esta conducta insaciable con una necesidad válida de trato con los amigos. Una y otra vez escucho alguna variante de: "Mi hijo está absolutamente obsesionado con estar con sus amigos. Sería cruel impedírselo". En realidad sería más cruel e irresponsable consentir en lo que claramente alienta esa obsesión. El único vínculo que los niños necesitan, en realidad, es aquel que les ayuda a crecer, les satisface y puede llevarles a descansar. Cuanto más demandante sea un niño, tanto más demuestra una obsesión de fuga. No es fuerza lo que el niño manifiesta, sino la desesperación de un hambre que sólo aumenta con más contacto con sus compañeros.

4. Los niños orientados hacia sus compañeros no se relajan

El enfoque de este capítulo ha sido la satisfacción del hambre de vinculación como clave para que el niño se libere de la preocupación con los vínculos. Sin embargo, hay gente que ha madurado bien sin haber jamás disfrutado, de niños, un vínculo cariñoso con un adulto. ¿Cómo es posible esto? La explicación es que existe una segunda llave para abrir el proceso de maduración. Se podría llamarla la "madurez por la puerta trasera", puesto que es menos obvia y en muchos sentidos es lo opuesto de la satisfacción. Este viraje ocurre cuando, en vez de satisfacerse con lo que funciona, la mente del niño registra que el hambre de vínculos no va a quedar saciada en esa situación o en ese momento. Con el fracaso de sus aspiraciones, nace un sentido de futilidad: no obtener la atención de papá o no ser el preferido de la abuela, no conseguir la amistad de alguien o no tener a nadie con quien jugar. Puede ser causado por la incapacidad del niño de no sentirse solo o de sentirse el más grande y el mejor, la persona más importante para alguien, de encontrar a una mascota perdida, de lograr que mamá no salga de casa o de impedir que la familia se mude. La lista de deseos potencialmente vanos podría extenderse desde el ejemplo más trivial, como el fracasado intento de aproximarse a alguien, hasta la más profunda pérdida del vínculo.

Nuestros circuitos emocionales están programados para liberarnos de la búsqueda del contacto y la cercanía, no sólo cuando el hambre de vínculos se satisface, sino también cuando, al cabo, comprendemos que el deseo de satisfacción es irrealizable. Dejar un deseo al que estamos apegados es sumamente difícil incluso para los adultos, como puede ser el deseo de caer bien a todo el mundo o que una persona en particular nos quiera o llegar a ser políticamente poderosos. Sólo cuando aceptemos que lo que hemos estado tratando de hacer no se puede lograr y experimentemos del todo la decepción y tristeza subsiguientes, podremos seguir adelante con nuestras vidas. Como seres inmaduros en vínculos, los niños experimentan naturalmente la urgencia de asirse a algo, de hacer contacto, de llamar la atención, de poseer a la persona a la que están apegados. Un niño puede incluso consumirse de tal manera en ese deseo que su funcionamiento como ser humano quede afectado. Sólo cuando la sensación de futilidad de todo intento se graba hondo en el cerebro emocional, se relajará la urgencia y concluirá el aferramiento. Por otro lado, si no llega a calar la convicción de la futilidad de todo intento, el niño quedará preso de necesidades obsesivas de vínculos y persistirá en la búsqueda de lo inalcanzable.

Lo mismo que ocurre con la satisfacción, la convicción de futilidad debe calar para que ocurra un viraje energético: el viraje conduce a la aceptación, de la frustración a un sentido de paz con la realidad del momento. No basta con registrarlo con el intelecto, sino que se tiene que sentir profunda y vulnerablemente, en la médula misma del sistema límbico, en el núcleo de los circuitos emocionales del cerebro. La sensación de futilidad de todo intento es una sensación vulnerable que nos pone cara a cara con los límites de nuestro control y con lo que no podemos cambiar. Esos sentimientos de futilidad son unos de los primeros que desaparecen cuando un niño se defiende contra la vulnerabilidad. A resultas de ello, los niños orientados a sus iguales carecen de esas emociones. A pesar de que sus relaciones con sus compañeros están cargadas de frustración y desorientación, rara vez mencionan sentimientos de decepción, tristeza y dolor. Como veremos en un capítulo posterior, la incapacidad de pasar de la frustración al convencimiento de futilidad, de "enojado a triste", es una poderosa fuente de agresividad y violencia.

En los niños, uno de los signos más obvios de que ha calado la sensación de futilidad son los ojos arrasados en lágrimas. Existe un pequeño órgano en el cerebro que orquesta este signo revelador. Aprendemos a ocultar las lágrimas, pero la necesidad de llorar está directamente conectada con las sensaciones de futilidad. Desde luego, existen otras situaciones que pueden movernos también a las lágrimas, como algo que nos entre en el ojo, las cebollas, el dolor físico y las frustraciones. Las lágrimas de futilidad son causadas por diferentes circuitos neurológicos y son psicológicamente únicas. Se sienten diferentes en las mejillas. Se acompañan de un cambio energético; una tristeza sana, un renunciamiento en tratar de cambiar las cosas. En realidad, las lágrimas de futilidad traen un alivio, la sensación de que algo ha llegado a su fin. Señalan que el cerebro realmente capta que algo no funciona y es preciso soltarlo. Por ejemplo, a un bebé al que se le cae el helado, pero que encuentra a un adulto cariñoso con quien puede desahogarse y llorar su tristeza, se consuela rápidamente y se abre a otras aventuras nuevas.

Es natural que un niño se sienta movido a las lágrimas cuando le ha ocurrido una frustración en sus vínculos. También en esto los niños orientados hacia sus compañeros se apartan mucho de lo que es natural. Es mucho más probable que no lloren cuando se trata de futilidad, y cuanto peor están las cosas en las relaciones con sus compañeros, tanto más se afianza la resistencia inconsciente a aceptar la futilidad. Cuando dejamos de llorar es como si la capacidad del cerebro para procesar las emociones –de ordinario muy flexible y alerta– se vuelve rígida. Pierde su plasticidad, su capacidad de desarrollo. Sin esa sensación de futilidad, lo mismo que sin la satisfacción, la madurez es imposible.

5. La orientación hacia los compañeros corta la individualidad

La orientación a los iguales amenaza la madurez de otro modo importante: aplasta la individualidad. Antes de explorar por qué, debemos señalar brevemente la importante distinción entre individualidad e individualismo. La *individualidad* es fruto del proceso de convertirse en un ser psicológicamente independiente, proceso que culmina en el pleno florecimiento de la unicidad: la noción de que uno es único. Los psicólogos llaman ese proceso diferenciación o individuación. Ser un individuo es tener significados, ideas y límites propios. Es valorar sus propias preferencias, principios, intenciones, perspectivas y metas. Es estar en un lugar que nadie más ocupa. El *individualismo*, por el contrario, es la filosofía que coloca los derechos e intereses de una persona por encima de los derechos e intereses de la comunidad. La individualidad, en cambio, es el fundamento de una verdadera comunidad porque sólo los individuos auténticamente maduros pueden cooperar plenamente de un modo que respete y celebre la unicidad de los demás. Irónicamente, la orientación a los iguales puede fomentar el individualismo, al tiempo que mina la verdadera individualidad.

La individualidad que retoña y la independencia naciente requieren protección tanto de las reacciones de los demás como del potencial de los propios impulsos para apegarse a otros, cueste lo que cueste. Hay algo muy vulnerable en el crecimiento psicológico cuando comienza a brotar en todas sus manifestaciones: interés, curiosidad, exclusividad, creatividad, originalidad, asombro, nuevas ideas, iniciativa, experimentación, exploración, etc. Tal surgimiento tiene un carácter tentativo y tímido, como una tortuga que asoma la cabeza bajo el caparazón. Atrevernos a presentarnos en toda nuestra desnuda originalidad es quedar por completo expuesto a las reacciones de los demás. Si la reacción es demasiado crítica o negativa, ese intento de brote se disipa con rapidez. Sólo una persona muy madura puede hacer frente a las reacciones de aquellos que no reconocen ni valoran su independencia de pensamiento, ser y acción.

No cabe esperar que los niños se fijen en los signos de madurez que puedan aparecer en otros niños. No es su responsabilidad y, en todo caso, están demasiado impulsados por los vínculos para respetar la individualidad. ¿Cómo pueden saber que el desarrollo de las propias intenciones es la semilla de futuros valores? ¿Cómo pueden captar que el dividir el mundo entre "mío" y "no mío" no es algo antisocial, sino el comienzo necesario de la individuación? ¿El deseo de ser el autor de sus acciones y el originador de sus propias ideas es el camino para ser una persona? A los niños no les preocupan mucho estas cosas en los demás. Se tiene que ser adulto para reconocer las simientes de la madurez, para dar espacio a la individualidad y para valorar los primeros signos de independencia. Es preciso ser adulto para ver la individualidad como un legado sagrado y darle toda la protección que necesite.

Sin embargo, si el único problema fuera la incapacidad de los niños para fomentar y celebrar recíprocamente la individualidad, el trato con los compañeros no sería un inconveniente tan grande para la naciente personalidad. Por desgracia, el problema es mucho peor que eso. La gente inmadura suele atropellar cualquier individualidad naciente. En el mundo de un niño, no es la inmadurez sino más bien los procesos de maduración los que son sospechosos y fuente de vergüenza. El niño *emergente* –el niño que está automotivado y no es impulsado por sus necesidades de contacto con los iguales– parece una anomalía, alguien irregular y que anda fuera del camino trillado. Las palabras que los niños orientados hacia sus compañeros utilizan para referirse a tal niño son injuriosas: raro, estúpido, retrasado, chiflado, bobo. Los niños inmaduros no entienden por qué esos otros niños emergentes y en proceso de maduración tratan tan esforzadamente de abrirse paso en la vida; por qué a veces buscan la soledad, en vez de la compañía; por qué pueden mostrarse curiosos por cosas que no interesan a los demás; por qué hacen preguntas en clase. Algo tiene que estar mal con esos niños y por eso merecen ser ridiculizados. Cuanto más fuerte es la orientación de un niño hacia sus compañeros, más intensamente resentirá y atacará la individualidad de otro niño.

Así como la individuación es amenazada desde fuera por las reacciones de los amigos, también es socavada por la dinámica interna del niño orientado hacia sus compañeros. La individualidad no se lleva bien con esos vínculos. Pocas reacciones orientadas a los iguales pueden cargar con el peso de que un niño se vuelva persona hecha y derecha, tenga sus preferencias, diga lo que opina, exprese sus propios juicios, tome sus propias decisiones. Cuando el vínculo con los iguales es la preocupación primaria, no importa sacrificar la individualidad. Al niño inmaduro, ese sacrificio le parece muy bien. Acomodar su personalidad, disminuir su verdadera expresión y suprimir cualesquiera opiniones o valores en conflicto le parece lo más natural del mundo. No puede permitir que su individualidad se interponga entre él y sus compañeros. Para los seres inmaduros, la amistad (por la que entienden vinculación con los camaradas) siempre va por delante del yo. Los seres de vínculos venderán de buena gana su derecho de nacimiento a la individualidad, a cambio de alguna muestra de aceptación de parte de sus iguales, sin una idea del sacrilegio evolutivo que acaban de cometer. Sólo cuando hay viabilidad como ser independiente se llega a presentar siquiera el instinto de auto-conservación.

Catalina es la madre de Clara, una niña de siete años que cumple su escolarización en casa. "A los siete años, es toda una personita como nadie –dice Catalina hablando con amor de su hija–. Tiene independencia de espíritu. Sin embargo, al cabo de unas cuantas horas de estar con sus amiguitas, no es la misma y adopta el lenguaje y las maneras de éstas. Luego se requieren un par de horas para que Clara vuelva a ser la misma. Pero a medida que crece, cada vez logra más ser ella misma."

Durante los años que mi hija Tamara estuvo orientada a sus amigas, no expresaba sus opiniones y ni siquiera abrigaba pensamientos que pudieran ponerla en conflicto con las demás. Me parecía que incluso se encogía para caber en los parámetros de la relación que intentaba mantener. Cuando la animé a ser su propia persona con Shannon, la niña que había sido su orientación primaria, tuvo dificultad incluso para comprender lo que yo quería decir. Aunque Tamara sacaba buenas notas en la escuela, tenía vergüenza y se esforzaba lo imposible por ocultar sus notas a sus amigas. Todo niño orientado hacia sus compañeros sabe el trato: no digas ni hagas nada que cause mala impresión en los demás y corras el riesgo de que se aparten de ti. Tamara sabía intuitivamente que esas relaciones no iban con ella, pero en vez de dejar que el desarrollo siguiera su curso, trataba de empequeñecerse lo más posible para caber.

El mundo en el que viven nuestros hijos se está volviendo cada vez más hostil al proceso natural de maduración. En el universo de orientación a los iguales, la maduración y la individuación se consideran como enemigas de los vínculos. La unicidad y también la individualidad se convierten en impedimentos para alcanzar el éxito.

Nuestro oficio como padres es cultivar con nuestros hijos vínculos que dejen espacio para la individuación. La individualidad de un niño nunca debe ser el precio exigido para el calor y la cercanía. Hemos de dar a nuestros hijos lo que no se pueden dar entre ellos, es decir, la libertad de ser ellos mismos en un ambiente de aceptación cariñosa, una aceptación que sus compañeros inmaduros no pueden ofrecer, pero que sí podemos y debemos proporcionar nosotros los adultos.

10

Un legado de agresividad

Elena, de nueve años, estaba sentada frente al espejo y con furia se cortaba los rizos de su negro cabello, hasta quedar casi sin flequillo. Cuando su madre, enfadada y alarmada, le preguntó por qué había hecho tal cosa, la niña la amenazó con la punta de las tijeras y la cubrió de insultos.

La mamá de Emilia, de quince años, mandó a su hija a mi consulta porque eésta se estaba cortando y haciéndose tajadas. Sus impulsos de ataque iban dirigidos no sólo contra ella, sino que nada ni nadie escapaba a sus vivos sarcasmos y hostilidad, salvo sus amigas. Incluso se burló de los títulos de los libros que yo tenía en mi estantería. Si bien me pareció que sus agudezas tenían cierta novedad y su inteligencia era impresionante, era difícil digerir el modo en que maltrataba a sus padres y su hermano menor. Cruel en sus críticas, no paraba de agraviarles con palabras vulgares. Su hostilidad era implacable.

Los padres de Elena son amigos míos y el año anterior a la inesperada erupción de agresividad de su hija, habían pasado por una etapa muy difícil en su matrimonio. Su tiempo y energía habían sido ocupados en mayor parte por sus problemas relacionales, dejando que Elena fuera a buscar el contacto emocional con sus amigas, lo que no consiguió.

Como ilustra la experiencia de Emilia, aunque Elena hubiesse logrado la meta de ser aceptada por sus compañeras, sus necesidades emocionales habrían quedado sin embargo insatisfechas. A los diez años, Emilia se había apegado seriamente a sus compañeras, a raíz de la lucha de su madre contra el cáncer. Incapaz de manejar la vulnerabilidad que le ocasionaba la posibilidad de perderla, Emilia reaccionó rehusándola. El vacío dejado al desconectarse de la vinculación con su madre había sido colmado por sus amigas, las cuales ahora eran todo para ella. El resultado fue una continuada agresividad expresada en acciones, palabras y actitudes. Atacar a los miembros de su familia es muy típico de los niños orientados a sus compañeros, lo que deja a padres y hermanos heridos. En la mayoría de los casos, los ataques no son físicos, pero los insultos y la hostilidad emocional pueden ser en extremo agotadores, alienantes y ofensivos.

La agresividad es una de las quejas más comunes de los padres y maestros hoy en día. También fue la principal preocupación de los padres de Claudia, Magdalena y Santiago. Si bien la agresividad no siempre tiene que ver con la orientación a los iguales, cuanto más orientado a sus amigos está un niño, tanto mayor es la posibilidad de que la agresividad sea parte del cuadro.

A medida que la orientación a los iguales aumenta en una sociedad, aumenta también la agresividad infantil. Hubo seis mil casos de violencia en la ciudad de Nueva York en 1993, según relató el Consejo Escolar de esa ciudad, comparado con un solo caso violento en 1961.[1] Los serios ataques entre los jóvenes canadienses se han quintuplicado en los últimos cincuenta años, mientras que en los Estados Unidos, el incremento ha sido de siete veces.[2] El creciente maltrato de los padres por parte de los hijos fue tema del reciente Informe Cottrell a Health Canada.[3] Según otra encuesta, cuatro de cada cinco maestros informaron haber sido atacados por sus alumnos, si no físicamente, por lo menos con amenazas intimidantes y agresiones verbales.[4] Cuando la definición de agresión se extiende al ataque contra uno mismo, las estadísticas de suicidios se vuelven muy perturbadoras. Los intentos con resultados fatales entre niños se triplicaron durante los últimos cincuenta años. Los suicidios entre diez y catorce años han ido en aumento en muy rápida proporción.[5]

1. Esta estadística fue citada por Linda Clark del Consejo de Educación de la ciudad de Nueva York en una alocución ante la 104 Junta anual de la Asociación Americana de Psicología.
2. Esta cifra fue citada por Michelle Borba, autora de *Building Moral Intelligence,* en una alocución ante la Conferencia Nacional sobre Escuelas Seguras, tenida en Burnaby, Columbia Británica (Canadá), el 19 de febrero de 2001.
3. El informe de Barbara Cottrell llevó el título de *Parent Abuse: The Abuse of Parents by Their Teenage Children.* Fue publicado por Health Canada en 2001.
4. La encuesta fue efectuada por David Lyon y Kevin Douglas, de la Simon Fraser University de la Columbia Británica (Canadá) y publicada en octubre de 1999.
5. Las estadísticas sobre suicidios son del National Center for Injury Prevention and Control de

Hoy en día, muchos adultos se angustian al enfrentarse a grupos de jóvenes que no conocen, por temor a ser atacados. Tal aprensión era prácticamente desconocida hace una o dos generaciones. Quienes ya tenemos una edad respetable notamos la diferencia entre ahora y hace unas décadas.

Los informes en los medios respecto de agresiones perpetradas por niños abundan. "Adolescente despreciado regresa a la fiesta con una pistola y mata a tres," "Joven asaltado por adolescentes se encuentra en condición crítica", "Pandilla de niños de entre diez y trece años comete delitos violentos", "Alumno que fracasó en sus estudios regresa a la escuela y mata a su maestro". En un relato sobre un ataque fatal perpetrado por jóvenes entre diez y dieciocho años contra un hombre de treinta y seis años en Chicago en octubre de 2002, la agencia *Associated Press* cita a un testigo que dijo: "Lo estuvieron golpeando (con rastrillos, contenedores de la leche y bates) y gritaban '¡Toma, prueba con esto!...' Era como una especie de juego para ellos". A las pocas semanas de ese caso sangriento, dos asesinatos perpetrados por adolescentes en las provincias occidentales adyacentes sacudieron al público canadiense. El cuerpo de una esposa de treinta y nueve años y madre de tres niños fue encontrado entre los restos de la vivienda de la familia incendiada en Maple Ridge, Columbia Británica (Canadá). Horas después, la policía detenía a un joven de quince años que iba en el coche de la mujer asesinada. "Iba al volante, fumando un puro. Lo acompañaban en el vehículo otros cinco muchachos." El adolescente fue acusado de asesinato en primer grado. En este informe resalta la evidente indiferencia de este asesino-muchacho y de sus camaradas.[6]

Atrocidades cometidas por adolescentes entre sí aparecen con frecuencia en los titulares de los periódicos: En la secundaria de Columbine, en Colorado (Estados Unidos); en Tabor, Alberta (Canadá); en Liverpool (Inglaterra). Pero enfocarse en las lamentables estadísticas y en los comunicados de los medios sobre violencia cruenta es perder de vista todo el impacto de la agresividad juvenil en nuestra sociedad. Los signos más evidentes de esta fuente de agresividad y violencia no están en los encabezados de los periódicos, sino en

---

Estados Unidos y de la McCreary Centre Society de Canadá.
6. El joven fue sentenciado por el crimen. Su historial es de un niño que pronto fue abandonado, con una pérdida en serie de apegos a adultos y subsiguiente atrincheramiento en el grupo de iguales.

la cultura de los iguales: en el lenguaje, la música, los juegos, el arte y los entretenimientos preferidos. Una cultura refleja la dinámica de sus participantes, y la cultura orientada hacia los compañeros es cada vez más una cultura de agresiones y violencia. El apetito de violencia se refleja en el disfrute vicario de la misma, no sólo en la música y las películas, sino en los patios y pasillos de las escuelas. Los jóvenes fomentan la hostilidad entre ellos, en vez de disiparla; se incitan unos a otros a pelear, en vez de tratar de disuadirse. Los perpetradores son sólo la punta del iceberg. En un estudio sobre patios de escuelas, los investigadores hallaron que la mayoría de los jóvenes apoyaban pasiva o activamente los actos de bravuconería y las agresiones, y menos de uno de cada ocho había tratado de intervenir. Tan arraigadas se han vuelto la cultura y la psicología de la violencia que los iguales, en general, expresaban más respeto y admiración por los matones que por sus víctimas.[7]

Las formas predominantes de agresión infantil y de adolescentes no son las peleas y los ataques –materia de estudios o estadísticas–, sino las actitudes de ataque, las palabras y las acciones que son los modos cotidianos de trato entre los jóvenes orientados a los iguales. Los ataques pueden ser emocionales, colorados de hostilidad, antagonismo y despecho; se pueden expresar en ademanes rudos y en miradas torvas o insultos y menosprecios. El ataque puede estar en el tono de la voz, en los gestos de mofa, en la mirada, en la postura del cuerpo, en el sarcasmo del comentario o en la frialdad de la respuesta. La agresión se puede dirigir hacia otros o se puede expresar con berrinches y pataletas. También puede dirigirse hacia uno mismo con auto-desprecio: "Soy un estúpido"; con auto-hostilidad como "No me soporto", golpeándose la cabeza, infligiéndose lesiones, o teniendo pensamientos e impulsos suicidas. Los ataques pueden dirigirse contra la propia existencia: "Te voy a matar" o "Me voy a matar". Los ataques contra la existencia pueden ser también psicológicos, manteniendo a alguien en ostracismo, en fingir que otro no existe o rehusarse a reconocer la presencia de alguien. La lista es inacabable. En otras palabras, la esencia de la agresividad trasciende las formas palmariamente violentas que han sido el tema de las generaliza-

---

7. Craig, W. y Pepler, D., *Naturalistic Observations of Bullying and Victimation on the Playground* (1997). LaMarsh Centre for Research on Violence and Conflict Resolution, York University. Citado en: Coloroso, Barbara, *The Bully, the Bullied, and the Bystander*. HarperCollins, Toronto (Canadá) 2002, p. 66.

das pero fútiles fórmulas políticas de "tolerancia cero" que se han adoptado actualmente en las escuelas y otras instituciones donde hay gran número de jóvenes. Dada la tendencia de la agresividad a expandirse, la tolerancia cero es un concepto superficial e imposible de llevar a la práctica.

La agresividad, lo mismo que el amor, está en la naturaleza de la motivación subyacente: lo que lo mueve a uno. En el caso de la agresividad, es el impulso a atacar. ¿De dónde proviene toda esta agresividad? ¿Qué incita a los jóvenes a grados cada vez más elevados de agresividad? ¿Por qué los jóvenes orientados hacia sus compañeros están tan propensos a la violencia? Las respuestas se encuentran no en las estadísticas, sino en entender cuáles son las raíces de la agresividad y cómo la orientación a los iguales alimenta esas raíces. Sólo comprendiendo qué es la agresividad podremos captar su escalada en el mundo en donde viven nuestros hijos.

La orientación a los compañeros no es la causa radical de la agresividad. Los bebés, los preescolares y otros niños que no están de ningún modo orientados hacia sus compañeros, pueden ser agresivos. La agresividad y la violencia han hecho parte de la historia de la humanidad desde el comienzo de los tiempos. La agresividad es uno de los problemas humanos más antiguos y difíciles de superar, mientras que la orientación hacia los compañeros es relativamente nueva. Sin embargo, la orientación a los iguales atiza con fuerza el fuego de la agresividad y la transforma en violencia.

La fuerza impulsora de la agresividad

¿Qué mueve a una persona a atacar? La frustración. La frustración es el combustible de la agresividad. Desde luego, la frustración no llevará automáticamente a la agresión, como un tanque de oxígeno no causará automáticamente un incendio. Como veremos, la frustración puede conducir también a otros resultados que son por completo incompatibles con la agresividad. Sólo cuando falta una solución más civilizada a la frustración, el incremento de ésta desemboca en la agresividad. La orientación a los iguales no sólo aumenta la frustración en el joven, sino que también reduce la probabilidad de que encuentre alternativas pacíficas a la agresividad.

La frustración es la emoción que sentimos cuando algo no funciona. Lo que no funciona puede ser un juguete, un trabajo, el cuerpo de uno, una conversación, una exigencia, una relación, una cafetera o las tijeras. Sea lo que sea, cuanto más nos importe el hecho de que deba funcionar, tanto más nos agitamos cuando no marcha. La frustración es una honda y primitiva emoción, tan primitiva en realidad que existe también en otros animales. La frustración no es necesariamente consciente, pero como cualquier emoción nos moverá también.

Muchos son los disparadores de la frustración, pero como lo que más les importa a los niños –y a muchos adultos– es el vínculo, la máxima fuente de frustración son los vínculos que no funcionan: la pérdida de contacto, las conexiones malogradas, la separación larga, el sentirse rechazado, la pérdida de un ser amado, el sentido de no pertenecer o no sentirse entendido. Como somos generalmente inconscientes de los vínculos, también lo somos del nexo entre nuestra frustración y de nuestros vínculos fracasados.

Caí en la cuenta del estrecho nexo existente entre la frustración de la vinculación y la agresividad cuando mi hijo Shay tenía tres años. Shay estaba muy apegado a mí y no había experimentado separaciones largas de mí hasta que acepté una invitación al otro extremo del país para un curso de cinco días dirigido a educadores. A mi regreso, la agresividad de Shay había aumentado desde su nivel normal para su edad (dos o tres incidentes al día) a un promedio de veinte a treinta. No tuve que preguntarle por qué estaba tan berrinchudo, mordiendo, golpeando y arrojando cosas: resultó que el tema del seminario que yo acababa de dar eran las raíces de la agresividad y la violencia. Ni él me lo podría haber dicho. Era, pura y simplemente, frustración de la vinculación que brotaba de lo más hondo.

La madre de Elena, la niña mencionada al comienzo de este capítulo, sufrió una seria depresión cuando su hija tenía tres años. Tanto la madre como su marido estuvieron menos disponibles durante los largos y sombríos meses del trastorno de su estado de ánimo. De repente y por ninguna razón aparente, Elena comenzó a pegar a otros niños en el recreo, niños a los que ni siquiera conocía. Su frustración de vinculación se manifestó explosivamente en conducta agresiva.

Cuando los iguales sustituyen a los padres, la fuente de su frustración cambia también y, en muchos casos, aumentará en vez de disminuir. Los jóvenes cuyos vínculos primarios son con otros compañeros se sienten frustrados porque tienen dificultad en estar juntos. No viven unos con otros y por lo tanto sufren continuamente separaciones. Nunca tienen certeza de que sus compañeros les harán caso. Ser preferido hoy no garantiza serlo mañana. Si lo que más interesa es importar a los compañeros, la frustración asomará en cada esquina: llamadas no devueltas, ser pasado por alto o ignorado, ser desbancado por otro, ser rebajado o menospreciado. Un joven nunca puede descansar con seguridad, en el sentido de que sea aceptado o considerado especial por sus camaradas. Además, las relaciones entre iguales rara vez resisten el verdadero peso psicológico de un compañero. El joven debe ajustar constantemente su comportamiento, teniendo cuidado de no enseñar diferencias ni mostrar desacuerdo con demasiada vehemencia. Hay que tragarse enfado y resentimiento para mantener la cercanía. En una relación entre iguales no existe ningún *home base* [un hogar seguro, como en el béisbol], ningún escudo contra el estrés, ningún amor que perdone, ningún compromiso de confiabilidad, ninguna sensación de ser conocido íntimamente. La frustración en ese medio ambiente es intensa, aun cuando todo va relativamente bien. Al añadir algún rechazo u ostracismo, la frustración explota. No ha de asombrar que el lenguaje de nuestros jóvenes orientados a sus compañeros se vuelva soez y los temas de su música y entretenimientos tengan matices agresivos. Tampoco ha de extrañar que tantos de esos chicos se ataquen unos a otros, mutilen sus cuerpos y piensen en el suicidio. De manera menos obvia pero más generalizada, hay cada vez más chicos que se sienten incómodos con ellos mismos. Consciente o inconscientemente, son muy críticos de sus propias calidades. Esto también es una forma de agresión contra si mismo.

Los jóvenes atrapados en la frustración buscan oportunidades de atacar y se vuelven muy aficionados a temas de ataque en música, literatura, arte y diversión. Mi coautor recuerda la extrañeza que sintió cuando uno de sus hijos, ya a punto de entrar en la adolescencia, comenzó a ver lucha libre por televisión y empezó a ponerse ropa que evocaba a un protagonista de una película de horror, Freddie Fruger, famoso por sus afiladas y mortíferas uñas. El chico, en aquella época de su vida, carecía de un vínculo lo bastante seguro con sus padres y se encontraba en relaciones extremamente frustrantes con sus compañeros.

Como muchos padres habrán experimentado lamentablemente, una vez que el cerebro de vinculación de un hijo se ha aferrado a sus amigos, los intentos por disuadir de esa agenda pueden provocar intensa frustración. Las limitaciones y restricciones impuestas por los padres desatan un torrente de insultos y comportamiento agresivo que puede ser muy doloroso. Mateo, de once años, viene muy bien al caso. Había sustituido a sus padres por un chico solitario, Javier. Los dos eran inseparables. Una vez Mateo pidió que le dejaran ir a una fiesta de Halloween y quedarse por la noche en casa de Javier. Como sus padres le denegaron el permiso, Mateo mostró tal hostilidad emocional y agresiones verbales que sus padres se asustaron. Fue entonces cuando acudieron a mi consulta y descubrieron la subyacente orientación a los iguales de su hijo. Una angustiada nota que Mateo dejó a sus padres mostraba su frustración y la resultante agresividad:

"Fíjense en qué lío estoy metido. Imaginemos que Javier quiera hacer algo. Normalmente me llama a mí en estos casos. Pero ahora ni se le va a ocurrir hacerlo porque ustedes no me dejan. Así que ahora va a estar más con otras personas, lo cual estaría bien normalmente, pero el problema es que el ahora no quiere saber nada de mí. ¡¡¡¡¡Esto me tiene bastante jodido!!!!!. Estoy tan furioso que quisiera pegarle a quien sea –y, lo digo en serio– quisiera joderlo de veras... Juro por Dios que el niñito que tanto quieren ya no existe. ¡Si es necesario me mataré, maldita sea! ¡Quizá me corte las muñecas...! SI NO TENGO AMIGOS, NO TENGO VIDA."

Nunca se acaba el combustible de los fuegos de la agresividad en un joven orientado hacia sus compañeros.

No es automático que la frustración conduzca a la agresividad. La respuesta sana a la frustración es el intento de cambiar las cosas. Si esto resulta imposible, podemos aceptar que las cosas sean así y adaptarnos creativamente a una situación que no se puede cambiar. Si no tiene lugar la adaptación, los impulsos al ataque pueden todavía ser templados mediante pensamientos y sentimientos más calmados; en otras palabras, por autorregulación madura. Es muy posible quedar intensamente frustrado y sin embargo, no sentirse impulsado al ataque. En los niños orientados a los iguales, las salidas aceptables de sus frustraciones probablemente quedarán bloqueadas de una manera que explicaré a continuación. Estos jóvenes se vuelven agresivos por no tener otra salida.

Existen tres grandes deficiencias en las relaciones entre iguales que conducen a una frustración reprimida que explota en agresividad.

Cómo la orientación hacia los compañeros fomenta la agresividad

Los jóvenes orientados hacia sus compañeros no suelen cambiar

Cuando nos sentimos frustrados, nuestra primera inclinación es cambiar lo que no está funcionando. Podemos lograrlo exigiendo cambios en los demás, tratando de modificar nuestro comportamiento o mediante otras soluciones. Al incitarnos a actuar, la frustración habrá cumplido su propósito.

El problema está en que la vida trae muchas frustraciones fuera de nuestro alcance: no podemos alterar el tiempo o cambiar el pasado o deshacer lo que hemos hecho. No podemos evitar la muerte, hacer que perduren las buenas experiencias, engañar a la realidad, hacer que funcione algo que no puede funcionar o convencer a alguien a que coopere con nosotros si no quiere. No logramos que las cosas salgan como queremos o que nuestra seguridad o la de alguien más sea garantizada. De todas estas frustraciones inevitables, la que supone mayor amenaza para los jóvenes es el no poder conseguir ninguna seguridad psicológica o emocional. Estas necesidades extremamente importantes –el ser deseado, invitado, querido, amado y ser considerado especial– están fuera del control de los jóvenes.

Mientras nosotros los padres logremos mantener exitosamente el vínculo con nuestros hijos, ellos no necesitarán enfrentarse a la profunda futilidad fundamental de la existencia humana. No es que podamos proteger para siempre a nuestros hijos de la realidad, pero ellos no tienen por qué hacer frente a retos que les sobrepasan. Los jóvenes orientados hacia sus compañeros no tienen tal suerte. Dado el grado de frustración que experimentan, se desesperan por cambiar las cosas con tal de asegurar sus vínculos. Algunos se vuelven compulsivamente exigentes en sus relaciones mutuas; otros se preocupan por volverse más atractivos a sus compañeros —de ahí el gran incremento de las cirugías estéticas entre los jóvenes y también su obsesión por estar a la moda a edades cada vez más tempranas. Unos se mueven mandones, encantadores o payasos. Otros hacen lo imposible por convertirse en bombones psicológicos con tal de mantener un sentido de cercanía con sus iguales. Perpetuamente insatisfechos, estos jóvenes están fuera de contacto con la causa de su descontento y se topan contra una realidad sobre la que no poseen control alguno. Desde luego, la misma dinámica puede ocurrir con las relaciones de los jóvenes o los niños con los adultos (como ocurre con muchísima frecuencia), pero está garantizado que esa dinámica se encuentra en las relaciones orientadas hacia iguales.

Por más que el niño orientado hacia sus compañeros trate de cambiar las cosas, alterando su aspecto, arreglando situaciones para otros, atenuando su verdadera personalidad o perjudicándose a sí mismo, sólo encontrará un fugaz alivio. No hallará paliativo duradero frente a la incesante frustración en los vínculos e inclusive experimentará una frustración adicional al golpearse constantemente contra la pared de la imposibilidad. Su frustración, en vez de acabarse, avanza paso a paso hasta transformarse en agresividad, como en los casos de Elena y Emilia, mencionados al comienzo de este capítulo.

Los jóvenes que están orientados hacia sus compañeros son mucho menos adaptables

La frustración que nace cuando se enfrenta uno a obstáculos insuperables se transforma normalmente en sentimientos de futilidad. De esta forma, la frustración engendra adaptación, llevándonos a que cambiemos nuestra actitud cuando no podemos cambiar las circunstancias que nos contrarían. Un joven que se ve en la necesidad de adaptarse, no ataca: adaptación y agresividad, ambas posibles resultados de la frustración, son incompatibles.

Esta dinámica "de frustración a futilidad" es muy evidente en los bebés. Un bebé hace demandas que los padres, a menudo por razones válidas, no están dispuestos o capacitados de satisfacer. Tras algunos intentos fallidos por cambiar la situación, el pequeño se deshace en lágrimas porque siente la futilidad de sus intentos. Estos son inútiles. Esta respuesta es una cosa muy buena. La energía se transforma: de tratar de cambiar las cosas, se pasa a dejar que sigan su curso. Si parte de la frustración ya ha desembocado en un ataque, estos sentimientos agresivos cambian de la furia en tristeza. Una vez que el pasaje de la transformación al sentimiento de futilidad haya tenido lugar, el niño llega al descanso. Cuando la frustración no se transforma a través de ese proceso, el niño no cejará en su intento de salirse con la suya. A menos que sea distraído o logre salirse con la suya, lo más probable es que siga luchando contra la futilidad y estalle en ataques, hasta acabar agotado. Sólo los sentimientos de futilidad pueden incitar a alguien a dejar una manera de actuar que no da resultados.

El cerebro tiene que registrar que algo no funciona. No basta con pensarlo, sino que hay que sentirlo. Todos hemos tenido la experiencia de saber que algo no va, pero continuamos intentando una y otra vez. Por ejemplo, muchos de nosotros como padres hemos dicho a nuestro hijo: "Si te lo he dicho una y otra vez,..." Si, por el contrario, dejáramos que la sensación de futilidad penetrase en nosotros, no persistiríamos en comportamientos educativos que sabemos que no funcionan, y que nunca funcionarán por mucho que lo intentemos.

La adaptación es un proceso que se realiza generalmente de forma inconsciente y emocional y que viene orquestado no por las partes pensantes de la corteza cerebral, sino por el sistema límbico, que es el aparato emocional del encéfalo. Por ejemplo, cuando hemos perdido a un ser querido, sea por fallecimiento o por ruptura de una relación, para que se establezca la adaptación no basta con que sepamos que esta persona está ausente, sino que hemos de aceptar la situación emocionalmente, a través de ondas repetidas de futilidad. Sólo cuando penetra ésta y captamos (en el sentido emocional más profundo) la imposibilidad de mantener el contacto físico y emocional con alguien que por siempre se ha ido de nuestras vidas, brotan las lágrimas y comienza la adaptación. Este proceso puede durar años. Cuando, en el caso de un niño pequeño, se levanta la pared de la futilidad cuando pide comer algo antes de la cena, la adaptación tardará sólo unos momentos en instaurarse; o sea, del enfado llegará muy rápido a la tristeza y, en fin, a la aceptación. En el caso de que tenga que compartir a su mamá con un hermanito, la adaptación puede durar un poco más. Pero si las lágrimas de futilidad no llegan nunca, la adaptación no tendrá lugar. Independientemente de si nuestros ojos se arrasan en lágrimas, los sentimientos más comunes de futilidad son tristeza, decepción y pena. Afortunadamente, incluso cuando hemos aprendido a suprimir nuestras lágrimas, la tristeza y la decepción pueden realizar su trabajo en facilitar la adaptación, a condición de llegar a sentir interiormente la futilidad. El dilema de los niños orientados hacia sus compañeros es que los sentimientos de futilidad comportan vulnerabilidad: sentir futilidad es adaptarse a los límites de nuestro poder y control. En la huida de la vulnerabilidad -en el caso del joven orientado a sus iguales-, los sentimientos de futilidad son los primeros que se suprimen. En la cultura llamada *cool* (buena onda), las lágrimas de futilidad son una fuente de vergüenza. Los jóvenes orientados hacia sus compañeros, deficientes en sentimientos de futilidad, se muestran mucho más inclinados a la agresión.

La orientación a los iguales engendra la frustración y al mismo tiempo, elimina las lágrimas que serían el antídoto de la misma. Elena, por ejemplo, había perdido su capacidad de llorar y ahora estaba llena de hostilidad contra su madre. Emilia nunca derramó una lágrima por el cáncer de su madre: en vez de lágrimas de futilidad, lo que hizo brotar fueron gotas de sangre por las heridas que se infligió. En vez de tristeza y decepción, estaba llena de sarcasmo y menosprecio. Prefirió la violencia de la música *heavy metal*, en vez de la melancolía de un tipo de música que reflejara y apaciguara su angustia. Los niños, en número creciente, se enfrentan a la futilidad de hacer que las cosas funcionen con sus iguales, pero -demasiado endurecidos para dejar que la futilidad penetre- acaban atacándose a sí mismos y a otros.

Cuando la futilidad no penetra, uno no logra renunciar, dejar ir las cosas y aceptar las limitaciones existentes. Sin adaptación no hay recuperación frente a la adversidad, no hay creatividad en la ausencia de directrices y no hay posibilidad de recuperarse de traumas ocurridos en el pasados.

Los niños orientados hacia sus compañeros están entre la espada y la pared: la espada son las cosas que no pueden cambiar y la pared es su propio corazón.

Los jóvenes orientados hacia sus compañeros no tienen dudas a la hora de ser agresivos

Es posible impedir que la frustración se transforme en agresión, si los impulsos para atacar se ven reprimidos por pensamientos, intenciones y sentimientos contrarios. Cuando se trata de la agresividad, la ambivalencia es una cosa muy buena. Los niños orientados hacia sus compañeros sienten mucho menos ambivalencia frente al ataque.

Lo que mantiene a raya normalmente los impulsos de atacar son las intenciones de no causar daño, el deseo de ser bueno, el temor a la represalia y la preocupación por las consecuencias. También mitiga la agresividad el sentido de alarma de enojar a seres queridos, los sentimientos de afecto e incluso el deseo de ejercer el control sobre uno mismo. Una vez que surgen los impulsos a atacar, lo que retiene al joven es una propulsión simultánea en la dirección opuesta. Las motivaciones en conflicto prenden la chispa de la conciencia civilizada que facilita el autocontrol. Al carecer de ambivalencia, la urgencia de atacar pasa en primer plano y nada impide llevar a cabo impulsos inapropiados.

¿Por qué los niños orientados hacia sus compañeros sienten mucho menos ambivalencia a la hora de atacar? Primero, porque teniendo un desarrollo atrofiado, son más propensos a tener una naturaleza que no es templada por los sentimientos mezclados ni los impulsos conflictivos. Éste es el síndrome del preescolar, tratado en el capítulo 9: impulsividad que nace de inmadurez psicológica. Con un niño impulsivo no importa cuán bien intencionado sea, cuántas veces haya sido regañado, qué tipo de castigo se seguirá. Una vez que su frustración se acumula lo suficiente, todas las buenas intenciones quedarán eclipsadas por su impulso de atacar.

La segunda razón por la cual los niños orientados a sus iguales sienten mucho menos ambivalencia es la ausencia de la fuerza mitigante del vínculo. Como expliqué en el capítulo 2, la naturaleza bipolar de los impulsos primitivos hacia los vínculos nos lleva a repeler a aquellos con los que no estamos vinculados. Cuando un joven, para satisfacer el hambre de vinculación, busca la conexión y la cercanía de sus compañeros, prácticamente todos los demás pueden volverse en objetos del ataque: hermanos, padres y maestros.

También quedan sujetos al ataque los compañeros que el joven no quiere realmente atacar. Una vez más, dicha agresividad puede adoptar muchas formas más allá del ataque físico, por ejemplo: palabras vulgares, burlas, rechazo, críticas, hostilidad, motejar, ridiculizar, antagonismo, desprecio.

La orientación a los iguales desata impulsos al ataque y, al mismo tiempo, elimina la natural inmunidad de los miembros de la familia y otros adultos responsables del niño. De ahí el creciente abuso que sufren los padres por parte de sus hijos, y los maestros por parte de sus alumnos.

Otra poderosa influencia atemperante es la alarma psicológica. Una parte significante del cerebro está dedicada a un complicado sistema de alarmas. La angustia es una alarma emocional que avisa cuando hay peligros, sean ataques o amenazas de vernos apartados de seres queridos. La aprensión de meterse en líos, el miedo de sufrir heridas, la preocupación por las consecuencias, la angustia de alienar a seres queridos, son mecanismos cuyo propósito es enseñar prudencia al joven. El ataque es un negocio riesgoso. Ya sólo pensar en el ataque, si se trata de un niño capaz de emociones mezcladas, debería evocar sentimientos de alarma que contribuyeran a mantener la agresividad a raya.

El inconveniente de sentir la alarma es que también nos vuelve vulnerables. En realidad, percatarnos de que algo malo podría ocurrirnos es la esencia misma de la vulnerabilidad. Muchos niños, debido a su huida de la vulnerabilidad, pierden toda sensación de miedo. Pueden alarmarse a nivel psicológico, pero conscientemente no experimentan el sentido de alarma o de vulnerabilidad que comporta el miedo. Ya no reconocen haber sentido terror, nerviosidad o miedo.

Una vez que los sentidos de alarma se embotan, la química de la alarma –la secreción de adrenalina– puede volverse atractiva y hasta adictiva. Los jóvenes cuyas emociones se han cerrado, como defensa contra la vulnerabilidad, pueden coquetear con el peligro por el flujo de adrenalina que provoca; de ahí, sin duda, la creciente popularidad de los "deportes extremos".

Cuanto más intensamente un joven está orientado a sus iguales, menos probable es que se sienta aprensivo y se vuelva prudente. La investigación acerca del encéfalo revela que hasta un tercio de nuestros adolescentes delincuentes no tienen ya actividad cerebral normal en el área donde se supone que queda registrada la alarma. Sin un disparador de alarma que funcione, los jóvenes orientados al ataque dejan que estalle de una forma violenta sus impulsos.

El impacto del alcohol ilustra esta relación. La sensación de alarma que mantiene a raya los impulsos agresivos se aturde con el alcohol, sea la alarma por la posibilidad de ser herido o de verse metido en algún embrollo o la probabilidad de alienar a alguien que nos importa. Al tomar alcohol, quedan suprimidas aquellas partes del cerebro que de ordinario inhiben la agresividad. No ha de sorprender que el alcohol tenga que ver con un elevado porcentaje de delitos violentos.[8] El alcohol hace que los jóvenes sientan que tienen agallas; en realidad, sólo les falta el miedo. Sin embargo, el cerebro es perfectamente capaz de entumecer nuestro sentido de alarma, sin que intervengan alcohol ni otras drogas, y lo hará si las circunstancias son demasiado abrumadoras. El aturdimiento emocional es la meta de muchos de los jóvenes orientados hacia sus compañeros. Desde luego, una vez que esos jóvenes llegan a la adolescencia, tendrán también más probabilidades de empezar a tomar alcohol, lo cual aumenta la probabilidad de agresiones.

Tratar de extinguir los fuegos de la agresividad en los jóvenes orientados a los iguales es en sí una empresa fútil. A menos que penetre ese sentido de futilidad, y sintamos nuestra tristeza por este estado de las cosas, no es probable que cambiemos nuestra manera de proceder. Estamos en un lastimoso predicamento con nuestros hijos orientados hacia sus compañeros. Cuanto más lo estén, más inclinados se sentirán hacia la agresividad y menos responderán a nuestra disciplina. Cuanto más agresivos sean, más lejanos y ausentes nos volvemos para ellos, lo que les deja un vacío aún mayor que deben llenar con sus iguales. Nuestra tendencia automática, en tales circunstancias, es enfocar nuestra atención y esfuerzo en la agresividad, en vez de atender la situación subyacente, que es derivada de vínculos mal dirigidos en los jóvenes. Por más que el problema nos saque de quicio y nos perturbe, no podemos contentarnos con convertir la agresividad en el meollo del problema. Nuestra única esperanza de enderezar las cosas es recuperar a nuestros hijos y restablecer su vinculación hacia nosotros.

---

8. De acuerdo con estadísticas del gobierno de Estados Unidos, el alcohol entra en el 68% de los homicidios culposos (involuntarios), en el 62% de los ataques, en el 54% de los asesinatos o intentos de asesinatos, en el 48% de los robos, en el 44% de los allanamientos de morada para robar y en el 42% de las violaciones. Para una referencia de estas estadísticas visitar: *www.health.org/govpu bs/m1002*

11

Cómo se hacen los bravucones
y sus víctimas

Siempre hubo bravucones [*bully* en inglés], como saben aquellos que conozcan al fanfarrón pero cobarde personaje Flashman del clásico infantil victoriano *Tom Brown's School Days*, de Thomas Hughes, publicado en 1857. Todos recordamos episodios de bravuconería de nuestra infancia, sea que hayamos sido participantes, testigos o víctimas. A pesar de todo, el fenómeno del bravucón sólo recientemente ha alcanzado tales proporciones que se ha convertido en tema de alarma social generalizada. Según el *New York Times*, "...en uno de los mayores estudios que se han hecho sobre el desarrollo infantil, los investigadores de los *National Institutes of Health* [Institutos Nacionales de Salud], de Estados Unidos, informaron que aproximadamente un cuarto de todos los niños de secundaria eran o perpetradores o víctimas (o, en algunos casos, ambas cosas) de bravuconerías serias y crónicas, con conductas que incluían amenazas, ridiculizaciones, insultos, golpes, bofetadas, mofas y sarcasmos"[1].

Actualmente es raro encontrar un distrito escolar en Norteamérica que no haya considerado necesario establecer programas anti-bravucones o publicar normas de "tolerancia cero" contra los matones. Sin embargo, el porqué existen abusones no se entiende bien. Las medidas propuestas para hacer frente a esta situación son predeciblemente inefectivas, porque –como suele suceder–, tratan de componer

---

1. Angier, Natalie, "When Push Comes to Shove". *The New York Times*, 20 mayo 2001.

comportamientos, en vez de dedicarse a las causas. En 2001, por ejemplo, el *New York Times* informaba que, a consecuencias de un tiroteo con muertos provocado por episodios de bravuconería en una escuela secundaria de Santee en California, el Senado del estado de Washington presentó un proyecto de ley para erradicar el problema. Según el informe: "Los defensores del proyecto de ley afirman que puede contribuir a evitar mayor violencia, pero algunos escépticos señalan que la secundaria californiana donde ha ocurrido el tiroteo ya tenía programas anti-bravucones vigentes, con cláusulas permitiendo la denuncia anónima de estudiantes que profirieran amenazas, y también programas para ayudar a los adolescentes, como el titulado 'Los insultos nos pueden lastimar de veras'"[2].

En un estudio mencionado en el capítulo anterior, los investigadores de la Universidad de York estudiaron vídeos de cincuenta y tres episodios de bravuconería en el patio de juego de distintas escuelas, entre alumnos de escuela elemental o primaria; dicho estudio reveló que más de la mitad del tiempo, los alumnos presentes observaban los insultos y la violencia pasivamente, mientras que casi un cuarto del tiempo algunos de ellos se juntaban a los agresores para atosigar a las víctimas.[3]

El asesinato de la adolescente Reena Virk por sus compañeros en Victoria, Columbia Británica, que llamó la atención internacional en 1997, recordó funestamente la novela *El señor de las moscas*, del inglés William Golding. La niña Reena tenía catorce años y sus asesinos tenían entre un año o dos menos que ella. Como en la novela de Golding, un grupo de adolescentes se volcó contra la más débil del grupo. Sólo ante el cuerpo golpeado y ahogado de la chica quedaron sus frustraciones y rabia aplacadas. Se dice que uno de los asesinos fumaba un cigarro con la mayor indiferencia mientras mantenía la cabeza de la niña bajo el agua. Muchos de los que no participaron directamente en el suceso presenciaron la paliza, pero nadie hizo ni el más mínimo esfuerzo para intervenir y nadie, después, informó a las autoridades. Ningún adulto se enteró del asesinato sino hasta varios días después.

---

2. Verhovek, S.H., "Can Bullying Be Outlawed?", *New York Times*, 11 marzo 2001.
3. Craig, W. y Pepler, D., *Naturalistic Observations of Bullying and Victimization on the Playground* (1977), LaMarsh Centre for Research on Violence and Conflict Resolution, York University, citado en Coloroso, Barbara, *The Bully, the Bullied, and the Bystander*. HarperCollins, Toronto 2002, p. 66.

En *El señor de las moscas*, un grupo de escolares británicos queda aislado en una isla tropical. Sin nadie que los dirigiera, se dividieron espontáneamente en matones y víctimas hasta llegar al asesinato. La interpretación que muchos han dado a la novela de Golding es que los niños cobijan un indómito salvajismo bajo una delgada capa de civilidad y que sólo la fuerza de la autoridad puede mantener a raya sus brutales impulsos innatos. Esta impresión se refuerza con la proliferación de noticias de chicos que victimizan a otros. Si bien es cierto que la ausencia de adultos en las vidas de los niños es la principal causa de la conducta bravucona, la verdadera dinámica supone no la falta de autoridad de adulto, sino la carencia de apegos al mismo. Dicho con mayor precisión, la falta de autoridad adulta está directamente correlacionada con el debilitamiento de los vínculos hacia los adultos sustituidos por vínculos hacia iguales. En la bravuconería, tal como en cualquier legado de violencia en general, vemos los efectos de la orientación hacia los compañeros. Este fenómeno se observa también en el reino animal.

En un laboratorio de monos, en el Instituto Nacional de Salud estadounidense un grupo de monitos fueron separados de los ejemplares adultos y tuvieron que criarse unos a otros. A diferencia de los monos criados por adultos, gran número de esos animales orientados hacia sus iguales manifestaron una conducta bravucona y se volvieron impulsivos, agresivos y autodestructores.[4]

En una reserva natural sudafricana, los cuidadores quedaron preocupados con la matanza de los raros rinocerontes blancos. En un principio, se culpó a los cazadores illegales, pero luego se descubrió que los culpables eran unos jóvenes elefantes bravos. El episodio llamó tanto la atención que se emitió en el programa televisivo "60 Minutos". En un relato de Internet se presentan así los detalles:

"La historia comenzó hace diez años cuando el parque ya no podía mantener a la población de elefantes. Los cuidadores decidieron

---

4. Stephen Suomie es primatólogo del National Institute of Child Health and Human Development [Instituto Nacional de Salud Infantil y Desarrollo Humano] en el estado Maryland (Estados Unidos). Fue ahí donde estudió los efectos que los ambientes de crianza ejercen sobre la conducta de macacos rhesus infantiles. Sus hallazgos han sido publicados en Suomie, S.J., "Early Determinants of Behavior. Evidence from Primate Studies", *British Medical Bulletin* 53 (1997), pp. 170-184. Su obra ha sido reseñada también por Karen Wright en "Babies, Bonds and Brains" en *Discover Magazine*, octubre 1997.

matar a muchos de los adultos cuyas crías estaban lo bastante crecidas para poder sobrevivir sin ellos, de manera que los jóvenes elefantes crecieron sin padres.

A medida que transcurría el tiempo, muchos de los elefantes jóvenes se formaron en pandillas que merodeaban y hacían cosas que los elefantes no suelen hacer. Lanzaban palos y agua a los rinocerontes y actuaban como los matones del barrio... Un grupo de jóvenes machos se volvió notablemente violento, golpeando a los rinocerontes, pisándoles o arrodillándose sobre ellos y aplastándoles...

La solución fue traer a un poderoso macho para dirigirlos y contrarrestar su conducta de matones. Pronto, el nuevo macho estableció su dominio y puso a los jóvenes en su lugar. Gracias a esta medida las matanzas terminaron."

En ambos casos vemos que el matonismo entre animales fue consecuencia de la destrucción de la jerarquía generacional natural. En los niños, el fenómeno de los bravucones es igualmente un producto directo de la subversión de la jerarquía natural a raíz de la pérdida de las relaciones con adultos. En *El señor de las moscas*, los escolares hacen lo que quieren porque el avión en el que viajaban se estrelló y ninguno de los profesores sobrevivió. En el asesinato de Reena Virk, de Victoria, tanto la víctima como sus atacantes fueron jóvenes con antecedentes familiares problemáticos que estaban tan intensamente orientados hacia sus compañeros que habían perdido los vínculos emocionales con los adultos. Incluso el bravucón de la era Victoriana británica, Flashman, fue producto de un sistema que sacaba de sus casas a los chicos cuando eran aún pequeños y les colocaba en instituciones donde las relaciones entre iguales dominaban sus relaciones y su vida social. La bravuconería ha sido siempre una característica endémica de los chicos en las escuelas británicas.

El problema no es el comportamiento en sí, sino la pérdida de la jerarquía natural de vínculos con los adultos. Cuando los jóvenes no pueden acudir a sus padres para orientarse, se reducen a sus instintos e impulsos. Como explicaré, el instinto de dominar surge cuando ocurre una pérdida de los vínculos apropiados. Por desgracia, las dinámicas de la bravuconería, con raíces tan profundas en los instintos y las emociones, suelen pasarse por alto. Sólo las manifestaciones que son inmediatamente visibles para nosotros –la conducta violenta y su deplorable impacto en las víctimas– atraen el interés general.

Lo que llama especialmente nuestra atención es la epidemia de bravuconería en nuestras escuelas. El estereotipo del bravucón norteamericano como un inadaptado social, con desventajas sociales, que acosa a los débiles y vulnerables, pero que es objeto de ostracismo de parte de los demás, ya no es válido. En el mundo de nuestros hijos, los bravucones ya no son marginados. A menudo disfrutan de fuerte apoyo, al menos en la escuela. Un estudio publicado en 2000 por la Asociación de Psicología Estadounidense encontró que "muchos jóvenes altamente agresivos y antisociales en la escuela primaria son recompensados con popularidad". El principal autor de esta investigación fue Philip Rodkin, profesor de la Universidad Duke en Carolina del Norte. "Cuando hablamos de jóvenes agresivos tendemos a pensar en chicos que son perdedores, estigmatizados y descontrolados –decía Rodkin–, pero más o menos un tercio de estos jóvenes agresivos suelen ser las cabecillas de su clase. Aunque sean una minoría, disfrutan de mucha influencia sobre sus compañeros y en la clase en general, dada su alta posición."[5]

Se cree a menudo, pero erradamente, que la bravuconería se origina en una falla moral o que proviene de maltrato en casa, de falta de disciplina o de exposición a la violencia en programas de entretenimiento proporcionados por los medios. Algunos aspectos del bravucón pueden provenir de tales fuentes, pero estoy convencido de que la bravuconería en sí es fundamentalmente el resultado directo de un fracaso en el vínculo. En cada uno de los ejemplos anteriores, niños y animales habían quedado huérfanos, física, emocional y psicológicamente. Para estudiar el efecto de la crianza por iguales, los monos fueron separados de sus padres; los padres de los elefantes habían sido matados selectivamente. Los adultos de *El señor de las moscas* habían perecido y los adolescentes de Victoria estaban separados de sus padres. Todos ellos –animales y niños– padecían un intolerable vacío de apego. Su conducta bravucona era una expresión de seres inmaduros, no acomodados adecuadamente en una jerarquía natural de vínculos. Las investigaciones existentes apoyan esta conclusión. En un estudio aparecido en el *New York Times* se afirmaba que cuanto más tiempo los niños pequeños habían pasado con sus amigos, apartados de sus padres, más inclinados estaban a manifestar comportamientos agresivos. De acuerdo con dicho artículo del *Times*,

---

5. Armstrong, Natalie, "Study Finds Boys Get Rewards for Poor Behaviour", *Vancouver Sun,* 17 enero 2000.

"Los pequeños que pasaban más de 30 horas por semana lejos de mamá tenían un 17% de posibilidades de convertirse en abusones y traviesos del jardín de niños, frente a sólo 6% de niños que pasaban menos de 10 horas por semana en la maternal de cuidado diurno".[6]

Dominar sin cariño

¿Por qué los vínculos subvertidos de un niño lo predisponen a convertirse en un bravucón o, al contrario, en víctima? He explicado que el papel primario del vínculo en la vida humana es facilitar que un adulto maduro y cariñoso se encargue de un niño pequeño inmaduro y necesitado.

Para tal propósito, el primer requisito en una relación de vinculación es establecer una jerarquía funcional. Como se trató en el capítulo 5, en circunstancias normales el cerebro de apego coloca al niño en un modo dependiente, mientras que el adulto adopta un papel dominante. Sin embargo, el instinto de asumir sea una posición dominante o subordinada se puede activar en toda relación de apego, incluso cuando ambas partes son inmaduras y ninguna está en condición de atender las necesidades del otro. El subordinado espera que el otro cuide de él, mientras que el dominante asume la responsabilidad del bienestar del otro. Entre niños y adultos, la justa división de papeles es obvia, o debería serlo. Cuando se trata de niños con niños, el resultado puede ser desastroso. Algunos niños buscan dominar sin cargar con ninguna responsabilidad hacia aquellos que se someten a ellos, y al mismo tiempo otros niños se someten a quienes no pueden cuidarlos. El resultado de la orientación hacia los iguales es que las poderosas urgencias del apego obligan a niños inmaduros a sujetarse a una jerarquía innatural de dominio y sumisión, cuando deberían estar en términos de igualdad unos con otros.

Algunos niños dominantes se convierten, en efecto, en madres gallinas y cuidan por los más pequeños, se encargan de los que tienen alguna necesidad, defienden a los vulnerables y protegen a los débiles. Existen historias conmovedoras de niños que se preocupan de otros niños cuando no hay adultos. Los niños alfa pueden ser mandones, impositivos e inclinados a dar órdenes, pero es con el propósito de encargarse de los que dependen de ellos y llevar a cabo

6. Angier, N. "When Push Comes to Shove" (*op. cit.*).

sus responsabilidades. Alguien tiene que asumir dichas responsabilidades, y estos niños se prestan a hacerlo. A pesar de ser mandones, no son matones. No picotean a los débiles, sino sólo a aquellos que se meten con los niños que se han puesto bajo su propio cuidado. No atacan la vulnerabilidad cuando la encuentran, sino que se oponen sólo a aquellos que están dispuestos a aprovecharse de ella. No tienen rasgos mezquinos, sino un instinto fieramente protector. Pueden pelearse y disputar, pero no para ascender de posición, sino sólo para defender a sus dependientes. El famoso libro publicado en 1942 en Estados Unidos, *The Boxcar Children*, de Gertrude Chandler Warner (1890-1979), es una novela de niños que se responsabilizan unos de otros. Cuatro hermanos y hermanas deciden cuidarse unos a otros, en vez de acudir a buscar refugio con un abuelo al que ninguno de ellos conoce. Henry, el mayor, incluso encuentra trabajo para mantener a sus hermanos.

Los niños (o los adultos) se convierten en bravucones cuando su ansia de dominio no va aparejada con el sentido instintivo de responsabilidad hacia los subordinados. Las necesidades ajenas son menospreciadas, en vez de atendidas; la vulnerabilidad no es salvaguardada sino explotada; la debilidad evoca burla en vez de ayuda, y la impotencia, en vez de generar desvelo, sirve para ser ridiculizada.

El predominio no engendra cuidado, porque el bravucón, o la bravucona, emprende una lucha tan desesperada contra su propia vulnerabilidad que todo sentimiento de cuidado y de vulnerabilidad le parecen insoportables. Los bravucones están cerrados, antes que nada, contra la percatación de todo aquello que incremente su sentido de vulnerabilidad; contra todo aquello que los pudiera abrir a experimentar conscientemente su capacidad de estar emocionalmente heridos. Los abusones son ciegos a sus deficiencias y errores. Para ellos, la falta de vulnerabilidad es una virtud (el no llorar ni temer). Cuidar es investirse emocionalmente con algo o alguien. Sentirse responsable es estar abierto a sentimientos de inadecuación y culpa. El "no me importa", "no es mi culpa" son los mantras del bravucón.

La bravuconería surge cuando la necesidad de dominar a los iguales, impulsada por el apego, se combina con un endurecimiento contra los sentimientos de cuidado y de responsabilidad que deberían acompañar un rol de dominio. La defensa del matón frente a la vulnerabilidad desvía el dominio hacia una dirección destructiva.

Qué impulsa a los bravucones a dominar

La persona que domina es mucho menos vulnerable que aquella que se encuentra en posición de dependencia, y así los jóvenes, que son los que se hallan más emocionalmente cerrados, son también aquellos que más dispuestos están a buscar el predominio sobre los demás.

No hay duda de que algunos jóvenes están psicológicamente dispuestos para convertirse en matones, incluso antes de estar orientados hacia sus compañeros. En tales casos, la orientación hacia los iguales, aun cuando no sea la causa, proporciona amplia oportunidad de que el joven dé rienda suelta a sus impulsos bravucones.

A veces, el impulso a dominar puede retrotraerse a experiencias dolorosas cuando el niño se encontraba en un rol dependiente. Cuando uno de los padres o un cuidador o un maestro ha abusado de su posición de responsabilidad mangoneando al niño, ofendiendo su dignidad o hiriéndolo, no ha de sorprender que éste desarrolle un deseo de evitar a toda costa una posición dependiente. En cualquier nueva situación de vinculación, instintivamente buscará el puesto más alto. De niño, Francisco tuvo que vivir con un padrastro que no dejaba de golpearle. Cuando sus iguales sustituyeron a los padres en los vínculos que le importaban, el adolescente de doce años tenía ansias de colocarse en la cima. Emuló exactamente lo que habían hecho con él. De este modo, y no por los genes, los matones engendran matones.

Un joven puede estar también predispuesto a convertirse en bravucón si los padres no le han proporcionado un sentido seguro de que se está encargando de él un adulto competente, benigno y con poder. El joven, en la medida en que resiste las directrices de sus padres y pugna por más autonomía que cuanto puede manejar, anhela sentir que está en manos de alguien lo bastante fuerte e inteligente para encargarse de él. El fracaso de los padres en establecer el dominio sobre el vínculo parece ir aumentando, debido en parte al modo como hoy actúan los padres y la devaluación de su intuición. Parece que muchos padres otorgan su autoridad a sus hijos y se apoyan en ellos para consejos sobre cómo desempeñar su papel de padres. Algunos padres esperan evitar trastornos y frustraciones haciendo todo lo que está en sus manos para lograr no tener problemas con sus hijos. Los niños que han sido así tratados por sus padres nunca se enfrentan a la necesaria frustración que acompaña el hacer frente a lo imposible. Han sido privados de la experiencia de transformar la frustración en sentimientos de futilidad, de soltar y adaptarse. Otros padres confunden el respeto por sus hijos con consentir sus deseos, en vez de satisfacer sus necesidades. Otros tratan de otorgar poder a sus hijos dándoles opciones y explicaciones, cuando lo que el niño realmente necesita es que se le permita expresar su frustración al ver algunos de sus deseos denegados por las circunstancias de la vida, o sea, darles la oportunidad de golpearse contra una pared que no pueden destruir. Otros padres se apoyan en sus hijos para satisfacer sus propias necesidades de vinculación. Muchos padres en el tan inestable clima socioeconómico actual están presentes físicamente para sus hijos, pero están demasiado preocupados con el estrés de sus vidas para estar plenamente presentes emocionalmente.

Si los padres están demasiado necesitados, pasivos o inseguros para imponer su propio predominio, los instintos de apego llevarán al pequeño a tomar la posición que debería pertenecer a sus padres. Tales niños pueden volverse mandones y controladores. Como un niño de cinco años dijo a su madre: "¿Cómo puedes decir que me amas si no haces lo que te digo?". Otro preescolar susurró en el oído de su madre: "Si no me escuchas, cuando sea grande te mataré". Cuando los padres no asumen la posición que les corresponde en la relación con sus hijos, la vinculación se invierte. Por la experiencia que tengo en mi consultorio, los niños cada vez se vuelven más bravucones con sus padres. Si esos niños se vuelven orientados hacia sus compañeros, sus cerebros buscarán naturalmente el modo dominante y se dedicarán a mangonear a sus iguales.

Cómo los matones tratan de dominar a los demás

El predominio puede adoptar muchas formas. La forma más directa de elevarse a sí mismo es jactarse o fanfarronear, presentándose como el más fuerte, el mejor o el más importante. La forma más común de elevarse, sin embargo, es menospreciando a los demás, y lo que le suele importar al bravucón es mostrar a los demás quién es el jefe y mantenerlos a raya. Los recursos usados son de lo más variados: tomar aires de suficiencia, despreciar, insultar, desdeñar y humillar, molestar y dejar en ridículo. El bravucón instintivamente descubre dónde está la inseguridad de los demás y trata de explotarla para obtener ventaja. Los abusones disfrutan cuando los demás parecen tontos o estúpidos o les hacen sentir vergüenza. Para inflarse a sí mismos, desinflan a los demás como por instinto. No requieren aprender cómo conseguir esas metas: las técnicas necesarias surgen espontáneamente de la psicología del abusón.

Lo que un bravucón desea, desde luego, es lo que todo niño ansía: algo que satisfaga su hambre de vinculación. Para el bravucón, tal satisfacción debe lograrse de la forma menos vulnerable posible. De las seis maneras de apego que anoté en el capítulo 2, el ser igual que alguien es la menos vulnerable.[7] Del otro lado de la moneda, las diferencias se convierten en los blancos primarios del insulto. Todo aquello que sobresale, todo lo que vuelve único a un niño, todo cuanto no sea valorado en la cultura de iguales vuelve a un niño en blanco del abusón. Los bravucones repelen las diferencias y dominan atacando las diferenciaciones de otros. Otra de las formas menos vulnerables de vinculación es ser significativo, ser importante a los ojos de alguien. Por la manera como captan la superioridad, los bravucones explotan la aparente inferioridad de los otros, de igual modo como se burlan y desvaloran cualquier superioridad percibida en los demás. Los bravucones no aguantan que alguien sea más importante que ellos.

Otra forma de lograr el predominio es intimidando. Provocando temores, el bravucón logra sobreponerse a los demás. Por lo mismo, está obsesionado con alarmar a los otros con amenazas, retos, cuentos y tácticas atemorizantes. Para consolidar su posición, el bravucón nunca puede enseñar que tiene miedo. Algunos adolescentes llegan a la ridiculez en su afán de mostrar que no tienen miedo, quemándose o cortándose y mostrando las cicatrices para probar su valor. El poder de esos instintos no se ha de subestimar. Hacerles entender razón es inútil, porque el sentido común carece de significado para ellos.

Una de las formas más primitivas de establecer el predomino, desde luego, es conseguir la superioridad física. Un adolescente que testificó en un juicio en Toronto, en el que él con otros tres habían sido acusados de haber dado una paliza a un muchacho de quince años hasta matarlo, declaró que sus amigos empezaron a vanagloriarse después del ataque. "Se estaban haciendo los machos", declaró.

---

7. Ver "Las seis formas de apego" en el capítulo 2. Las formas vulnerables de apego, como apertura psicológica e intimidad son anatema para el matón.

En esta contienda por el predominio solían existir diferencias de género, así como muchas reglas culturalmente definidas sobre cómo lograrlo. La orientación a los iguales ha reducido las diferencias de género y ha eliminado de la contienda las reglas socialmente aceptadas, volviendo la búsqueda de la superioridad más desesperada que nunca. También las muchachas establecen ahora su predominio atacando a otros físicamente. A veces esta pugna de las muchachas se interpreta como que se tratara de chicas menos finas y propias, menos inhibidas que en épocas pasadas —manifestaciones, en otras palabras, del "¡poder de las chicas!"–. Pero dista mucho de ser así: el que las chicas bravuconeen entre ellas es un signo de regresión emocional, no de liberación.

Otra forma de lograr el predominio es exigir deferencia, acatamiento. Es el comportamiento emblemático del bravucón. Los niños perciben que el abusón ha de salirse con la suya y nada lo puede detener de conseguir esa meta. ¿Qué es lo que vuelve a los bravucones tan demandantes? Nuevamente, tenemos que ver la dinámica del vínculo y de la vulnerabilidad. Aunque no son conscientes de eso, los bravucones están llenos de frustración por la pérdida de sus apegos con los adultos y la pobreza de sus apegos con sus iguales. Demasiado defendidos psicológicamente para conocer la razón de su descontento, hacen demandas que están muy alejadas de las fuentes de su frustración. Se quedan atrapados. Nunca pueden pedir lo que realmente necesitan: cariño, amor, relaciones. La sumisión de los demás o los éxitos que esta implica son un pobre sustituto. Así, todo lo que los bravucones reciben a cambio de lo que exigen –independientemente de que se cumplan o no sus demandas– no puede satisfacer el hambre fundamental de alimento emocional. Sus intentos de cumplimentar sus aspiraciones son infructuosos, pero como no pueden permitirse experimentar la verdadera futilidad de todo ello, no sueltan. Las demandas del bravucón son perpetuas.

Exigen que se le tribute respeto porque es una señal poderosísima de lealtad y sumisión. No parece que al bravucón le importe que esas señales de deferencia no salgan del corazón, sino sólo que nacen de la necesidad y bajo amenaza. Los abusones no titubean en exigir lo que no pueden solicitar y tomar lo que no se les da liberalmente. La futilidad de tal intento nunca les penetra. El bravucón es incapaz de diferenciar entre las señales externas de respeto y la cosa real, ni captan que esa cercanía y contacto que exigen no son genuinos y nunca pueden satisfacer. Dado que la deferencia que obtienen a la fuerza no les sacia, tanto el hambre de apego que siente el abusón y su frustración al no conseguirlo se vuelven cada vez más intensos. Lo que realmente quiere el bravucón –relaciones emocionalmente satisfactorias–, nunca lo obtendrá de esta manera.

Qué dispara el ataque del bravucón

El bravucón se siente inclinado a atacar cada vez que sus demandas, incluso las no expresadas, resultan frustradas. Por ejemplo, los abusones son en extremo sensibles a la falta de deferencia para con ellos. Incluso mirarlos como no les parece, puede ser causa de una reacción. Atravesar un pasillo donde haya bravucones es caminar por un campo minado: hay que dar cada paso con cuidado para no hacer un movimiento equivocado y provocar una reacción. Por desgracia, no siempre está claro en qué consiste ese movimiento equivocado hasta que ya es demasiado tarde. Para Justina fue rozar la bandeja de una abusona en la cafetería de la escuela. Para Franca fue bailar con un chico al que la bravucona de la clase había marcado como suyo. A ambas muchachas sus errores les ganaron meses de amenazas y acosos, volviendo sus vidas insoportables y afectando sus calificaciones, a pesar del hecho de que ambas sabían conducirse en la vida y librarse de daños.

Muchos jóvenes son por completo incapaces de vivir sin meterse en líos en un mundo donde los bravucones reinan. Desgraciadamente, uno de los impactos primarios de la orientación a los iguales es provocar defensas contra la vulnerabilidad, lo que impide leer los signos de hostilidad y rechazo. Cuando el sistema de alarma es acallado, los jóvenes son menos capaces de leer las pistas que deberían moverlos a proceder con cautela. De este modo, la orientación hacia los iguales no sólo crea bravucones, sino que prepara a las víctimas. Estos desafortunados muchachos siempre se meten en líos. Ésto es lo que le pasó a Reena Virk, la víctima apaleada y ahogada en Victoria. Estaba intensamente orientada hacia sus iguales, pero se defendía contra el sentir las heridas del rechazo. Cuanto más rechazo experimentaba, tanto más desesperadamente trataba de pertenecer al grupo. Incluso en sus momentos finales, se dijo que pedía a sus enemigos que se portaran bien con ella y les decía que los quería. En vez de sentirse alarmada y proceder con cautela, ciegamente caminó hacia su propio final. Esta dinámica, en formas menos serias, se repite centenares de veces cada día en los patios de las escuelas por todo el continente americano. Los jóvenes caminan hacia el peligro porque han logrado exitosamente desensibilizarse de las pistas sociales del rechazo y los mensajes hablados y no hablados que debieran alarmarlos.

Además de la falta de respeto e insumisión, el detonante de la bravuconería es mostrar vulnerabilidad. Un joven nunca ha de mostrar a un bravucón cómo puede ser herido o pagará por su error. Si revela que algo le afecta, el abusón sacará la navaja. Si un bravucón se da cuenta de que algo es importante, encontrará medio de echarlo a perder. Aparecer necesitado, ansioso o entusiasta es convertirse en blanco de ataques. Muchos de nuestros niños lo saben y cuidadosamente camuflan su vulnerabilidad frente a quienes pueden atacarla. No pueden decir que nos echan de menos, pues se convertirían en el hazmerreír de sus camaradas. No pueden admitir que sufren de algún comentario que alguien ha hecho, pues serían objeto de burlas sin piedad. No pueden confesar su sensibilidad, pues nunca dejarían de molestarlos. Deben aprender a esconder su miedo, no mostrar jamás estar alarmados, negar que están lastimados. Para sobrevivir en un mundo donde los bravucones reinan, nuestros hijos deben encubrir con cuidado todo rastro de vulnerabilidad, borrar todo signo de cariño. No hay duda de que ésta es la razón por la cual tantos niños supriman sus sentimientos de empatía por las víctimas de los bravucones.

En las desviadas jerarquías creadas por la orientación hacia los iguales, algunos de nuestros hijos se someten. En esto, son gobernados por instinto igual que quienes se sienten propensos a abusar. Ante un camarada dominante, los jóvenes sumisos de inmediato muestran deferencia. Parte de la demostración de acatamiento es manifestar vulnerabilidad, igual que un lobo en una manada se vuelca patas arriba para ofrecer la garganta al líder más poderoso. El lobo presenta la parte más vulnerable de su cuerpo, denotando sumisión. Esta conducta se encuentra profundamente arraigada en el instinto de vinculación. En circunstancias naturales, la muestra de vulnerabilidad debería despertar cuidado: decir que algo hiere suscitaría ternura. A los ojos del bravucón, sin embargo, esa declarada, desvergonzada vulnerabilidad es como una bandera roja que inflama su urgencia para el ataque. Tanto las víctimas como sus victimarios no hacen más que seguir sus instintos inconscientes, pero con horrendas consecuencias para las víctimas.

Retirándose de los vínculos

Entre las siniestras predisposiciones de los bravucones se encuentra un proceso peculiar que denomino "retirarse de los vínculos". Una persona emocionalmente saludable enfrenta los apegos de una manera directa, lanzándose de cabeza, por así decirlo. Expresa sus necesidades y deseos abiertamente, revelando su vulnerabilidad. Para el bravucón resulta demasiado riesgoso buscar abiertamente la cercanía. Sería demasiado atemorizante para un abusón orientado a sus iguales decir: "Me caes bien", "Tú eres importante para mí", "Te echo de menos cuando no estás", "Quiero ser tu amigo". El bravucón nunca puede admitir su insaciable hambre de conexión y ni siquiera la puede sentir conscientemente la mayoría del tiempo.

Entonces, ¿cómo se apega el bravucón? Recuérdese que el apego tiene aspectos positivos y negativos a la vez. Esto lo describí en el capítulo 2 como naturaleza bipolar del vínculo. Aquí pues, se encuentra una segunda manera negativa de establecer la conexión. El bravucón trata de acercarse más a aquellos cuya cercanía ansía, apartándose de las personas con las que no quiere tener contacto. Este proceder, aunque indirecto y mucho menos efectivo, comporta mucho menos riesgo de ser herido o rechazado. Le permite al abusón no mostrar jamás que le importa el resultado, no dar a notar ninguna entrega emocional a una relación deseada. En vez de expresar directamente su anhelo de contacto con el individuo deseado, el bravucón resistirá el contacto con los demás, ignorándolos o evitándolos de manera ostentosa, especialmente en presencia de la persona por la que se interesa. En vez de imitar a aquellos con los que secretamente desea estar, se burla de ellos y los remeda. Demasiado congelados emocionalmente para abrirse a aquellos que cuentan, los bravucones guardan los secretos de aquellos que para ellos no cuentan y hasta inventarán secretos acerca de ellos.

Surge así la personalidad del bravucón: distanciarse de una persona para acercarse a otra, mostrando desprecio aquí para establecer una relación allí, evitando o manteniendo en el ostracismo a algunas personas para afianzar una relación con otras. Hay peligro en el amor, pero no en el aborrecimiento; hay riesgo en la admiración pero no en el desprecio; vulnerabilidad en desear ser igual que otro, pero no en burlarse de quienes son diferentes. Los bravucones toman instintivamente la ruta menos vulnerable para su destino.

Aquellos que se encuentran en el extremo receptor de esta conducta impulsada por el instinto no saben cómo explicársela. "Por qué a mí?" "¿Qué hice para merecer este trato?", "¿Por qué se mete conmigo cuando yo no me meto con nadie?" No es sorprendente que se sientan confundidos y desconcertados. La verdad del asunto es que rara vez es algo que se deba a ellos mismos. Son sólo un medio para un fin. Alguien ha de servir al propósito del bravucón. No es nada personal; muy raramente lo es. El único requisito para ser víctima es no ser alguien a quien el abusón se esté apegando. Por desgracia, cuando los inocentes peones de esta estrategia de apego se toman a pecho el trato que reciben, su devastación psicológica es tanto mayor. Es difícil lograr que los jóvenes víctimas de los bravucones no se convenzan de que alguna culpa tienen o de que son responsables del modo como son tratados. Si esas jóvenes víctimas no están protegidas por algún fuerte apego a los adultos, corren gran riesgo de ser heridos emocionalmente y de que se cierren emocionalmente como defensa, o que sufran depresión o algo peor.

A medida que aumenta la población de bravucones, la probabilidad de que más jóvenes se conviertan en víctimas también crece. Cuando se reúnen dos o más jóvenes orientados hacia sus compañeros, es probable que se retiren a sus apegos mutuos, manteniendo a los demás en el ostracismo. "¿No es odioso ese tipo?", "Ahí va ese estúpido", "Se cree tanto...", "Es un verdadero imbécil". El habla insultante es incesante. A los ojos de los adultos, esa conducta se antoja desconcertante porque, en otras circunstancias, esos jóvenes se muestran educados, encantadores y sociales. Las personalidades de algunos de estos jóvenes pueden cambiar de un instante a otro, dependiendo de con quién están o hacia qué polo (positivo o negativo) los atrae el imán del vínculo.

Cómo se salva a un bravucón

Es importante recordar que la bravuconería no es intencional. Los jóvenes no quieren ser abusones, ni desean aprender a serlo, pero la bravuconería puede surgir espontánea en una cultura. Es un error creer que la conducta agresiva de un abusón refleje su verdadera personalidad. Los bravucones no son simplemente huevos malos, sino huevos de cáscara dura, huevos que padres y maestros no han sabido empollar en seres distintos. La bravuconería es el resultado de la interacción entre las dos dinámicas psicológicas más significativas en el cerebro emocional de los seres humanos: la vinculación y la defensa. Estas poderosas dinámicas camuflan la personalidad innata del joven.

Si queremos salvar al bravucón, hemos de colocar a éste en su lugar; no en el sentido de darle una lección, de castigarlo o de menospreciarlo, sino reintegrarlo en una jerarquía natural de vinculación. La única esperanza del bravucón es apegarse a algún adulto, que a su vez esté dispuesto a asumir la responsabilidad de atender las necesidades emocionales del abusón. Por debajo del rudo aspecto exterior, hay una joven persona profundamente herida y hondamente sola, cuya apariencia de insolencia se evapora en presencia de un adulto que realmente le atienda. "Una vez le pregunté a un bravucón cómo se sentía de que todo el mundo le temiera", me contó un orientador de secundaria. "Tengo muchos amigos –me contestó–, pero en realidad no tengo ningún amigo en absoluto," y una vez dicho esto, comenzó a sollozar.

Cuando un bravucón ya no se siente necesitado, abandonado, y cuando ve que ya no tiene que arreglárselas por sí solo para satisfacer su hambre de vinculación, olvida su bravuconería. En la versión cinematográfica de *The Two Towers* [Las dos torres], que es la segunda parte de la trilogía de *El señor de los Anillos*, tenemos un patético ejemplo de cómo la conducta agresiva se vuelve superflua para una persona, una vez que sus necesidades de apego quedan satisfechas. Gollum, un ser adulador, retorcido y necesitado de afecto, lleno de amargura y odio, inicia un diálogo interior consigo mismo cuando siente apego por el hobbit Frodo, al que llama "Maestro". "Ya no te necesitamos –dice a su otro yo desconfiado, manipulador y hasta asesino–. Ahora es el Maestro quien cuida de nosotros."

Si tuviéramos que describir la esencia del bravucón en unas

cuantas palabras, podríamos decir que es una cáscara dura de emoción encallecida que protege a un ser muy sensible al apego, muy inmaduro y enormemente dependiente, que busca una posición dominante para protegerse. Si bien esta conducta puede ser causada por otras circunstancias, es un resultado predecible de la orientación a los iguales que, a la par, conduce a la bravuconería y la exacerba y, entre los jóvenes de hoy es la principal fuente de la misma. Y las características de los abusones proceden de la combinación de esas dos poderosas dinámicas: un intenso apego, invertido y desubicado, y una fuga desesperada de la vulnerabilidad. El retoño de esta unión es el bravucón: un joven duro, mezquino y altamente demandante, que molesta a los demás, insulta, veja, amenaza e intimida. Además, el bravucón resiente los desprecios, se siente provocado fácilmente, no tiene miedo ni llora y se ceba en la debilidad y la vulnerabilidad.

La orientación a los iguales genera tanto a los bravucones como a sus víctimas. Hemos sido peligrosamente ingenuos pensando que juntando a los niños fomentaríamos valores y relaciones igualitarios; por el contrario, hemos abierto el camino a la formación de nuevas y perjudiciales jerarquías de apoyo. Estamos creando una comunidad que pone el escenario para una situación de *El señor de las moscas*. La orientación hacia los iguales está haciendo huérfanos de nuestros hijos y convierte nuestras escuelas en orfanatos diurnos, por así decir. La escuela ahora es un lugar donde jóvenes orientados a sus iguales se encuentran, relativamente libres de la supervisión de los adultos, en las cafeterías, pasillos y patios. Debido a la poderosa reorganización del vinculo que ocurre a raíz de la orientación a los iguales, las escuelas se han convertido asimismo en fábricas de bravucones, sin querer e inadvertidamente, pero de todos modos de manera trágica.

Muchas de las formas de tratar al bravucón fracasan porque no captan la dinámica subyacente. Quienes perciben la bravuconería como un problema de comportamiento piensan que pueden extinguir dicho comportamiento imponiendo sanciones y consecuencias. No sólo las consecuencias negativas no penetran, sino que fomentan la frustración y enajenan aún más a los abusones. No es el bravucón quien es fuerte, sino la dinámica que lo crea. En la cultura de los iguales, la oferta de posibles víctimas es también inagotable.

La única forma de deshacer al bravucón es invertir la dinámica que lo hizo: reintegrar al niño a la debida jerarquía del vínculo y luego proceder a ablandar sus defensas y satisfacer su hambre de apego. Si bien esto puede ser una tarea imponente, es la única solución que ofrece posibilidad de éxito. Los métodos actuales que se concentran en disuadir el comportamiento de bravuconería o, alternativamente, exhortar a los niños a que se comporten unos con otros como personas civilizadas, pasan por alto la raíz del problema: la falta de dependencia vulnerable respecto a adultos verdaderamente entregados. Mientras no veamos a la bravuconería por lo que es, es decir, un trastorno en el vínculo, es improbable que nuestros remedios logren mucho.

Asimismo, la mejor manera de proteger a las víctimas es también reintegrarlas a su dependencia de los adultos que están a cargo de ellas para que puedan sentir su vulnerabilidad y puedan llorar cuando las cosas no salen como esperaban. A menudo los que más riesgo corren son aquellos jóvenes que están demasiado orientados hacia sus compañeros para apoyarse en los adultos.

Una vez participé en un programa de la televisión nacional canadiense dedicado a los bravucones, en el que participaron varios padres cuyos hijos se habían suicidado por ser víctimas de estos. En el programa se encontraba también una chica cuya vida había quedado destrozada por los matones. La madre de la muchacha contaba que su hija llegaba de la escuela llorando y contaba sus dolorosas experiencias. Luego del programa, la conductora me expresó su preocupación de la que la joven corriera riesgo de quitarse la vida. Por el contrario, le respondí, la dependencia de su madre y las palabras y lágrimas que derramaba en la seguridad del hogar eran su salvación. Los niños que se suicidaron eran enigmas para sus padres y los suicidios habían sido una completa sorpresa. Estas pobres víctimas se habían vuelto demasiado orientadas a sus iguales para hablar a sus padres acerca de lo que les estaba ocurriendo y estaban demasiado defendidas de su vulnerabilidad para derramar lágrimas por el trauma que estaban experimentando. Su frustración había ido en aumento hasta que ya no pudieron contenerse. En estos casos particulares, los niños se hirieron a sí mismos, en vez de a otros. En cierto sentido, bravucones y víctimas están cortados por el mismo patrón: unos y otros carecen de los vínculos adecuados con adultos que los atienden. Por mucha infelicidad que a veces sientan, los jóvenes no corren riesgo de hacer daño a sí mismos o a otros mientras puedan apoyarse en sus padres, manifestar lo que los entristece y responder con los apropiados sentimientos de futilidad.

Algunas personas, incluso aquellas que son consideradas expertas, ven el problema de la bravuconería como una falla en la transmisión de los valores morales. Esa manera de ver, así expresada, es atinada, pero no lo es en absoluto en el sentido en que de ordinario se toma. El fracaso no está en que no se enseñen valores de atención y consideración para con los demás. Tales valores humanos surgen naturalmente en los niños que se sienten lo suficientemente vulnerables. No es el colapso de la educación moral en el bravucón lo que constituye el problema, sino el quebranto de los valores básicos del vínculo y de la vulnerabilidad en la sociedad en general. Si estos valores medulares se tomaran en serio, la orientación a los iguales no proliferaría ni generaría ni bravucones, ni víctimas.

12

El aspecto sexual

Jessica, de trece años, le confiaba a su amiga Laura que los chicos de la escuela la estaban presionando para que tuviera sexo oral con un muchacho durante una fiesta que iban a realizar. "Me dicen que así demostraré que pertenezco al grupo", le explicó Jessica. Pero no sabía muy bien que sentía al respecto. Sexualmente no tenía ningún interés por el muchacho, pero la entusiasmaba ser el centro de toda esa atención. La pregunta de si lo haría o no era tema de palpitante especulación en la escuela. Jessica era gordita y nunca había sido miembro del grupo popular. La propia Laura, desconcertada con la responsabilidad de aconsejar a su amiga sobre un asunto tan cargado de emotividad, le contó a su padre el dilema en que se encontraba Jessica. El padre, luego de pensarlo un poco, optó por informar a los papás de Jessica. Éstos quedaron asombrados ante el hecho de que no tuvieran ni idea de la precaria situación social en la que se encontraba su hija ni de la presión a la que estaba siendo sometida. Cuando manifestaron a su hija su preocupación, el acto había sido consumado. Ella había sucumbido: en este caso ni siquiera a las demandas sexuales de un muchacho al que no tenía intención de complacer y con quien no deseaba mantener relación alguna, sino simplemente a la persuasión de su grupo de compañeros.

Como podemos ver, el sexo rara vez es sólo sexo, y en el caso de Jessica no lo era, desde luego. A veces es hambre de ser deseado o deseada. Puede ser un escape del aburrimiento o de la soledad. Puede ser también una forma de marcar territorio o de reclamar una posesión o puede servir de intento de entrar en una relación exclusiva con otro. El sexo puede ser un símbolo maravilloso de estatus y de reconocimiento. Puede tratarse de obtener puntos o de pertenecer o encajar, o de apegarse y mantenerse. Puede referirse a predominio o sumisión o puede funcionar para agradar a alguien. El sexo, en algunos casos, refleja una falta de límites o incapacidad de decir que no. Desde luego, puede expresar amor, apasionamiento y verdadera intimidad. Casi siempre, de una u otra forma, el sexo es relacionado con la vinculación. En las vidas de nuestros adolescentes, muy a menudo, es expresión de necesidades de vinculación no satisfechas.

La edad de la primera actividad sexual se está reduciendo cada vez más. De acuerdo con un estudio de 1997, realizado por los Centros de Control de Enfermedades, de Estados Unidos, más del doble de niñas de noveno grado (6.5%) que de niñas de duodécimo grado informaron haber tenido sexo antes de los 13 años. Entre los chicos de noveno grado, casi el 15% admitió haber tenido actividad sexual antes de los trece años, muy por encima del doble del número de los alumnos de duodécimo grado. Lo mismo vale para Canadá, donde un estudio publicado en 2000 arrojó que más del 13% de las chicas en los 90 había tenido sexo antes de los quince años, el doble de una estadística comparable de principio de los 80.[1] Existe evidencia anecdótica, tanto en Estados Unidos como en Canadá, de que un considerable número de adolescentes realiza sexo oral como sustituto del coito, sin reconocer que han tenido sexo en absoluto. "Existe un inquietante cambio de actitud respecto del sexo oral, coito anal; todo menos...", decía Eleanor Maticka-Tyndale, profesora de sociología en la Universidad de Windsor.

Un aspirante a beisbolista de 19 años, elegido por los Los Angeles Dodgers en 2003, fue hallado culpable de invitar a una menor a que lo tocara sexualmente y pasó cuarenta y cinco días en la cárcel. Una vez, este atleta hizo que dos chicas de doce y trece años tuvieran sexo oral con él. En la apelación, de la que salió triunfante, arguyó que él no había iniciado el contacto, sino las chicas. Las dos supuestas víctimas dijeron al tribunal que era común en su comunidad que las chicas de séptimo grado ofrecieran sexo oral. Una de ellas dijo que todos lo hacían y ella no quería quedarse fuera del grupo.[2]

---

1. Estudio publicado en el *Canadian Journal of Human Sexuality*, reportado en el *Maclean's Magazine*. 9 de abril 2001.
2. *The Globe and Mail*. 24 de abril 2004, p. A6.

Junto a la preocupante precocidad de la actividad sexual está el rebajamiento de la sexualidad. Hay una gran diferencia entre contacto sexual como expresión de genuina intimidad y contacto sexual como dinámica de vinculación primitiva. El resultado de este último caso es, inevitablemente, la insatisfacción y una promiscuidad adictiva, como lo experimentó Nicolás, un joven de 17 años.

"Algo anda mal –comenzó Nicolás–. Todo marcha bien conmigo: tengo mucho sexo, pero creo que nunca realmente he hecho el amor. Mis amigos me admiran por el tipo de chicas que me consigo. Pero no soy muy bueno en lo que llaman intimidad. Por la mañana nunca sé qué decir a la chica. Todo lo que deseo hacer es llamar a alguno de mis amigos y fanfarronear."

El dilema de Nicolás podría decirse que es el viejo síndrome del donjuán, del que tantos varones han padecido, pero que actualmente enfrentan muchos jóvenes, cuya iniciación e historia sexual ocurre en el contexto de la cultura de los iguales.

Tanto Nicolás como Jessica estaban intensamente orientados hacia sus compañeros. En palabras de Nicolás: "No me siento conectado con mi familia. En realidad, mis amigos representan mucho más para mi que mi verdadera familia. Ni siquiera deseo ya estar con mi familia." Yo conocía muy bien a Nicolás y a su familia. Tenía tres hermanas y unos padres que no podían haberlo querido más. Pero no se alimentaba en su mesa, sino que buscaba en sus amigos el modo de saciar su hambre de vínculos. Durante dos años, en la adolescencia de este muchacho, su padre, un profesional, había estado preocupado con su carrera, mientras que su madre padecía una depresión inducida por el estrés. Ese periodo relativamente corto durante esa época crucial en la vida de Nicolás había sido suficiente para crear un vacío de vínculos que fue llenado por el grupo de compañeros. Así de susceptibles son los jóvenes de hoy, en una cultura que ya no proporciona vínculos adultos sustitutos cuando, por la razón que sea, los nexos familiares se debilitan aunque sea temporalmente.

Jessica también estaba emocionalmente desvinculada de sus padres. Apenas si logré que hablara de ellos y cuando lo hizo fue sólo para mencionar la intromisión de sus padres en su vida, una vida que giraba en torno a sus iguales. Su orientación hacia sus amigos era manifiesta en su insaciable hambre de aceptación, una obsesión por *chatear* (mensajería instantánea vía Internet) y su completo desprecio de los valores adultos, como el trabajo escolar y el aprendizaje.

Según ella, nada era más importante que sus amistades la quisieran, la desearan y fueran tras ella.

Para Nicolás, el sexo era cuestión de conquistas y trofeos, de estar en la cima, de aumentar su posición entre sus compañeros. Para sus compañeras de sexo, al parecer dispuestas, el sexo podía haber sido una afirmación de atractivo, un sello de aprobación de ser objeto de deseo, una experiencia de íntima proximidad o una señal de pertenecer o de exclusividad. Para Jessica, el sexo oral era un rito de iniciación, una tarifa que tenía que pagar para ser admitida en un club social al que ansiaba pertenecer.

Para Esther, de catorce años, el sexo era apropiarse de los chicos, atraer su atención y afecto, sobreponiéndose a sus rivales. Esther era otra chica muy orientada a sus iguales, muy simpática y fogosamente orgullosa de su habilidad para interesar a los chicos. Su actividad sexual comenzó a los doce años, hecho que logró mantener oculto de sus padres. Para cuando vino a mi consulta, enviada por sus padres porque la consideraban inmanejable, era inusitadamente experimentada para su edad. Se vanaglorió ante mí de que, antes de entrar en la secundaria, había "trabajado" tres escuelas primarias a la vez, explorándolas para averiguar quiénes eran los "chicos más de moda" y haciéndolos suyos mediante su desenvoltura y precocidad sexual. Se expresaba con completo desprecio de las chicas que no podían hacer lo mismo, sosteniendo que eran estúpidas y unas perdedoras. A uno de sus actuales compañeros de sexo lo llamaba su novio, pero no se sentía para nada culpable de serle infiel. "No hablamos mucho –me dijo– y lo que no sabe no le perjudica," añadiendo que lo que realmente la preocupaba era que él era casi media pulgada [1.27 cm] más bajo que ella. Además, el sexo con los demás chicos es sólo físico," pretextó. Consideró a su novio como la única persona en el mundo por la que sentía mayor cercanía, pero esta cercanía no parecía incluir ningún sentido de intimidad, sea emocional o psicológica.

Hasta qué grado puede quedar divorciado el sexo en los adolescentes respecto de la intimidad lo ilustra la siguiente anécdota contada por la Dra. Elaine Wynne, que trabaja en una clínica para jóvenes. "Una chica de quince años vino a verme para una revisión de rutina y un Papanicolaou –me contó la doctora–. Mientras le realizaba el examen pélvico ella mencionó que no sabía si su novio había eyaculado durante el coito. Resultó que esto la preocupaba. '¿Has pensado en preguntárselo?', inquirí. '¿Está usted bromeando?', me respondió.

'¡Es un asunto demasiado personal para preguntárselo!'."

Es preocupante descubrir lo que hace el sexo a los jóvenes orientados hacia sus compañeros y lo que la orientación a los iguales hace a la sexualidad. No todos los adolescentes orientados a sus iguales son sexualmente activos, desde luego, o realizan la sexualidad de la misma manera, pero la cultura en la que estan sumergidos está impregnada de una sexualidad extrañamente distorsionada: pseudo-sofisticación sin madurez, juego físico con la intimidad sin disponibilidad psicológica para enfrentar las consecuencias.

Factores físicos como la madurez fisiológica y las "furiosas hormonas" no explican, por sí mismos, la sexualidad de los adolescentes. Para entender completamente el comportamiento sexual precoz hemos de revisar de nuevo tres conceptos que expliqué en capítulos anteriores: vínculos, vulnerabilidad y madurez. La clave, como siempre, es la madurez. El factor crítico no es el despertar sexual de la adolescencia, sino que el adolescente orientado a los iguales es un ser sexual que está dispuesto a usar todo lo que encuentre a su disposición para satisfacer la necesidad de vínculos. Cuanta menos vulnerabilidad y madurez se den, tanto más probable es que el impulso a buscar vínculos se exprese mediante la sexualidad.

El sexo como expresión del hambre de vínculos

En el orden natural de cosas, el sexo ocurre entre seres maduros, no entre jóvenes y los responsables de los mismos. Cuando los jóvenes buscan cercanía emocional con los adultos, es en alto grado improbable que ocurra trato sexual. Pero si esos mismos jóvenes se orientan hacia sus compañeros, la misma hambre de contacto queda sujeta a sexualizarse. El sexo se convierte en instrumento del vínculo entre iguales. A los jóvenes que han sustituido a sus padres por sus compañeros es muy probable que la sexualidad les preocupe o que se vuelvan activos sexualmente. Quienes carecen de un sentido de intimidad con sus padres son los que con mayor probabilidad buscarán la intimidad con sus iguales, pero ahora a través del sexo y no mediante sentimientos o palabras. Así fue con Nicolás, Esther y Jessica, cortados de sus amantes padres por su orientación hacia sus compañeros. Usaban el sexo con sus iguales para saciar su hambre de conexión y afecto.

El sexo es un instrumento de predilección para quienes se sienten impulsados a satisfacer necesidades primitivas de vinculación. En el capítulo 2 expuse seis modos de vinculación, el primero de los cuales es a través de los sentidos físicos. Si un joven busca cercanía primeramente a través del contacto físico, el sexo es muy efectivo. Si el vínculo se busca en la semejanza, la conducta del joven se ajustará a los valores del grupo de iguales, como en los casos de Jessica y de las dos jóvenes que hacían sexo oral al beisbolista. Para alguien que busca el tercer modo de vinculación –pertenencia y lealtad exclusivas–, la actividad sexual es muy tentadora. Si un joven se siente atraído por el cuarto modo –ser significativo para alguien–, entonces la afirmación del estatus y del atractivo serán el objetivo principal y el sexo un buen recurso para llevar la cuenta. Desde luego, el contacto sexual puede estar constituido por sentimientos de cariño y genuina intimidad, pero entre adolescentes orientados hacia sus compañeros rara vez es así, por mucho que quieran pensar lo contrario. Como explicaré en breve, carecen de vulnerabilidad y de madurez para que su sexualidad alcance estas altísimas formas de vinculación.

Las modas actuales, en ropa, maquillaje y actitudes fomentan la sexualización de las chicas cuando no están en absoluto listas para una actividad sexual madura. Los "estilos", con su cargado componente sexual, se han convertido en medida primordial de auto-valor, según Joan Jacobs Brumberg, historiador de la Universidad Cornell y autor de *The Body Project* [El proyecto del Cuerpo], que es una historia de la juventud femenina en Estados Unidos. Brumberg contó a la revista *Newsweek* que hace cincuenta años, cuando las chicas hablaban de mejorar, lo que tenían en mente eran los grados académicos o alguna contribución a la sociedad. Ahora, dice, la apariencia es lo más importante. "En los diarios personales de las adolescentes, el cuerpo es la preocupación constante, en un segundo lugar después de las relaciones con sus compañeros,"[3] Es claro que la frase "en un segundo lugar" no es del todo atinada, puesto que la obsesión con la imagen corporal es resultado directo de la orientación a los iguales y su subproducto, la sexualización de la adolescencia.

Sin percatarse, los adolescentes juegan con el fuego cuando sexualizan sus vínculos. El sexo no es un simple instrumento a usarse para los propósitos de cada uno. No es posible que los adolescentes

---

3. Kantrowitz, Barbara, y Wingert, Pat, "The Truth About Tweens", *Newsweek*, 18 octubre 1999.

salgan del sexo incólumes o indiferentes, sin que nada esencialmente humano quede afectado. El sexo es un poderoso agente de unión, un pegamento de contacto humano que evoca un sentido de unión y fusión que crea una sola carne. Independientemente de lo breve e inocente que sea el trato sexual, el sexo opera formando parejas. Listos o no, dispuestos o no, conscientes o no, los que practican el sexo quedan atados. Los estudios confirman lo que encontramos en cada uno de nosotros, a saber, que hacer el amor tiene un efecto natural de unión que despierta poderosas emociones de vinculación en la mente humana.[4]

Los resultados son predecibles cuando el hambre de vinculación sexualizada de los jóvenes orientados a sus iguales se combina con el serio efecto de unión que procura un acto sexual, aunque esto sea "casual". Los embarazos no deseados de adolescentes van en aumento en países donde abunda la orientación a los iguales, a pesar de nuestros intentos de educación sexual y de control de natalidad. De acuerdo con las estadísticas, los índices más altos de embarazo de adolescentes pertenecen a Estados Unidos, seguidos por Gran Bretaña y Canadá.[5] La actividad sexual de los jóvenes orientados hacia sus compañeros no se preocupa de hacer el amor o hacer bebés, sino de buscar en los brazos de otros lo que deberían buscar en la relación con sus padres: Es decir contacto y conexión. Cuando esto ocurre con iguales, los bebés llegan a ser un resultado no deseado y, en muchos casos, víctimas desafortunadas, al nacer de padres inmaduros en nada preparados para alimentarlos emocional o ni siquiera físicamente.

La sexualidad y la huida de la vulnerabilidad

En la medida en que el sexo vincula uno a otro, también empuja a los afectados a un territorio en alto grado vulnerable, a un lugar donde los sentimientos pueden salir heridos y los corazones, rotos. Lo

---

4. Nuestra fuente es el libro de la Dra. Helen Fisher, *Anatomy of Love* (Ballantine Books, Nueva York 1992). La Dra. Fisher es antropóloga del American Museum of Natural History y recipiendaria de numerosos galardones prestigiosos en reconocimiento de su labor.
5. Éstas fueron las conclusiones a las que llegaron la Dra. Alba DiCenso, de la McMaster University, y sus colegas, G. Guyatt, A. Willan y L. Griffith, al revisar y compulsar los resultados de veintiséis estudios, de 1970 a 2000. Este estudio se publicó en el *British Medical Journal*, en junio de 2002 (vol. 324), bajo el título de *Intervention to Reduce Unintended Pregnancies Among Adolescents: Systematic Review of Randomized Controlled Trials*.

que el sexo une no se puede separar sin dolor. Una vez que el sexo ha realizado su labor de unión, la separación –del tipo que sea– supondrá significativos desgarros y trastornos psicológicos, experiencias con las que muchos adultos estarán demasiado familiarizados. Las repetidas experiencias de separación y rechazo, a raíz de los potentes vínculos creados por el sexo pueden generar una vulnerabilidad que resulte insoportable. Tales experiencias acarrean cicatrices y endurecimiento emocionales.

No ha de sorprender que cuanto más activos sexualmente sean los adolescentes, más empedernidos se vuelven en lo emocional. Esta falta de sensibilidad puede antojarse una bendición, que les permite jugar con fuego sin quemarse. Pero, como hemos tratado en capítulos anteriores, el costo de la fuga de la vulnerabilidad es castrar su potencial como seres humanos, así como la libertad y la profundidad emocionales que les hicieran sentirse llenos de vida.

Ni siquiera en el corto plazo, la práctica del sexo deja inmune al adolescente. Si el adolescente no parece afectado, no significa que no haya sufrido las consecuencias. Cuanto menos conscientemente estemos afectados, más heridos podemos estar a nivel inconsciente. Esther me contó que en una de sus citas fue violada, pero lo dijo con tono de desaprensión y me indicó que el asunto realmente no le había impactado. No fue difícil ver la vulnerabilidad que esa bravata pretendía encubrir ni cuesta predecir que ese endurecimiento superficial llevaría a la chica a territorio peligroso, a menos que dicha insensibilidad se revirtiera. El contacto sexual que no es capaz de mover a los adolescentes a una mayor vulnerabilidad conduce a intensificar las defensas contra tal vulnerabilidad. Cuando le pregunté a uno de mis clientes jóvenes por qué bebía tanto con sus amigos en las reuniones, contestó sin titubear: "No es tan malo emborracharse".

Uno de los costos más trascendentales del endurecimiento emocional es que el sexo pierde su potencial como agente de vinculación. El efecto a largo plazo es el entorpecimiento del alma, que arruina la capacidad de los jóvenes para entrar en relaciones en las que sean posibles un verdadero contacto e intimidad. El sexo se convierte en una actividad de vinculación no vulnerable. Puede incluso llegar a ser adictivo porque en parte apacigua el hambre de vinculación sin jamás saciarla. El divorcio del sexo respecto de la vulnerabilidad puede tener un efecto liberador sobre el comportamiento sexual, pero deriva de un oscuro lugar de falta de sensibilización emocional.

Si bien Esther era inteligente, atractiva, simpática y hablantina, en lo que decía o sentía no se advertía ni la más mínima pizca de vulnerabilidad. No tenía miedo alguno, no admitía que echara de menos a nadie, no estaba en contacto con su inseguridad y no se sentía mal por todo lo que había hecho. Nicolás, igualmente, huía de la vulnerabilidad, lo cual lo tenía hastiado, criticón, arrogante y despreciativo. También carecía de aprensiones y estaba exento de sentimientos de inseguridad. Despreciaba a los débiles y no aguantaba a los perdedores. Ni Esther ni Nicolás eran capaces de conmoverse profundamente. Ambos estaban curtidos contra la vulnerabilidad antes de entrar en prácticas sexuales, pero su actividad sexual llevó el endurecimiento emocional a otro nivel.

Sea con sus compañeros o conmigo, Esther y Nicolás no se mostraron particularmente tímidos para hablar de sus experiencias sexuales. Tal desenvoltura es un efecto colateral, interesante pero engañoso, de la huida de la vulnerabilidad: una pérdida del sentido de exposición a la crítica al revelar información personal que normalmente se consideraría íntima. Muchos adultos quedan impresionados con la aparente apertura de los jóvenes actuales en asuntos sexuales, lo que perciben como una señal de progreso frente al sigilo y timidez de antaño.

"Nosotras nunca habríamos hablado tan abiertamente de estos asuntos –aplaudía la madre de una joven de quince años orientada a sus compañeros–. Cuando nosotras teníamos su edad nos habría resultado demasiado embarazoso hablar de sexo." Lo que esa madre no advertía era que la charla descocada y sin decoro sobre actividades sexuales no tenía nada que ver con valor o transparencia, sino con la defensa frente a la vulnerabilidad. No es necesario ser muy valiente para revelar algo que no es nada íntimo. No hace falta ser discreto acerca de algo que a uno no lo importuna. Cuando el sexo está divorciado de la vulnerabilidad, no nos toca lo bastante hondo para herirnos. Cosas que deberían ser en alto grado personales e íntimas se airean por el mundo, a menudo en programas basura de la TV.

En el caso de aquellos jóvenes que todavía sienten lo bastante profunda y vulnerablemente para que el sexo haya hecho su labor, la práctica de éste es como zambullirse en emociones que son poderosas, en vínculos que son inexplicables y a menudo inextricables, en vulnerabilidades tan intensas que a duras penas pueden ser tocadas. Si bien los adolescentes de ordinario practican el sexo para sentirse más cercanos, no cuentan con verse pegados unos a otros a consecuencia de ello. Comprometerse para formar una pareja es mucho mas allá de lo que puede procesar. Algunos tratan de evadir el dolor inevitable de la separación aferrándose desesperadamente al otro, persiguiéndole sin cesar, apegándose como si fuera cuestión de vida o muerte. Otros se sentirán sofocados y entrampados por una cercanía para la cual no estaban preparados y tratarán de zafarse de ella en cuanto sea posible. Si para ambas personas se forma la pareja, algunos adolescentes encontrarán su tentativa de alcanzar cierta indi-vidualidad estrangulada por las fuerzas de fusión, donde el sentido de su emergente personalidad se verá engullido por la formación de la pareja. Ya no sabrán cuáles son sus preferencias ni tomarán decisio-nes sin antes consultar con el otro. "No sé si somos novios –me dijo una chica de 17 años, hablando de su última pareja sexual–. Todavía no me lo dice."

El sexo es practicado por muchachos que no tienen ni la más remota idea del lío en el que se están metiendo. Los más defendidos de entre ellos parecen no tener problemas porque ya no sienten vínculos emocionales, ni tampoco sienten el dolor. Su invulnerabi-lidad hace que el sexo se vea por completo casual, fácil y divertido. Quienes sienten profunda y vulnerablemente tendrán problemas: primero, por aferrarse uno a otro, lo quieran o no, y luego por sentir el desgarro cuando la relación ya no se mantenga.

Dado su efecto de consolidación y la vulnerabilidad que se requie-re para que el sexo opere, y la vulnerabilidad que surge si en efecto funciona, me parece que deberíamos estar más preocupados por establecer salvaguardas frente al sexo. Tal precaución es dictada no por consideraciones morales, sino directamente por el hecho de entender las consecuencias negativas que tiene la sexualidad precoz sobre el desarrollo emocional sano de nuestros hijos. El súper-pega-mento humano no es algo con lo que los niños puedan jugar.

Visto a través de la lente de la vulnerabilidad, el concepto de sexo seguro adquiere un sentido por completo diferente: no seguro respecto de las enfermedades o embarazos indeseados, sino seguro respecto de sentirse herido o volverse empedernido. No hay garantía de seguridad en ningún vínculo, desde luego, tampoco en los víncu-los entre adultos maduros. No es que podamos proteger a nuestros hijos de que se sientan heridos, pero podemos reducir su riesgo de verse involucrados sexualmente en relaciones que probablemente no los satisfagan o que no duren. El sexo de la adolescencia rara vez ocurre con la protección del compromiso, la promesa de exclusividad, la ternura de la consideración o el apoyo de la comunidad. Es sexo no protegido, en el más profundo sentido, psicológicamente. Una persona no puede pasársela estando "casada" y "divorciada", sin volverse dura e insensibilizada, al menos no sin que tenga lugar mucha aflicción. La separación después del coito es demasiado dolorosa. Los adolescentes no son más inmunes a esa dinámica natural que el resto de la gente. Más aún, por lo tierno de sus años, su falta de perspectiva y su inmadurez natural, están más propensos que los demás a resultar heridos por sus experiencias sexuales.

Cuando la sexualidad carece de madurez

El sexo más seguro, desde la perspectiva de los vínculos y de la vulnerabilidad, tendría lugar no como un modo de formar una relación, sino en el contexto de una relación que ya es satisfactoria y segura. A uno le gustaría asegurarse de que la relación se encuentre exactamente donde uno quiere que esté; que el sexo fuera el acto de vinculación definitivo, el comienzo de la práctica de exclusividad, creando el encierro en la pareja. El sexo será tan seguro cuanto sensatos sean los que lo practican. Lo que se requiere, más que ninguna otra cosa, es exactamente aquello de lo que los adolescentes orientados a sus iguales carecen: madurez. Los adolescentes inmaduros que están orientados a los adultos por lo menos se inclinan a buscar en sus padres las pistas sobre la práctica sexual. Mientras los jóvenes orientados a sus compañeros padecen una doble maldición: no poseen la madurez requerida ni la capacidad de tomar decisiones para una práctica sexual sana, y tampoco están lo bastante orientados a los adultos para aconsejarse con aquellos de nosotros que quizá ya hayamos aprendido algunas lecciones a fuerza de los golpes de la experiencia.

Por distintas razones, la madurez es un prerrequisito para el sexo. Ante todo la madurez es la separación como individuo. Para crear una unión sana se necesita un mínimo de capacidad de separación. Es preciso conocer lo suficiente su propia mente para extender una invitación a otro o para desechar la invitación de otro. Necesitamos un instinto de auto-conservación para valorar la autonomía, para experimentar los límites personales y para decir no. Para una sexua-

lidad sana necesitamos tener la libertad de no involucrarnos sexualmente o al menos de no sentirnos impulsados a hacer que las cosas
funcionen a toda costa. El adolescente, al no haber alcanzado el lugar
donde es más importante ser uno mismo que pertenecer a alguien o
poseer a alguien, es peligrosamente susceptible.

No hay probablemente lugar más importante para mostrar respeto por la capacidad de separación de otro que en la esfera sexual.
Tener consideraciones hacia la otra persona es esencial para una
práctica sexual madura. Para quien psicológicamente es inmaduro, el sexo no es un baile interactivo. En el salto prematuro hacia
la sexualidad, es inevitable que alguien quede herido o que alguien
se aproveche de otro.

Como tratamos en el capítulo anterior, la orientación a los iguales
genera tanto a los jóvenes abusivos y mandones, como a las víctimas
de ellos. Cuando se trata del sexo, los jóvenes abusivos y mandones
exigen una vez más aquello sobre lo que no tienen libre dominio.
El sexo está preñado de simbolismo del que los jóvenes abusivos y
mandones ansían apoderarse: estatus, conquista, victoria, deferencia,
pertenencia, atracción, servicio, lealtad, etc. Por desgracia, los jóvenes
abusivos y mandones están demasiado cerrados psicológicamente
para percatarse de la futilidad de pedir lo que es difícil otorgar. Las
fantasías de los jóvenes abusivos y mandones no son invitaciones
sino dominio; no se basan en reciprocidad sino en superioridad.
Tanto Esther como Nicolás eran esencialmente abusivos y mandones
en cuanto al sexo, en el sentido de explotar la debilidad ajena para
satisfacer sus propias necesidades. A sus parejas casi no las tomaban
en cuenta. En el caso de Esther, su actividad sexual indiscriminada
la llevó a ser abusada, hasta el grado de ser violada en una cita.
Lamentablemente, la orientación a los iguales crea una abundancia
de chicos ingenuos y necesitados que resultan ser fácil presa de otros.
No ha de sorprender que los actos agresivos, como las violaciones
durante las citas, vayan en aumento entre adolescentes.

La madurez se requiere también por otro motivo: para mantener
una relación sexual sana. La sensatez necesaria para tomar buenas
decisiones exige un procesamiento integrador y bidimensional que
sólo la madurez logra recabar. Hemos de ser capaces de manejar
sentimientos, pensamientos e impulsos mezclados. El anhelo de pertenecer a otro ha de coexistir con el deseo de ser uno mismo; el mantenimiento de los límites se ha de mezclar con la pasión de fusionarse

con otro. También se requiere, desde luego, la capacidad para tener en mente tanto el presente como el futuro. Los psicológicamente inmaduros son incapaces de pensar en otra cosa que no sea el placer del momento. Para tomar buenas decisiones hay que ser capaz de sentir tanto miedo como deseo, simultáneamente. Si nos percatáramos de los poderosos sentimientos que la sexualidad logra desatar, estaríamos preocupados, y con razón. El sexo ha de ser reverenciado y temido a la vez; ha de evocar tanto expectativa como aprensión y ser causa tanto de celebración como de precaución.

Los adolescentes carecen de la sensatez, perspicacia y control de los impulsos para poder concientemente tomar con seguridad tales decisiones por su cuenta. Desde nuestro sentido común de adultos podríamos imponer, desde luego, estructuras y limitaciones en los jóvenes, y procurar que mantuvieran su conducta sexual dentro de límites seguros, y podríamos actuar como sus asesores en decisiones sobre sexo, pero con los adolescentes orientados a sus compañeros, carecemos del poder y la conexión para hacerlo. Si nuestros jóvenes nos buscaran para que les diéramos consejo, sin duda les informaríamos de que no pueden, en realidad, divorciar las decisiones sobre sexo de las decisiones sobre la relación. Les recomendaríamos que aguardaran hasta que estuvieran seguros de que su relación fuera emocionalmente sana, fundada en una genuina intimidad más allá del trato sexual. La dificultad está en que, por sabio que sea nuestro consejo, los jóvenes orientados a sus iguales no miran en nuestra dirección.

Muchos padres y educadores actuales consideran, eufemísticamente, la actividad sexual de los adolescentes como exploración y experimentación y la ven como inherente a la actividad del adolescente. El concepto de experimentación da a la actividad sexual un aire de descubrimiento e implica la existencia de preguntas. Los adolescentes que más actividad sexual tienen, sin embargo, no son los que hacen las preguntas. El sexo entre adolescentes no es tanto cuestión de experimentación sexual como desesperación emocional y hambre de vinculación.

Típicamente, los adultos tratan de manejar la hiper-sexualidad de los adolescentes orientados a sus compañeros como lo hacen tanto con el comportamiento abusivo y mandón, como con la agresividad, enfocándose en la interacción entre los jóvenes. Tratamos de efectuar cambios en la conducta mediante advertencias, enseñanza,

13

Estudiantes que no aprenden

Ethan había sido un buen alumno en la primaria, aunque nunca estuvo demasiado interesado en aprender. Era muy inteligente, agradable y simpático y, si bien parecía carecer del impulso para sobresalir, sus padres y maestros habían podido hasta ahora enseñarle fácilmente. Pero cuando sus padres vinieron a verme, Ethan, que estaba acabando sexto grado, ya había perdido su deseo de complacer a los adultos. Conseguir que Ethan hiciera sus deberes escolares era una constante lucha. Sus maestros se quejaban de que no prestaba atención y ya no tenía interés para aprender. A menudo protestaba, contestaba mal y no rendía al nivel de sus capacidades. Este cambio corría a la par de una reciente inclinación hacia sus compañeros. En los meses anteriores, se había apegado a un amigo tras otro, copiando sus maneras y adoptando sus intereses. Cuando las cosas ya no marchaban bien con uno de ellos, se volvía tanto más desesperado por juntarse con otro.

Para Mia, el fracaso académico ocurrió un grado antes. Antes del quinto grado había mostrado mucha dedicación a aprender, era todo interés y hacía preguntas muy interesantes. Ahora se quejaba de que se aburrían en la escuela. Consternados, sus padres se dieron cuenta de que no entregaba sus deberes, y cuando lo hacía la cualidad dejaba mucho que desear. Los maestros se quejaban de la falta de atención y motivación de Mia, particularmente de sus conversaciones incesantes con sus compañeros durante las clases, quejas que ellos no estaban acostumbrados a escuchar. Cuando la enfrentaron con sus preocupaciones, Mia se mostró indiferente. Habían notado que ya no hablaba de sus maestros y si lo hacía, era para criticarlos. Lo único que le interesaba era hablar con sus amigas por teléfono o por Internet. Cuando sus padres intentaban prohibirle estas actividades, ella los desafiaba con una insolencia y rencor que nunca habían presenciado en el pasado.

Ethan y Mia representan un fenómeno endémico en nuestra cultura: niños capaces, pero no motivados; inteligentes, pero reacios a desarrollar su potencial; agudos, pero aburridos. Del otro lado de la misma moneda, la educación es mucho más angustiante que hace una o dos generaciones. Como afirman hoy muchos maestros, enseñar parece volverse cada vez más difícil y los alumnos son menos respetuosos y receptivos. Las clases son cada vez más inmanejables y el desempeño académico va disminuyendo. A los niños en edad escolar les cuesta leer, a pesar de la insistencia de muchas escuelas por fomentar habilidades literarias.[1] Y, sin embargo, nunca ha habido profesores tan preparados; planes de estudio tan avanzados y tecnología tan sofisticada como hoy.

¿Qué es lo que ha cambiado? Una vez más, regresamos a la influencia crucial de la vinculación. El cambio en el tipo de vinculación de nuestros niños ha tenido profundas implicaciones negativas en la educación. Muchos padres y educadores siguen creyendo que bastaría poner a los alumnos estudiosos con un buen maestro para obtener resultados seguros. Nunca ha funcionado así, pero en la medida en que los niños siguen aprendiendo, hemos mantenido nuestra visión simplista. Hasta hace relativamente poco, los maestros podían todavía contar con una fuerte orientación hacia los adultos que soportaban la cultura y la sociedad. Ese tiempo ya ha pasado. El problema al que ahora nos enfrentamos respecto de la educación de nuestros hijos no es algo que pueda solventarse con el dinero, que se arregle con los planes de estudio y que pueda remediar la tecnología de la información. Es algo más grande que todo esto, pero también más simple.

El conocimiento, dijo Goethe, puede colocarse en la mente, como monedas en una bolsa. La capacidad de aprender de cualquier alumno resulta de muchos factores: el deseo de aprender y entender, el

---

1. Un ejemplo es la provincia de la Columbia Británica, donde viven los autores. En efecto, un estudio de 2003 mostraba esa disminución, algo que dejó perplejos a los educadores y a las autoridades escolares.

interés por lo desconocido, la capacidad a asumir ciertos riesgos y la disposición a recibir influencias y a ser corregido. También requiere una conexión con el maestro, una inclinación a prestar atención, un interés por pedir ayuda, una aspiración a estar a la altura y lograr resultados y, por fin, una propensión a trabajar. Todos estos factores hunden sus raíces en la vinculación o son afectados por ella.

Viendo las cosas de cerca, cuatro cualidades esenciales ocupan el primer lugar en determinar la disponibilidad para aprender de un alumno: una curiosidad natural, una mente integradora, una capacidad para beneficiarse de correcciones y una relación con el maestro. Una sana vinculación mejora cada una de esas cualidades, mientras que la orientación hacia los compañeros las socava.

La orientación hacia los compañeros apaga la curiosidad del niño

Idealmente, lo que anima a un joven a aprender es su curiosidad hacia el mundo. El niño debe hacer preguntas antes de recibir respuestas, explorar antes de descubrir verdades y experimentar antes de llegar a conclusiones. La curiosidad, sin embargo, no es parte inherente de la personalidad de un joven, sino que es fruto de un proceso emergente. En otras palabras, es la consecuencia de un proceso de desarrollo responsable que vuelve al niño viable como ser autónomo y capaz de funcionar independientemente de las vinculaciones.

Los niños muy dinámicos tienen usualmente áreas de agudo interés y están intrínsecamente motivados para aprender. Recaban gran satisfacción cuando logran entender algo o averiguar cómo funciona. Se imponen sus propias metas mientras aprenden. Les gusta ser originales y manejarse por sí mismos. Los estudiantes dinámicos se deleitan en la responsabilidad y espontáneamente buscan realizar su propio potencial.

Para los maestros que valoran la curiosidad, que fomentan los cuestionamientos y que orientan el interés de los muchachos, enseñar a alumnos curiosos es un gran placer. Para muchachos así, los mejores maestros son aquellos que sirven de mentores y estimulan su interés, encienden sus pasiones y les dejan hacerse cargo de su propio aprendizaje. Si esos alumnos no siempre rinden en la escuela se debe probablemente a que tienen sus propias ideas sobre lo que necesitan aprender y sienten el plan de estudios que se les impone como una fastidiosa intromisión.

La curiosidad es un lujo, evolutivamente hablando. Lo que más importa es la vinculación. Mientras que las energías concentradas en la búsqueda de vínculos seguros no hayan logrado su tarea más urgente, el aventurarse a lo desconocido no forma parte del orden evolutivo. Por eso la orientación a los iguales mata la curiosidad. Los alumnos orientados hacia sus compañeros están por completo pre-ocupados por lo referente a los vínculos. En vez de interesarse por lo desconocido, los hastía todo lo que no tenga como meta los vínculos con sus compañeros. El aburrimiento es epidémico entre los alumnos orientados a los iguales.

Hay otro problema referente a la curiosidad. La curiosidad vuelve a una persona en alto grado vulnerable dentro del mundo de los denominados compañeros "buena onda". El asombrarse, el entu-siasmo por un tema, las preguntas sobre cómo funcionan las cosas, la originalidad de una idea, todo esto expone al joven al ridículo y a la burla de sus compañeros. La huida de la vulnerabilidad de los jóvenes orientados a los iguales asfixia su curiosidad, tal como inhibe la curiosidad de quienes los rodean. La desorientación en nuestros jóvenes convierte la curiosidad en un concepto en extinción.

La orientación hacia los compañeros debilita la mente integradora

Para conseguir la auto-motivación es conveniente tener una mente integradora, o sea, una mente capaz de procesar impulsos y pensa-mientos contradictorios. En un joven con una capacidad integradora bien desarrollada, el deseo de no ir a la escuela se ve contrarrestado por la preocupación de no perder el curso; a la tentación de no levantarse por la mañana se contrapone el temor a llegar tarde. La tendencia a no prestar atención a lo que dice el maestro tiene el con-trapeso del interés por salir adelante; la resistencia a hacer lo que se le manda se mitiga por la conciencia de que la desobediencia tiene consecuencias desagradables.

Para conseguir aprender de manera integradora, el joven debe ser lo bastante maduro para tolerar la coexistencia de dos mentes –conciliar sentimientos contrapuestos, generar dudas, experimentar ambivalencia–. Pero para disponer de este elemento atemperante –el componente que se contrapone a impulsos que minan el aprendizaje–, el joven tiene también que estar debidamente vinculado. Debe ser capaz de sentir profunda y vulnerablemente. Por ejemplo, un niño debe de tomar en cuenta lo que los adultos –sus padres y maestros–piensan para que le resulte importante no enojarlos o perderlos. Un estudiante tiene que estar emocionalmente interesado en aprender y disfrutar buscar soluciones. No ser vulnerable –ser indiferente– paraliza el aprendizaje y destruye la disponibilidad a aprender.

Los alumnos necesitan una inteligencia integradora para todo aprendizaje más allá de la memoria repetitiva. Para resolver problemas, el alumno necesita procesar fuera de lo unidimensional. Más allá de los meros hechos, requiere descubrir temas, percatarse de significados más profundos, entender las metáforas, descubrir los principios subyacentes. El alumno debe saber llegar a la esencia, e integrar los distintos elementos en un todo armonioso. Más que pensar concretamente, lo que se requiere es una mente integradora. De la misma manera que se necesitan dos ojos para lograr percepción en profundidad, el conocimiento profundo necesita la capacidad de ver las cosas desde al menos dos puntos de vista distintos. Si la mente ve por solo un ojo, no hay profundidad o perspectiva, no hay síntesis o concentración, no hay penetración hacia un significado y verdad más profundos: el contexto no se toma en consideración; la figura y el trasfondo carecen de diferenciación.

Por desgracia, la inteligencia bruta de un alumno no se traduce automáticamente en inteligencia integradora. Como traté en el capítulo 9, el funcionamiento integrador es fruto de la maduración –el mero proceso que se detiene con la orientación a los compañeros–. El joven inmaduro no desarrolla capacidades integradoras.

Nuestra pedagogía y planes de estudio dan por sentadas las capacidades integradoras de los alumnos. Si como educadores no advertimos lo que está faltando, tampoco nos daremos cuenta de cuáles son las dificultades que deberemos superar para templar la manera de pensar y la conducta de los jóvenes. Les estamos pidiendo hacer algo que sus mentes son incapaces de hacer, y al no lograrlo, los estamos castigando porque no lo consiguen. Quienes tienen mentes integradoras suponen que los demás piensan de la misma manera. Pero esta suposición ya no es válida para los alumnos que tenemos hoy en las escuelas. Los jóvenes que carecen de inteligencia integradora no captan esta forma de aprendizaje y es necesario tratarlos de modo diferente. Es muy probable que los alumnos orientados a sus iguales tengan dificultades en aprender, al no mantener un equilibrio entre pensamiento, sentimiento y acción.

La orientación hacia los compañeros perjudica la capacidad de aprender a través de prueba y error

La mayor parte del aprendizaje se hace a través de la adaptación, de un proceso de prueba y error. Emprendemos nuevas acciones, cometemos errores, encontramos obstáculos y nos equivocamos. Y de allí llegamos a las conclusiones apropiadas, o alguién más nos las indica. El fracaso es parte esencial del proceso de aprendizaje y la corrección es el instrumento primario del aprendizaje. La huida de la vulnerabilidad provocada por la orientación a los compañeros asesta tres devastadores golpes a ese proceso de aprendizaje.

El primer golpe afecta la parte de la prueba. El probar nuevas cosas supone aceptar un riesgo: leer en voz alta, dar su opinión, adentrarse en territorio desconocido, experimentar ideas. Tal experimentación es un campo minado de posibles errores, de reacciones impredecibles y respuestas negativas. Cuando la vulnerabilidad se vuelve casi insoportable, como ocurre con la mayoría de los jóvenes orientados a sus iguales, estos riesgos parecen inaceptables.

En el caso de los jóvenes orientados a los iguales, el segundo golpe afecta la capacidad de beneficiarse del error. Antes de poder aprender de nuestros errores, debemos primero reconocer y aceptar nuestros fracasos. Tenemos que asumir la responsabilidad si queremos beneficiarnos de nuestros errores y hemos de aceptar la ayuda, el consejo y las correcciones de otros. De nuevo, los alumnos orientados a sus compañeros están demasiado defendidos contra su propia vulnerabilidad para percatarse de sus errores o para responsabilizarse de sus fracasos. Si la calificación de un examen es demasiado baja para que el alumno la tolere, culpará del fracaso a algo o a alguien más, o rehuirá enfrentar el problema. La mente de los jóvenes que se defienden contra su vulnerabilidad se desconecta de todo aquello que les haría sentir dicha vulnerabilidad, como, por ejemplo, admitir errores o fracasos. Incluso una corrección suave de parte de un maestro o de los padres puede amenazar a ese joven que se sentirá inadecuado y avergonzado. Sentirá "algo está mal conmigo". Señalar a estos jóvenes lo que han hecho mal evocará reacciones insolentes, evasivas o actitudes hostiles. Los adultos suelen interpretar estas respuestas como descaro, pero en realidad llevan el propósito de impedir que experimenten la vulnerabilidad.

El tercer golpe contra el aprendizaje por prueba y error aparece cuando el niño no se da cuenta de que es inútil seguir con determinada conducta, y eso pasa debido a que el joven está demasiado defendido contra su propia vulnerabilidad. Como señalé antes, la frustración debe transformarse en sentimientos de futilidad para que la mente se percate de que algo no funciona (ver capítulo 9). Reconocer la futilidad es la esencia del aprendizaje por adaptación. Cuando nuestras emociones están demasiado endurecidas para permitir la tristeza o la decepción sobre algo que no salió bien, no respondemos aprendiendo de nuestros errores, sino dando rienda suelta a la frustración. En el caso de los estudiantes, el blanco externo será el maestro "idiota", las "aburridas" tareas o la falta de tiempo. Mientras que el blanco interno puede inclusive ser uno mismo: "Soy estúpido". En ambos casos, el enfado no se transforma en tristeza, la emoción que conlleva la futilidad realmente experimentada no consigue aflorar. Los hábitos de trabajo no se cambian, las estrategias de aprendizaje no se modifican y los inconvenientes no se superan. Los jóvenes entrampados en esta situación no desarrollan la adaptación como método para manejar el fracaso y corregirse. Se quedan atascados en lo que sea que no funcione. En mi consultorio veo a cada vez más jóvenes que repiten una y otra vez los mismos errores, no obstante los reiterados fracasos.

La orientación hacia los compañeros hace que los jóvenes basen sus estudios en los vínculos, aunque se vinculen con malos mentores

Como mencioné antes en este capítulo, desde la perspectiva evolutiva existen sólo cuatro procesos de aprendizaje básicos. Hemos visto cómo la orientación a los iguales socava tres de esos procesos de aprendizaje: aprendizaje emergente [por curiosidad], aprendizaje integrador y aprendizaje adaptativo. Mientras los jóvenes sean curiosos, aprenden de aquellos maestros que hacen que los intereses del joven tomen la delantera. Los jóvenes integradores logran considerar los factores de conflicto a la hora de resolver un problema. Los jóvenes adaptables pueden aprender mediante prueba y error, y correcciones. Pueden aprender incluso de personas con las que no están vinculados. Cuando se suprimen esos cruciales procesos de aprendizaje, aprender depende de una sola dinámica: los vínculos. Los jóvenes incapacitados por su falta de curiosidad, integración o adaptabilidad sólo aprenderán cuando, de alguna manera, esté involucrada la vinculación. Su deseo de aprender quizá no sea interno, pero puede ser poderoso si están motivados por una fuerte urgencia de estar cerca del adulto que les enseña –sea el maestro o los padres que lo ayudan en sus tareas escolares o algún amigo de la familia que puede fungir como mentor–.

La vinculación es sin duda el más poderoso proceso en el aprendizaje y es ciertamente suficiente para la tarea, incluso si falta la curiosidad o la capacidad para beneficiarse del error. Siempre hay estudiantes que carecen de funcionamiento adaptativo, de curiosidad o de integración. Aun incapacitados para realizar su pleno potencial, logran desempeñarse. Los estudiantes que dependen de sus vínculos están altamente motivados, como no lo suelen estar los demás estudiantes. Por ejemplo, están más dispuestos a aprender por imitación, seguir modelos, instrucciones o memorizar lecciones. Desean tener éxito y se motivan a trabajar buscando aprobación, apreciación y prestigio. El problema surge cuando los estudiantes que están restringidos al aprendizaje basado en vínculos, se vinculan con sus compañeros, en vez de hacerlo con adultos.

Por ejemplo, Ethan era un estudiante que dependía casi exclusivamente de sus vínculos. Tenía muy poco interés por las cosas que no le eran familiares. Su funcionamiento adaptativo era mínimo, incluso antes de volverse orientado a sus compañeros. Así que sólo se le podía enseñar a través de sus vinculaciones y sólo por maestros por los cuales sentía afecto. Tuvo una mala experiencia en el segundo grado, año en que no pudo hacer conexión con su maestra. Su recién encontrada orientación a sus compañeros no fue lo que lo convirtió en estudiante basado en vínculos, sino que fue lo que destruyó por completo incluso su capacidad para aprender basada en sus vínculos. El joven que está acostumbrado a aprender sólo a través del vínculo y cuyos instintos están mal dirigidos verá muy reducida su disposición a aprender, por prometedor que sea su potencial innato.

Antes de orientarse a sus compañeras, Mia, había estado muy dispuesta a aprender, incluso de personas con las que no estaba vinculada. La orientación a los iguales destruyó su curiosidad, debilitó su mente integradora y saboteó su capacidad para aprender a través de prueba y error. La orientación a los iguales la transformó en una estudiante basada en los vínculos por carencia de ellos. La viveza de Mia estaba ahora enfocada en una sola meta: la cercanía con sus amigas.

Para algunos jóvenes, la decisión de bajar sus calificaciones es plenamente consciente. "En los grados sexto y séptimo siempre fui el primero de la clase" –recuerda Ross, de veintinueve años que ahora es instructor de gimnasio–. "Me ganaba todos los premios. En el octavo grado, cuando tenía 13 años, los demás empezaron a burlarse de mí. De golpe ya no me consideraban listo si no que empezaron a tratarme de tonto. Esto no era nada divertido. Quería pertenecer al grupo de los atletas, de los chicos exitosos. Decidí integrarme. Procuré no sacar buenas calificaciones. Deliberadamente cometía errores en matemáticas, para no obtener la calificación más alta. A lo largo, adopté malos hábitos de estudio y en los dos últimos años de secundaria, mi 'plan' resultó todo un éxito. Incluso mis malos hábitos persistieron en la universidad y nunca me titulé. Ojalá que hubiera sido un adolescente más ajustado y menos preocupado por lo que pensaran mis compañeros."

La orientación hacia los compañeros vuelve irrelevantes los estudios

Para los jóvenes orientados a sus iguales, los temas académicos carecen de importancia. La historia, la cultura, las contradicciones de la sociedad o las maravillas de la naturaleza carecen de interés para ellos. ¿Qué tiene que ver la química con estar con sus amigos? ¿En qué ayuda la biología a hacer que las cosas funcionen con los compañeros? ¿De qué sirven las matemáticas, la literatura, los estudios sociales en asuntos de vinculación? La letra de una famosa canción de finales de los años 50 lo capta perfectamente: "No sé mucho de historia, no sé mucho de biología... pero sé que te amo".

Los jóvenes no valoran los estudios en sí. Es preciso alcanzar cierta madurez para darse cuenta de que la educación abre las mentes y las puertas y que puede humanizar y civilizar. Lo que los estudiantes deberían hacer es valorar a quienes valoran la educación. Al menos de esta manera seguirían nuestras pistas hasta madurar lo suficiente para llegar a sus propias conclusiones. Los alumnos orientados a sus iguales piensan que los amigos son lo que más importa y que el estar juntos es todo lo que cuenta. Razonar contra el instinto de alguien, incluso si es un instinto tergiversado, es imposible.

La orientación hacia los compañeros despoja a los estudiantes de sus maestros

Los jóvenes inmaduros dependen de la vinculación para aprender. Cuanto menos curioso, integrador y adaptable sea el joven, tanto más será cierta esa frase. En el capítulo 5 expliqué que el vínculo puede ser útil a los padres y maestros en cuanto les permite controlar la atención del joven, fomentar su respeto, y alcanzar influenciarlo —procesos esenciales para la meta de la educación juvenil-. Los jóvenes orientados a los adultos consideran a éstos como el punto cardinal sobre el cual orientarse y encontrar direcciones. Serán leales al maestro y no al grupo de iguales y lo considerarán como un modelo, una autoridad, una fuente de inspiración. Cuando los jóvenes se vinculan con un maestro, éste tiene el poder natural de dirigir el comportamiento del joven, emular buenas intenciones e inculcar valores sociales.

Pero, ¿quiénes son los maestros designados por el joven orientado a sus compañeros? Seguramente no aquellos que han sido contratados por la Dirección escolar. Una vez que un joven se ha orientado hacia sus compañeros, el aprendizaje cobra toda su fuerza durante el recreo, a la hora del almuerzo, después de la escuela y en los descansos entre clases. Lo que los jóvenes orientados a los iguales aprenden no proviene del maestro o del plan de estudios. Nada en los vínculos del joven le dictará que debe ser leal a educadores que han sido preparados y titulados en una universidad y contratados por la institución escolar. Cuando los vínculos están desviados, el maestro se vuelve inefectivo, por bien preparado, dedicado y respetado que sea entre los demás.

Sin querer desestimar el hecho que un maestro haya recibido educación superior, tenga mucha experiencia, sea muy comprometido con su trabajo, tenga un buen currículum o acceso a la tecnología. Pero todo ésto no faculta fundamentalmente a un maestro a enseñar. Los alumnos aprenden mejor cuando les gusta su maestro y piensan que este les aprecia. El camino a las mentes de los alumnos ha pasado siempre a través de sus corazones.

Nuestra manera de ver la educación, en la época postindustrial, ha sido idealista, y hemos dado por sentado que a los jóvenes se les puede enseñar con maestros con quienes no tienen vínculo alguno. En los últimos decenios se han intentado sistemas educativos bien pensados y bienintencionados con los que se ha pretendido capitalizar factores como la curiosidad, la adaptabilidad y la integración en el aprendizaje, dejando espacio a los intereses, individualidad, interacciones y opciones de los alumnos. Si estos sistemas han fracasado a menudo no se debe a que sean errados en sí, sino a que la orientación a los iguales hace que los jóvenes se vuelvan impermeables a ellos. Los jóvenes orientados a sus compañeros aprenden por vinculación, a falta de otra motivación, y son incapaces de aprender por curiosidad, adaptabilidad e integración. El problema estriba en que sus vínculos mal dirigidos hacen que aprendan de maestros equivocados.

Los conservadores consideran los sistemas pedagógicos modernos e " iluminados" como un fracaso y piensan que siembran la anarquía, la falta de respeto y la desobediencia. Muchos miran con admiración a los sistemas más autoritarios y estructurados de Europa occidental y Asia. Pero no toman en cuenta que estos sistemas educativos tradicionales existen en sociedades donde los vínculos con los adultos siguen relativamente intactos. Esto es lo que les otorga validez y poder. Pero incluso estos sistemas educativos muestran debilidades a medida que los vínculos jerárquicos tradicionales se deshacen. Tuve oportunidad de presenciar esto en Japón al participar, como especialista invitado, a una conferencia sobre educación dedicada a explorar los problemas de un sistema escolar bajo presión. No hay sociedad postindustrial que parezca inmune. En cuanto una sociedad valora la economía por encima de la cultura, el decaimiento es inevitable y el "pueblo de vínculos" comienza a desintegrarse. Los maestros de los sistemas educativos autoritarios no se percataban todavía de que era la "conexión", no la "coerción" lo que facilitaba el aprendizaje. Nuestro sistema educativo debe ser susceptible de encauzar los procesos basados en la curiosidad, en la integración y en la adaptación, donde existan, pero debe crear también una red de seguridad basada en la conexión y en la relación, para impedir que los estudiantes que se basan en los vínculos se escurran por las rendijas. Los sistemas autoritarios que únicamente miran al pasado sólo pueden empeorar las cosas.

Dado que la orientación a los amigos desquicia nuestro sistema educativo, cabría pensar que estamos alarmados y que buscamos modos de revertir esta tendencia o al menos de frenarla. Por el contrario, como educadores y padres estamos contribuyendo e induciendo este fenómeno. Nuestro "iluminado" sistema de educación, centrado en los jóvenes, nos ha llevado a estudiar a éstos y a confundir lo que "es" con lo que "debería ser", sus deseos con sus necesidades. Ha surgido un peligroso mito educativo, a saber, que los jóvenes aprenden más de sus iguales. En efecto, en parte así es, porque es más fácil que emulen a sus compañeros que a los adultos, pero sobre todo porque se han vuelto mucho más orientados a ellos. Sin embargo, lo que aprenden no es el valor de pensar, la importancia de la individualidad, los misterios de la naturaleza, los secretos de la ciencia, los temas de la existencia humana, las lecciones de la historia, la lógica de las matemáticas, la esencia de la tragedia. Tampoco aprenden lo que es específicamente humano, cómo volverse humanitario, por qué tenemos leyes y qué significa ser noble. Lo que los jóvenes aprenden de sus compañeros es cómo hablar como ellos, caminar como ellos, vestirse como ellos, actuar como ellos, parecer como ellos. En pocas palabras, lo que aprenden es cómo conformarse e imitar.[2]

---

2. Lo que da alas al modelo de aprender de los iguales, en los círculos educativos, es un lamentable malentendido de las ideas del gran psicólogo evolutivo suizo, Jean Piaget (1896-1980), sobre el aprendizaje cooperativo. Piaget, en efecto, afirmó que los niños aprenden más cuando tratan con otros niños. Así dicho se pasa por alto la perspectiva evolutiva dentro de la cual teorizaba: la idea de que es preciso que surja un fuerte sentido de sí para que el trato pueda facilitar el verdadero aprendizaje. Según el psicólogo helvético, sólo a medida que los niños conocen su propia mente, el trato recíproco aguza y profundiza su capacidad de comprensión. Piaget se percató de que los maestros autoritarios ejercían un efecto de atenuación sobre este proceso de individuación, al menos en comparación con la relación más igualitaria con sus compañeros. Las teorías de éste fueron formuladas hace cuarenta años en la Europa continental, donde los niños estaban fuertemente orientados a los adultos y el sistema educativo era jerárquico. En Norteamérica, la idea de Piaget fue sacada de su contexto evolutivo y aplicada a un medio social por completo diferente. Aunque del todo separado de sus nexos referentes a la vinculación con los adultos, el modelo de aprendizaje entre iguales ha hecho furor entre los teóricos educativos. La idea de Piaget, en su entorno propio, nada tiene de errada: el aprendizaje cooperativo estimula el pensamiento, pero sólo con aquellos niños que ya se han formado sus propias ideas acerca de un tema y son capaces de operar desde dos puntos de vista simultáneamente. De otra forma, el trato entre iguales sirve para suprimir la naciente individualidad, disuade la originalidad y facilita la dependencia respecto de los iguales.

El aprendizaje a partir de los iguales también vuelve a los jóvenes más independientes de sus maestros, para gran alivio -no hay duda- de muchos educadores abrumados de trabajo. Desafortunadamente, los jóvenes no avanzan así en absoluto desde el punto de vista evolutivo. El significado etimológico de la palabra "pedagogo" es líder - el que guía a los niños-. Los maestros pueden guiar sólo si los alumnos les siguen, y éstos únicamente seguirán a aquellos con los que estén vinculados. Parece cada vez más que los maestros se basan sobre las sugerencias de sus alumnos, entregándoles así el poder y comprometiendo el espíritu propio de la pedagogía.

La orientación a los iguales complica más la ya formidablemente difícil tarea de educar a los jóvenes, causando un grave perjuicio en el ánimo de los maestros, sus niveles de estrés y hasta en su salud física... La orientación a los iguales hace que los alumnos se resistan a los planes de sus maestros, e intenten constantemente desafiar su autoridad. Luchar a lo largo del día contra una resistencia crónica es una receta segura para el agotamiento. Esforzarse más por enseñar no es la respuesta. Dedicarse al negocio de la vinculación es la única forma de facilitar la enseñanza. Lo que satisface a un maestro es abrir la mente de un alumno. Pero para abrir las mentes de nuestros alumnos es preciso que ganemos primero sus corazones.

Una palabra final sobre educación: en esta época de especialización y de expertos, corremos el riesgo de ver la enseñanza como un deber exclusivo de los profesores. Pero si captamos el papel que desarrolla la vinculación en facilitar el aprendizaje y en prevenir la orientación a los iguales, veremos que la educación de nuestros jóvenes es una responsabilidad social compartida -por igual- entre padres, maestros y todos los adultos que entran en contacto con ellos. También juegan un papel importante todos aquellos que conforman el carácter de la sociedad y la cultura donde los jóvenes se desarrollan y aprenden acerca de la vida.

PARTE IV

Cómo conectar con nuestros hijos
(o cómo recuperarlos)

14

Mantener la unión con nuestros hijos

A lo largo de este libro hemos mostrado cómo la sociedad ha perdido sus instintos para educar. Nuestros hijos se conectan entre sí, o sea, con seres inmaduros que no están capacitados para llevarlos a la madurez. Ahora buscamos soluciones. ¿Qué podemos hacer, como padres y maestros, para retomar los papeles que la naturaleza nos ha asignado?; ¿Para volver a ser los ejemplos y líderes a los que nuestros hijos puedan recurrir para orientarse?

Dije en el capítulo 1 que para que el oficio de padres sea efectivo se requiere de un contexto, a saber, la relación de vinculación. Como cultura y como individuos hemos permitido, sin percatarnos siquiera, que la orientación a los compañeros erosione ese contexto. Es tiempo de volver a restaurarlo. Sin duda, la prioridad más alta de nuestra agenda es ganarnos a nuestros hijos, atraerlos bajo nuestras alas, hacerles sentir que desean ser nuestros y estar con nosotros . Ya no podemos suponer, como podían suponerlo los padres de antaño, que el nexo entre nosotros y nuestros hijos permanecerá todo el tiempo necesario. Independientemente de la magnitud de nuestro amor o de nuestras buenas intenciones como padres, disponemos de menos margen de error que los padres y madres de antes. Nos enfrentamos a demasiada competencia. Para compensar el caos cultural de nuestra época, debemos desarrollar el hábito de atraer hacia nosotros a nuestros hijos diaria y repetidamente, hasta que sean lo bastante mayores para funcionar con independencia. La buena noticia es que la naturaleza –nuestra naturaleza– nos indica cómo hacerlo.

Al igual que las abejas y los pájaros y muchas otras creaturas, usamos comportamientos instintivos para solicitar respuestas de vinculación en los demás. Tenemos también un tipo de "danza de cortejo" cuyo propósito es atraer a otras personas y formar conexiones con ellas. Indudablemente, la función preponderante de esta danza de cortejo, junto con la función esencial de procreación, es captar a los niños. Cuando los adultos se encuentran con niños, aunque no sean los suyos propios, los instintos de cortejo afloran casi automáticamente: sonrisas, asentimientos con la cabeza, miradas benevolentes y tono de voz cariñoso. A este tipo de conducta instintiva la llamo "danza de vinculación" o "danza de cautivación".

Cabría pensar que si la danza de vinculación es parte de nuestra naturaleza, no deberíamos tener ningún problema en volver a captar a nuestros niños cuando queramos. Desgraciadamente, no funciona así. Aunque estos pasos son innatos, una vez se haya perdido el contacto con nuestra intuición, no los llevaremos a cabo. Para muchos adultos, los instintos de atraer a los niños ya no surgen una vez pasada la etapa de la infancia, y en especial no afloran con niños que ya no tienen deseos de vincularse con nosotros. Si queremos reunir a nuestros hijos bajo nuestras alas, entre tantas distracciones y seducciones de la cultura actual, es indispensable tomar en cuenta los instintos de captación. Necesitamos enfocarnos conscientemente en ellos. Tenemos que usarlos para ejercer nuestro oficio de padres y de educadores de la misma manera que utilizamos nuestras aptitudes de seducción para atraer a un adulto con quien intentamos entrar en relación.

Al observar a adultos en su trato con niños, me percato de que la danza de la vinculación tiene cuatro claros pasos. Dichos pasos avanzan en un orden específico y, en el transcurso de ellos, constituyen el modelo básico de toda interacción del cortejo humano. Los cuatro pasos constituyen la secuencia que es preciso seguir en la tarea de captar a nuestros niños, desde la infancia hasta más allá de la adolescencia.

1. Relacionarse con el niño, o su espacio, de una manera afable

El objetivo de este primer paso es atraer los ojos del niño, evocar la sonrisa y, de ser posible, lograr un signo de asentimiento. Con los bebés, nuestras intenciones son más que evidentes: nos sorprendemos haciendo todo tipo de contorsiones para obtener el efecto deseado. A medida que los niños crecen, nuestras intenciones deben hacerse menos obvias para evitar que se distancien de nosotros. Muchos se han sentido molestos frente a vendedores que, por ejemplo, exageran sus técnicas de venta y adoptan demasiado fácilmente una cierta familiaridad con un cliente potencial.

Con los bebés, este trato de cortejo a menudo no tiene un fin específico, y satisface intrínsecamente al padre o a la madre cuando logran su propósito, mientras que se vuelve completamente frustrante cuando fracasa. No es un intento consciente: no tratamos de que el pequeño "haga" algo en especial. Elaborar relaciones es un fin en sí y ha de quedar así, más allá de la infancia y durante toda la niñez. Dado el excesivo enfoque actual sobre una estrategia educacional, nos centramos a menudo más en lo que debemos hacer, en vez de lo que queremos lograr. El punto de partida y la meta primaria en todas nuestras conexiones con los niños debería ser la misma relación, no el comportamiento.

A medida que vayan creciendo los niños, tendremos cada vez más comunicación con ellos sobre cosas que hayan hecho mal. Esta tendencia comienza a la edad en que el niño empieza a gatear, cuando los padres se preocupan más por sus seguridad. De acuerdo con un estudio, al mero comienzo de esta etapa de incansable exploración, el 90% del comportamiento de la madre consiste en expresar el afecto, jugar y cuidar, con sólo 5% del mismo dedicado a prohibirle ciertas actividades. En los meses siguientes, ocurre un cambio radical. La excitada curiosidad e impulsividad del bebé lo llevan a muchas situaciones en las que los padres deben actuar como influencia inhibidora. Entre las edades de once y diecisiete meses, el bebé promedio se enfrenta a una prohibición cada nueve minutos.[1] La meta en tales enfrentamientos no es captar a los niños emocionalmente, sino corregirlos y dirigirlos. Por esta época, o más tarde, hacemos que nuestros instintos de captación descansen. De igual manera, el

---

1. Shore, Allan, *After Regulation and the Origin of the Self: The Neurobiology of Emotional Development*. Lawrence Erlbaum Associates. Hillsdale, N. J., 1994, págs. 199-200.

cortejo entre adultos a menudo desaparece una vez que la relación ha quedado cimentada. Comenzamos a dar por sentada la relación. Por errónea que sea tal omisión en la vinculación entre adultos, es desastrosa con los niños. Igual que tenemos que ser los guardianes de la seguridad y bienestar de nuestros hijos, tenemos que intervenir con ellos de un modo cariñoso e invitante; lo cual resultará en que deseen mantener la relación con nosotros.

A medida que los niños se hacen mayores o se vuelven resistentes al contacto, el reto cambia de intervenir de una manera amistosa a entrar en su "espacio" también de forma amistosa. Aunque se trate de una tarea más difícil, siempre debemos enfocarnos en el objetivo de mantener la relación con el niño. "Es verdad –admitía David, padre de una muchacha de catorce años–, reflexionando sobre el modo como hablo con mi hija, noto que la mayoría del tiempo, es para decirle que haga algo, enseñarle alguna cosa o de alguna manera, cambiar su comportamiento. Rara vez se trata solamente de estar con ella y disfrutar su compañía."

La danza de cautivación no podrá desarrollarse si perseguimos metas y comportamientos de corto plazo. Si perseguimos el objetivo a largo plazo de fomentar la relación, descubriremos desde dentro los ademanes que nos pueden conducir hasta ese propósito. Será un alivio darnos cuenta de que nuestros instintos e intuiciones están intactos, aunque hayan estado dormidos un tiempo. Hay que experimentar y explorar: se trata de proceder por prueba y error, no de seguir una conducta preestablecida. Para cada niño surgirá una danza diferente.

Es especialmente importante que nos reunamos con nuestros hijos tras cualquier tiempo de separación. Los rituales de apego, impulsados por el instinto colectivo, existen en muchas culturas. El más común es el saludo, que es un prerrequisito para que cualquier trato salga bien. Cuando se realiza como se debe, el saludo incluye una mirada directa a los ojos, una sonrisa, un asentimiento con la cabeza. Saltarse este paso del saludo es un error costoso. En algunas culturas, como en la Provenza o en algunos países latinos, sigue siendo costumbre saludar a los hijos, y no sólo es costumbre sino que así se supone que debe ser. En nuestra sociedad a veces ni siquiera saludamos a nuestro propio hijo y tanto menos a los hijos de los demás. A medida que los jóvenes pierden la iniciativa de conectarse con nosotros después de un tiempo de separación, puede parecernos que carece de importancia que nos aproximemos a ellos. Nada podría estar más lejos de la realidad. Tenemos que contrarrestar esa actitud con nuestro entusiasmo e iniciativa.

Las separaciones más obvias son causadas por la escuela y el trabajo, pero hay muchas otras circunstancias que pueden separarnos de nuestros hijos. A veces, la separación se debe a que el joven esté entretenido con, por ejemplo, la televisión, el juego, la lectura, los deberes escolares. El primer intento de aproximación, por nuestra parte, consiste en reestablecer la conexión. A menos que logremos mantener la unión con nuestro hijo, nada funcionará. Es inútil y frustrante, por ejemplo, dar directrices a un niño cuando está absorto viendo televisión. En tal momento, antes de llamarlo a cenar haríamos bien en sentarnos junto a él, ponerle el brazo en torno a los hombros y hablar de algo con él. Y hemos de procurar que haya cierto contacto ocular. "¿Qué tal está el programa? Parece interesante. ¡Qué lástima que tengamos que ir a cenar!"

Reunirnos con nuestros hijos también es importante por la mañana después de la separación de la noche. La mañana sería muy diferente en muchas familias si los padres reconectasen con sus hijos. Una de las costumbres más beneficiosas en mi familia cuando nuestros hijos eran pequeños era crear lo que llamábamos un tiempo de "calentamiento" por la mañana. Había en la sala dos sillas cómodas dedicadas a ese calentamiento. En cuanto los niños se habían levantado, mi esposa Joy y yo, los poníamos sobre nuestras rodillas, los abrazábamos, jugábamos y bromeábamos con ellos, procurando hacer contacto con las miradas, y lograr hacerlos sonreír. Después, todo ocurría con mucha más naturalidad. Valía la pena levantarnos diez minutos antes para comenzar el día con ese ritual de reunión.

En suma, es preciso establecer rutinas de reunión con nuestros hijos a lo largo de nuestros días. Además, es especialmente importante reconectarnos con ellos luego de cualquier separación emocional. Esta sensación de conexión puede quedar rota, digamos, por un regaño o discusión, por distanciamiento, por un mal entendido o por un enfado. El contexto para desempeñarse como padres se pierde hasta que logramos reestablecer lo que el psicólogo Gershon Kaufman denomina "el puente interpersonal". Y reconstruir ese puente es siempre nuestra responsabilidad. No cabe esperar que lo hagan nuestros hijos: no son lo bastante maduros para entender lo importante que es.

Para los maestros y otros adultos encargados de niños que no son suyos, volver a conectar con ellos debe ser siempre el primer objetivo. Si pensamos educar y cuidar a los niños sin antes haber hecho conexión con ellos, nos enfrentaremos a su instinto natural de resistencia a las demandas e instrucciones de los extraños.

Es indudablemente este acto de conexión lo que coloca al "súper maestro" encima de los demás. Nunca olvidaré mi experiencia con mi primera maestra, la señora Ackerberg. Mi madre me había dejado frente a la puerta de mi clase de primer grado y, antes de que ningún otro niño me distrajera, aquella maravillosa mujer, que siempre estaba sonriendo, vino y me recibió de la manera más afable. Me llamó por mi nombre, diciéndome lo contenta que estaba de que yo estuviera en su clase y asegurándome que iba a ser un primer año muy agradable para los dos. Estoy seguro de que tardó muy poco tiempo en conectar conmigo. Después de esto fui todo suyo y quedé bastante inmunizado frente a otros vínculos, pues no los necesitaba. Ya estaba captado y no volví a experimentar esta sensación con ninguna otra maestra sino hasta quinto grado. Los años intermedios fueron una experiencia triste por lo que a mi educación se refiere.

2. Proporcionarle al niño algo de donde poder agarrarse

El principio subyacente al segundo paso es sencillo: para captar los instintos de vinculación de nuestros hijos les tenemos que proporcionar un apoyo. En el caso de niños pequeños a menudo se trata simplemente de colocar un dedo en la palma de su mano. Si la mente de vinculación del niño es receptiva, agarrará el dedo; si no lo es, apartará su mano. No se trata de ningún reflejo muscular involuntario como cuando se da un golpecito debajo de la rodilla, sino que es un reflejo de vinculación, uno de los muchos que existen desde el nacimiento y que permiten que se lleven a cabo actividades tales como dar de comer y acoger. Indica que los instintos de vinculación han sido activados. Ahora el niño está listo para estar en conexión.

Ni el adulto, ni el niño, sabe o aprecia lo que está ocurriendo. Este simple acto de agarrar el dedo es por completo inconsciente y el objetivo del mismo es preparar los instintos de vinculación y lograr que el niño se apoye. En este caso, el niño se sostiene físicamente, pero el propósito fundamental incluye la conexión emocional.

Al colocar el dedo en la palma del niño, estamos emitiendo una invitación a la conexión. Así, nuestra parte de la danza comienza con una invitación.

A medida que los niños crecen, la idea del ejercicio no es tanto de apoyarle físicamente, sino que figuradamente. Es preciso dar a los niños algo de donde puedan agarrarse, algo que ellos quieran, algo que les llegue al corazón y que no quieran soltar. Lo que les proporcionemos debe salir de nosotros o ser nuestro. Y cualquier cosa que les demos, la clave es que al agarrarse de ella, será como si estuvieran agarrándose de nosotros.

La atención y el interés son poderosos impulsores de la conexión. Las señales de afecto son poderosas. Los investigadores han puesto las expresiones de cariño, las manifestaciones de alegría y de gusto al estar con alguien encima de la lista de los elementos que activan la vinculación. Si nuestra mirada y nuestra voz manifiestan cariño, invitaremos a nuestros hijos a una conexión que apreciarán. Si a nuestros hijos les mandamos señales de que nos importan, la mayoría de ellos apreciarán que son especiales para nosotros y son bienvenidos en nuestra vida.

Para nuestros propios hijos, la componente física es fundamental. Los besos y abrazos sirven para que los hijos se sientan queridos y esta sensación les va a durar por mucho tiempo. No es sorprendente que muchos adultos, en mi consultorio, se quejen de la falta de manifestaciones físicas de afecto de parte de sus padres durante su infancia.

A menudo, los maestros me preguntan cómo pueden cultivar la conexión, ahora que el contacto físico es un asunto tan controvertido. El tacto es uno de los cinco sentidos y los sentidos son sólo una de las formas de conectarse. (Para las seis maneras de vincularse, ver el capítulo 2). Si bien el tacto es importante, no hay que perder de vista que no es el único modo de conectarse con los jóvenes.

Para los niños que se defienden emocionalmente, es preciso centrarse en las opciones menos físicas –por ejemplo, expresar un parecido con él o encontrar una oportunidad de demostrar nuestra lealtad colocándonos de su lado–. En mi labor con delincuentes juveniles, casi siempre he empezado por aquí. A veces funcionaba con algo tan sencillo como mencionar que ambos teníamos los ojos azules o que teníamos un interés o algo en común. Sobre todo, el adulto debe dar algo antes de que el niño se vincule.

El regalo más grande es que el niño se sienta invitado a desempeñarse en nuestra presencia exactamente tal como es, y que expresemos nuestro gusto por el mero hecho de que exista. Hay miles de maneras de brindar esa invitación: mediante ademanes, con palabras, con símbolos y con acciones. El joven debe saber que es querido, que es especial, que tiene importancia para nosotros, que es valorado, apreciado, echado de menos y disfrutado. Para que los hijos reciban plenamente esa invitación –que crean en ella y estén dispuestos en aceptarla incluso cuando no estamos con ellos físicamente– ésta tiene que ser genuina e incondicional. En el capítulo 17, donde trataremos el tema de la disciplina, veremos lo perjudicial que es usar la separación de los padres como castigo contra el niño. Aplicar esta técnica, a menudo recomendada pero perjudicial, significa en efecto que el niño es invitado a existir en nuestra presencia sólo y cuando se encuentra a la altura de nuestros valores y expectativas –en otras palabras, que nuestra relación con él es condicional–. Nuestro desafío como padres es proporcionar algo que sea demasiado deseable e importante para que el niño lo deseche, una aceptación amorosa que ningún compañero pueda proporcionar. Asiéndose a nuestro obsequio de amor incondicional, el niño se apegará a nosotros emocionalmente –igual que el niño pequeño que agarra con el puño el dedo de su padre o de su madre–.

El niño debe sentir que nuestro ofrecimiento es espontáneo, si queremos que la conexión funcione. Decir lo que sigue puede parecer contrario a la intuición –y en breve les explicaré mis razones–, pero no podemos conectar con un niño dándole algo cuando lo espera. Por ejemplo, como parte de un ritual o un regalo por su santo o por su cumpleaños o como premio por algo que haya hecho. Porqué lo que demos bajo esas circunstancias será asociado con la situación o evento, y no con la relación. Tal manera de dar nunca satisface. Un niño puede disfrutar los regalos, sean físicos o emocionales, que espera, pero sus necesidades de vinculación no pueden quedar saciadas por ese medio.

No podemos cultivar la conexión condescendiendo a las exigencias de un niño, sean éstas de atención, de afecto, de reconocimiento o de sentirse importante. Si bien podemos dañar la relación no accediendo cuando expresa una genuina necesidad, satisfacer las necesidades en cuanto las solicita no se ha de confundir con enriquecer la relación. En el intento de volver a conectar con el niño, el elemento de iniciativa y sorpresa es vital. Proporcionar algo a que apegarse tiene mayor eficiencia cuando menos se espera. Si lo que ofrecemos se lo puede ganar o lo ve como una especie de recompensa, no servirá para alimentar su vinculación. Nuestros ofrecimientos de conexión deben fluir de la invitación fundamental que estamos extendiendo al niño. Este paso de la danza no es una respuesta al niño, sino que es el acto repetido de afirmar una relación. Es una invitación a bailar la madre de todas las danzas: la danza de la vinculación. Una vez más, se trata de entregar al mismísimo ser del niño un deleite espontáneo; no cuando solicita algo, sino cuando no lo solicita. Expresamos nuestra complacencia con ademanes, sonrisas, tono de voz, abrazos, sugiriendo una actividad juntos o, sencillamente, con una mirada afectuosa.

Se suele pensar con frecuencia que acceder a las exigencias de un niño es "malcriarlo". Ese temor es infundado. Algunos padres compensan su falta de atención, de conexión y de contacto con una multitud de concesiones materiales. Malcriamos a los hijos no cuando accedemos a sus demandas o les hacemos regalos, sino cuando hacemos caso omiso de sus genuinas necesidades. A la sobrina de mi coautor, que es una madre primeriza, una enfermera le dijo en la maternidad del hospital que no tuviera a su bebé tanto tiempo en los brazos porque "la iba a malcriar". Por el contrario, malcriarla sería negarle el contacto que necesita. Sensatamente, la nueva mamá pasó por alto ese consejo "profesional". Un bebé o un niño pequeño que recibe contactos amorosos con sus padres no se volverá en exceso demandante cuando crezca.

Es cierto que un niño sumamente inseguro demandará mucho tiempo y atención, y sus padres buscarán un poco de descanso de vez en cuando. El enredo está en que la atención que se presta frente a la solicitud del niño nunca es satisfactoria: deja en este la duda de que sus padres están meramente respondiendo a sus exigencias, pero no se están dando voluntariamente a él. Entonces las demandas no sólo escalan, sino que no se llena nunca la necesidad emocional que subyace a esas demandas. La solución estriba en aprovechar el momento y buscar el contacto cuando el niño no lo está pidiendo. O, al asentir a la demanda del hijo, los padres pueden tomar la iniciativa, expresando más interés y entusiasmo que lo que se espera la criatura: "¡Oh, qué buena idea!" "¡Estaba pensando cómo podríamos hacer para estar más tiempo juntos!" "¡Qué feliz estoy de que se te haya ocurrido!" Tomamos al niño por sorpresa, haciendo que sienta que él está recibiendo la invitación.

Tampoco captaremos a un niño o le ofreceremos algo de que agarrarse inundándolo de alabanzas. La alabanza se refiere a algo que el niño ha hecho y por lo tanto, nunca es un regalo ni un acto espontáneo. Los elogios no se originan en el adulto, sino en los logros del niño. El niño no puede apoyarse en ellos, dado que pueden desaparecer con cada fracaso. Aun si pudiera vivir asido de la alabanza, no estaría vinculado con quien lo alaba sino con el logro que lo genera. Es lógico que los elogios tengan un efecto adverso en ciertos niños, produciendo una conducta contraria a lo que se pretende elogiar o causando que el niño se aparte de la relación por no arriesgarse hacia el fracaso.

¿Estamos diciendo que nunca hay que alabar a los niños? Por lo contrario: es muy útil, compasivo y bueno para la relación –cualquier relación– reconocer a alguien por alguna contribución especial que haya hecho o por el esfuerzo o energía que expendió en lograr algo. Lo que estamos diciendo es que el elogio no debe ser exagerado y que es necesario ser cuidadosos de que la motivación del joven no dependa de la admiración o buena opinión de los demás. La auto-imagen del niño no debe descansar sobre cuán bien o cuán mal haya logrado conquistar nuestra aprobación por medio de logros o de docilidad. El fundamento de la verdadera autoestima de un niño es el sentido de ser acogido, amado y que sus padres lo acepten tal como es.

3. Fomentar la dependencia

Para fomentar la dependencia del niño pequeño hacia nosotros extendemos los brazos para auparlo y luego esperamos su respuesta. Si sus instintos de vinculación están suficientemente desarrollados, responderá levantando los brazos, indicando su deseo de proximidad y disponibilidad a depender. Los papeles recíprocos de padres e hijo en esta coreografía de vinculación son intuitivos.

Favorecer la dependencia en el bebé es decirle: "Déja que te lleve; yo seré tus piernecitas; puedes confiar en mí; yo te protegeré". Invitar a un niño más grande a depender de nosotros es hacerle comprender que puede confiar en nosotros, contar con nosotros, que estará cuidado por nosotros y podrá recurrir a nosotros para asistencia. Es decirle que estamos a su disposición y que está muy bien que nos necesite. Pero actuar así sin antes habernos asegurado la confianza del niño es buscar problemas. Esto vale tanto para los padres como para los educadores como niñeras, maestros, padres adoptivos, padrastros o madrastras.

Es aquí donde se complica con nuestra fijación típicamente norte americana de fomentar la independencia. No tenemos problemas en aceptar la dependencia en el caso de los niños muy pequeños, pero pasada esa fase, la independencia se convierte en nuestra meta primaria. Trátese de cómo se visten, comen, se las arreglan, se divierten, piensan por sí mismos, resuelvan sus problemas, la historia es siempre la misma: fomentamos la independencia o lo que creemos que es la independencia. Tenemos miedo de que si incentivamos la dependencia los invitamos a la regresión en lugar de estimular su desarrollo. Lo que realmente fomentamos con esta actitud no es la verdadera independencia de los hijos, sino la independencia de nosotros. La dependencia se transfiere así al grupo de compañeros.

En miles de pequeñas maneras, forzamos a nuestros hijos a crecer, apresurándolos, en vez de animarlos a tomar su tiempo. Los empujamos para que se aparten de nosotros, en vez de atraerlos hacia nosotros. Nunca podríamos, por ejemplo, entrar en una relación sentimental si no aceptáramos la dependencia. ¿Cabe imaginar el efecto, entre novios, si insinuáramos este mensaje: "No esperes que te ayude en nada que me parezca que puedes hacer por ti mismo"? Cabe dudar de que la relación sucediera. En el cortejo decimos: "Deja que te dé una mano", "Te ayudaré en esto con mucho gusto", "Tus problemas son mis problemas". Si podemos y deseamos crear dependencia con los adultos, ¿por qué no hacerlo también con los niños que realmente necesitan en quien apoyarse?

Quizá la dependencia entre adultos sea más fácil de vivir porque uno no es responsable del crecimiento y madurez de la otra persona. Nos pesa tener que acompañar a los jovenes hacia su independencia. Aquí está el meollo del problema: estamos asumiendo demasiada responsabilidad nosotros solos para la madurez de nuestros hijos. Hemos olvidado que no estamos solos: tenemos a la naturaleza como nuestra aliada. La independencia es fruto de la madurez. Nuestro papel consiste en atender las necesidades de dependencia de los hijos. Una vez que llevamos a cabo este trabajo, la naturaleza queda libre para realizar su labor de fomentar la madurez. Es como en el caso del crecimiento: nosotros no hacemos crecer a nuestros hijos, sólo les procuramos suficiente comida. La naturaleza es la que se encarga de hacerlos crecer. Al olvidar que el crecimiento, el desarrollo y la madurez son procesos naturales, perdemos la perspectiva. Tememos que nuestros hijos se atoren y nunca crezcan. Quizá pensamos que si no les empujamos un poco, nunca abandonarán el nido. Los seres humanos no son, en este caso, como los pájaros. Cuanto más empujados son, más se apegan, pero si esto falla, buscan refugio en el nido de alguien más.

La vida se desarrolla a lo largo de las estaciones: no podemos llegar a la primavera sin el invierno. En el invierno las plantas están dormidas y florecerán cuando llegue la primavera. No podremos obtener la independencia si hacemos resistencia a la dependencia. Sólo cuando se satisfacen las necesidades de dependencia comienza la auténtica búsqueda de la verdadera independencia. Oponiéndonos a la dependencia cortamos el movimiento hacia la independencia y posponemos su realización.

Al parecer hemos perdido el contacto con los principios más básicos del crecimiento. Si tiráramos de las plantas para que crecieran, pondríamos en peligro su vinculación con las raíces y dejarían de dar fruto. Trastornar las raíces de la vinculación de los niños sólo causa que se transplanten a otras relaciones. Nuestro rechazo a invitarlos a depender de nosotros los lleva a depender de otros.

Empujar a los niños a experimentar la separación antes de tiempo, por ejemplo, a la hora de ir a la cama, sería evocar el pánico y generar más apego. Los niños que no logran la cercanía de sus padres , los sustituirán con un sucedáneo. Esta transferencia de la dependencia se suele confundir con la verdadera independencia. Favoreciendo esta falsa independencia –o una independencia que nuestros hijos todavía no están lo bastante maduros para manejar– estamos contribuyendo a la orientación hacia sus compañeros.

Los maestros también deben promover la dependencia. De hecho, aquellos maestros que lo hacen son los que logran fomentar mejor la independencia. Un buen maestro, en vez de empujar a sus alumnos hacia la independencia, les debe proporcionar generosos ofrecimientos de asistencia. Un buen maestro desea que sus estudiantes piensen por sí mismos, pero sabe que no lo lograrán si no los ayuda. Sus alumnos deben sentirse libres de pedir su apoyo, sin sentir vergüenza por esta situación de dependencia.

No hay caminos fáciles hacia la verdadera independencia. La única forma de volverse independientes es siendo dependientes. Al comprender que los niños se desarrollan en seres autónomos independientemente de nosotros -la naturaleza se encarga de ello-, entonces podemos concentrarnos en nuetro trabajo, que consiste en invitar su dependencia.

4. Ser la brújula del niño

La cuarta forma de avivar los instintos de vinculación es orientar al niño. Esta parte de la danza comienza desde que el bebé está en nuestros brazos. Como los niños dependen de nosotros para orientarse, hemos de asumir el papel de brújula y actuar como su guía. Nosotros los adultos adoptamos esta función automáticamente, sin siquiera darnos cuenta de ello: señalamos hacia este o aquel lugar, decimos los nombres de las cosas y familiarizamos al niño con el ambiente.

En el entorno escolar, el maestro o maestra se encarga de indicar al niño dónde se encuentra, quién es quien, qué es qué y cuándo ocurrirá esto o aquello: "Aquí es donde colgarás tu abrigo". "Esta persona se llama Daniela". "Luego jugaremos a enseñar una cosa y decir su nombre, pero ahora mira estos libros."

Las variaciones en estos proceso de conexión son innumerables y dependerán del contexto y de las necesidades del niño. Si bien somos bastante intuitivos con los jóvenes, muchos de nosotros perdemos el instinto de orientación cuando se trata de niños mayores. Ya no nos dedicamos a decir quiénes son los demás, no los familiarizamos con su mundo, no les informamos lo que va a ocurrir ni les ayudamos a interpretar lo que significan las cosas. En suma, no actuamos como guías de aquellos que todavía dependen de nosotros.

Los niños se sienten automáticamente inclinados a mantenerse cerca de quien es su "brújula". Si entendiéramos de verdad el potencial de esta función en las vidas de los niños, sabríamos que se trata de un papel demasiado importante para encomendarlo a otros.

Intuitivamente todos comprendemos que orientar es esencial en el proceso de vinculación. Imagina que te encuentras en una ciudad desconocida, perdido y confundido, sin tus pertenencias, incapaz de hablar o entender el idioma y sin recursos y desesperanzado frente a lo que te rodea. Imagina que alguien se te acerca y te ofrece su ayuda en tu propio idioma. Todos tus instintos se sentirán inclinados a mantener una cercanía con tu guía. Cuando éste se dispusiera a marcharse, recurirías a cualquier excusa para mantenerte cerca de él. Si esto es así con los adultos, cuánto más lo es para criaturas inmaduras, completamente dependientes de otros para orientarse.

Parte del problema de perder el contacto con este instinto de orientar estriba en que ya no nos sentimos nada expertos en el mundo en el que viven nuestros hijos. Las cosas han cambiado demasiado para nosotros para que actuemos como sus guías. Pronto los niños saben más que nosotros acerca del mundo de las computadoras e Internet, acerca de sus entretenimientos y de sus juguetes. La orientación a los compañeros ha creado una cultura juvenil que es ajena a muchos de nosotros, como nuestra cultura lo sería para nuevos inmigrantes. Como inmigrantes desorientados en un país extraño, perdemos nuestra liderazgo frente a nuestros niños. El idioma parece diferente, la música es ciertamente distinta, la cultura escolar ha cambiado e incluso el plan de estudios es otro. Cada uno de estos cambios contribuye a la erosión de la confianza, ¡hasta el punto de que sentimos que somos nosotros quienes necesitamos orientación! Nos sentimos cada vez más incapaces de orientar a nuestros hijos en su mundo.

Otra parte del problema consiste en que la orientación a los compañeros ha quitado a nuestros hijos este aire de estar perdidos y confundidos, que tanto estimulaba nuestro instinto de quererlos orientar. Quienes presentan ese aspecto de estar "perdidos", incluso entre los adultos, inspiran a los demás la gana de orientarlos, incluso en gente por completo extraña. (Mi coescritor Gabor, médico, dice que él mismo ha adoptado ese aspecto de desorientación e impotencia hasta convertirlo en un arte fino, en especial en los hospitales.) Si bien los niños orientados hacia sus compañeros saben menos que nadie quiénes son y hacia dónde se dirigen, no tienen esta sensación de estar perdidos o confundidos. El niño inserto en este tipo de cultura no parece ser vulnerable ni necesitado de asistencia para orientarse. Lo único que cuenta para él es la proximidad con sus amigos. Ésta es una de las razones por la cual estos niños a menudo parezcan mucho más seguros de sí y sofisticados, cuando en realidad son ciegos que conducen a otros ciegos. El efecto neto de no llevar esa confusión en sus rostros es que nuestros instintos de guiarlos se entorpecen y nuestra capacidad para conectar con ellos disminuye.

A pesar de que el mundo haya cambiado –o, más correctamente, justo por esta razón– es más importante que nunca despertar nuestra confianza y asumir nuestro papel de brújula en la vida de nuestros hijos. El mundo puede cambiar, pero la danza de la vinculación sigue siendo la misma. Somos bastante buenos en guiar a nuestros bebés y preescolares, quizá porque suponemos que sin nosotros se sentirían perdidos. Constantemente les decimos qué va a ocurrir, dónde estaremos, lo que ellos harán, quién es esta o aquella persona y qué es lo que significa una determinada cosa. Es después de esta fase que parece que perdemos nuestra confianza y este crucial instinto de captación se embota.

No debemos olvidar que los niños requieren ser orientados y que nosotros somos su mejor recurso en este sentido, lo sepan o no. Cuanto más los orientemos en términos de tiempo y espacio, de la gente y de lo que ocurre, de los significados y de las circunstancias, tanto más se inclinarán a estar cerca de nosotros. No tenemos que esperar que tengan esta famosa expresión de confusión, sino que tenemos que asumir nuestra posición en su vida como guías e intérpretes. Incluso un poco de orientación al comienzo del día contribuirá mucho a mantenerlos cerca: "Esto es lo que vamos a hacer hoy...", "aquí voy a estar", "lo que este día tiene de especial es...", "lo que tengo en mente para esta noche es...", "voy a verme con tal o cual", "deja que te muestre cómo funciona", "esta persona es quien se encargará de ti", "a esta persona le has de pedir que te ayude", "faltan sólo tres días para...". Y, desde luego, los hemos de orientar respecto de su identidad y significación: "Tienes una manera especial de ...", "eres una clase de chica que...", "tienes ideas originales", "tienes un verdadero don para...", "tienes lo que se necesita para...", "veo que vas a llegar lejos". Actuar como el punto cardinal de un niño requiere instintos de vinculación y es una terrible responsabilidad.

Con nuestro propio hijo, la orientación reactiva sus instintos de mantenernos cerca. A la hora de relacionarnos con el niño de otra persona, la orientación es un paso esencial para cultivar una conexión. El secreto está en que el adulto –trátese del maestro, del padrastro o de quien sea– aproveche los vacíos en la orientación que el niño está experimentando, ofreciéndose como guía. Si podemos arreglar situaciones que vuelvan al niño o al alumno dependiente de nosotros para orientarse, tanto mejor para apalancar los vínculos.

Cómo recuperar a los jóvenes
orientados hacia sus compañeros

Los cuatro pasos que acabamos de describir de la danza de la vinculación nos ayudan a avivar los instintos de vinculación y llevan a nuestros hijos a una relación que funcione con los adultos que los cuidan. Pero habrá niños demasiado aislados, debido a su orientación hacia sus compañeros, como para que funcione este escenario de vinculación. "¿Qué debo hacer si mi hijo ya se ha 'perdido' en el mundo de los iguales?" –preguntarán algunos padres–. "¿Hay algún modo de recuperarlo?"

Vale la pena repetir aquí el mensaje fundamental con el que concluí el capítulo 1: siempre hay cosas que podemos hacer. Aunque no hay procedimiento que sea a toda prueba en todas las situaciones, podemos confiar en el éxito a largo plazo si entendemos hacia dónde hemos de dirigir nuestros esfuerzos. Se aplicaran los mismos pasos y principios, por más que la resistencia inicial del niño a ser cortejado sea obstinada y desalentadora. Al final, una relación no es algo que podamos determinar, sino sólo invitar y atraer. Podemos facilitar que los niños "perdidos" regresen, y volver sumamente difícil que los rivales se apoderen de ellos. Entonces, ¿cómo podemos lograrlo?

Por muchos sentidos, la orientación a los compañeros es como un culto y los retos de recuperar a los niños son los mismos que si nos enfrentáramos a las seducciones de un culto. El reto real es recuperar sus corazones y sus mentes, y no contentarnos sólo con tener sus cuerpos bajo nuestro techo.

Cuando tratemos de captar a nuestros hijos no hemos de perder de vista que nos necesitan, aunque quizá no lo sepan. Aun los más enajenados y hostiles de los adolescentes necesitan a padres que los atiendan. A pesar de los instintos mal dirigidos y el cierre emocional, este conocimiento se encuentra todavía inserto en sus psiquismos y puede resaltar en una entrevista con un adulto u orientador. "Siempre procurábamos que los amigos de nuestros hijos se sintieran cómodos en nuestra casa –dice Marion, madre de dos adolescentes–. Hasta parecía que quizá se sentían más a gusto que en sus propias casas. Esos chicos se sentaban en torno a la mesa de la cocina y entablaban conversaciones con mi esposo y conmigo que –posteriormente decían a nuestros hijos– nunca habrían tenido con sus padres."

Tenemos que volver a captar a nuestros hijos con cierto aire de confianza y no dejarnos desviar de nuestra misión. Cuanto más desafiantes e "imposibles de aguantar" sean los niños, tanta mayor la necesidad de recuperarlos.

Recuperarlos es importante, no sólo para permitirnos concluir nuestra labor de padres, sino para darles una oportunidad de crecer. Los niños que han dejado el seno de la vinculación con sus padres prematuramente deben ser recobrados para continuar el proceso de maduración. "Independientemente de la edad -escribe el preeminente psiquiatra infantil norte americano, Stanley Greenspan-, los jóvenes pueden trabajar en niveles evolutivos que no han logrado dominar, pero lo pueden hacer sólo en el contexto de una relación cercana y personal con un adulto entregado."[2] Atraer al niño a un fuerte vínculo y hacer que así se mantenga es la base para lo que queremos hacer con y por el niño.

La clave para recuperar al niño es revertir las condiciones que causan la orientación a los iguales. Nos toca crear un vacío de vinculación, separando al niño de sus compañeros y luego ocupar nosotros este vacío. Es importante recordar que los niños orientados a sus compañeros tienen fuertes necesidades de apego, de otra forma no se habrían orientado hacia sus iguales. La falta de proximidad con los iguales probablemente resultará igual de intolerable como lo eran los vacíos de vínculos con los padres en un principio.

A menudo, especialmente si la orientación a los iguales no está demasiado avanzada, una suave reversión se puede lograr imponiendo ciertas restricciones al trato con los amigos, mientras nos dedicamos lo más posible en volver a conectar con el niño . Es importante no revelar nuestros planes, puesto que hacerlo puede tener consecuencias contrarias. La parte más dura para muchos padres es el cambio de enfoque: de *comportamiento* a *relación*. Una vez que la relación se ha deteriorado, el comportamiento puede volverse cada vez más ofensivo y alarmante. Bajo tales circunstancias nos resulta difícil dejar de reprender y criticar, y menos todavía queremos mimarlos. Para cambiar el enfoque, primero tenemos que comprender que es inútil enmendar la conducta equivocada del niño y abocarnos más bien a la tarea de restablecer la relación. A menos que este cambio sea auténtico, no tendremos suficiente paciencia para la tarea que tenemos delante. La mayoría sabemos intuitivamente cómo cortejar;

2. Greenspan, Stanley, *The Growth of the Mind*. Addison-Wesley. Reading, Massachusetts 1996.

lo único que necesitamos saber es que no hay otra forma de llegar adonde queremos ir y esto es mejor hacerlo antes que después.

En el capítulo 17 trataré de las tácticas específicas, como la creación de estructuras y la imposición de restricciones, pero me tomaré un momento aquí para comentar sobre el castigo consistente en prohibir que el hijo salga de casa. Este tipo de castigo sigue siendo una medida disciplinaria extendida cuando los adolescentes han infringido alguna norma. El quid está en la manera como aplicamos dicha medida: como un castigo o como una oportunidad. El prohibir la salida de ordinario reduce el contacto con los compañeros y, por lo mismo, puede servir para crear un vacío de vinculación del que nos podemos aprovechar. Si los padres lo ven también como una ocasión para entrar en contacto con su hijo de una manera amigable y proporcionarle algo que sirva de asidero a éste, el resultado puede ser benéfico. Pero esta medida disciplinaria de por sí tiene sus riesgos. Impedir el trato con los iguales quizá sólo logrará aumentar la intensidad con que el niño buscará a sus compañeros. Este castigo se ha de evitar también si los padres carecen de potencial natural de vinculación. Al igual que muchos enfoques basados en el comportamiento, el castigo de prohibir la salida de casa funciona mejor con aquellos que menos lo necesitan y es menos efectivo con quienes más lo necesitan. Pero bajo cualquier circunstancia, si hemos de proceder a ese tipo de castigo funcionará mejor si los padres lo ven como una oportunidad de reestablecer la relación con su hijo, y esto significa evitar el tono de castigo y la pelea.

A veces se requieren medidas más radicales, en especial cuando los intentos de cautivar al hijo han sido infructuosos y los esfuerzos por poner aun la más mínima distancia entre el joven y sus compañeros han sido en vano. Existe una amplia gama de medidas que podemos emplear, dependiendo de los recursos de la familia y la seriedad de la situación: desde salidas los fines de semana a solas con el hijo, a viajes más grandes con la familia y cualquier otro procedimiento intermedio. Sería conveniente tener una residencia secundaria, si uno puede permitírsela. Tener parientes en algún pueblo, con un corazón abierto y buenos instintos de conexión, puede ser algo que no se compra con dinero. Apartar al joven de sus amigos durante el verano y mantenerlo en un ambiente familiar, aunque no sea el nuestro, puede ser un antídoto frente a la creciente vinculación con los iguales. Varias familias que conozco optaron por mudar de domicilio con tal de crear un vacío de vínculos con los iguales y, afortunadamente, los resultados de esa solución radical tuvieron éxito. Pero crear tal vacío es sólo la mitad de la solución. La otra mitad más importante es volver a cautivar al joven.

El trato uno a uno es lo más efectivo para conectar con un niño. Si hay más de un adulto, el niño puede evitar que el encuentro sea personal. Y estando presentes otros jóvenes, el vacío de vinculación nunca es lo bastante grande como para obligar al niño a que se eche en nuestros brazos.

Es muy difícil conectar con un joven orientado hacia sus compañeros. Es necesario armarse de toda nuestra iniciativa y creatividad. Con mis hijas adolescentes, Tamara y Tasha, el problema se solucionó durante unos viajes que habíamos planeado con el propósito de recuperarlas. Para Tasha, el cebo fue sacarla unos días de la escuela y llevarla de excursión a un lugar que le gustaba. Aun así, le molestó no poder asistir a la escuela, no por preocupaciones académicas, sino porque allí se encontraban sus amigos. Afortunadamente, para entonces ya estábamos en el ferry, sin posibilidad de regreso. Cuando llegamos a la cabaña junto al mar que yo había alquilado, ella dijo que se iba a aburrir porque no había nadie. Esto es lo peculiar de la orientación a los iguales: convierte a los padres en "nadie". "Todo el mundo" es el nombre de aquellos con los que se está vinculado y "nadie" son todos los demás.

Tuve varias veces que acordarme de que no me debía enfadar con ella. Las cosas comenzaron más bien con lentitud, pero como me había reservado varios días de descanso del trabajo, no tuve inconveniente en aguardar hasta que el vacío de vinculación se hiciera lo bastante intolerable para impulsar a Tasha a buscar la cercanía conmigo. Mi tarea era introducirme en su espacio de un modo amistoso, sin excederme. Su expresión hosca estaba al antípoda de aquellos ojos que se iluminaban y de la sonrisa que se le abría en mi presencia antaño. Al comienzo sólo paseábamos e íbamos en canoa juntos. Luego llegaron algunas sonrisas y su voz mostró cierta calidez. Por fin logré que habláramos y que aceptara mis abrazos. Con la reconexión llegó también, cosa interesante, el deseo de cocinar y de comer juntos. Cuando llegó el momento de partir, ninguno de nosotros tenía ganas de regresar a casa. De camino de vuelta, Tasha y yo pensamos en algunas maneras de seguir compartiendo momentos bonitos: un paseo juntos una vez por semana o una taza de chocolate caliente en un café. Me prometí no estropear estos encuentros. Estos momentos especiales eran para conservar el contexto de vinculación. Podría llevar a cabo mis otras tareas de padre y de guía el resto del tiempo.

Tasha me preguntó por qué la había abandonado. Le iba a responder que ella era la que había vuelto las cosas al revés, cuando me di cuenta de repente que ella tenía razón. Es responsabilidad de los padres mantenerse cerca de sus hijos. Mi hija no tenía la culpa del estado en que se encuentra nuestra cultura. Al buscar la proximidad con sus camaradas no hacía sino seguir sus desviados instintos. Aunque tampoco era mi culpa que nuestra cultura nos estuviera fallando, no obstante era mi responsabilidad como padre no soltar a Tasha hasta que ella ya no me necesitase. Había permitido, sin saber ni querer, que se fuera antes de que hubiera concluido mi tarea de padre. Siento escalofríos de sólo recordar que, en aquella ocasión, estaba yo muy preocupado de dejar el trabajo por una semana. En retrospectiva veo que fue una de las mejores decisiones que jamás haya tomado.

Con mi otra hija Tamara fueron unos días de caminar y de acampar solos en un parque natural lo que restituyó nuestra relación. Le propuse lo que le gustaba más: caminar, pescar y la vida al aire libre. Su orientación a sus iguales fue muy clara cuando rechazó mi compañía y ayuda, caminaba delante o detrás de mí y mantenía el trato a un mínimo. Su cara sombría me recordaba que yo era una compañía non grata. Escogí un parque natural que me era familiar para poder guiarla en todo momento. Esta situación tensa duró unos cuantos días y, una vez más, tuve que recordarme que tenía que comportarme con paciencia y mostrarme amistoso. Cuando llegó el último día, mi hija caminaba a mi lado y agradecía que la ayudara. Como en los viejos tiempos, no paraba de hablar hasta volverme sordo. Lo que me tomó por sorpresa fue cuán rápida y profundamente su cálida sonrisa me llegaba al alma. A raíz de su orientación hacia sus compañeros, yo había olvidado por completo la alegría que su compañía me daba.

15

Preservar los nexos
que refuerzan la función de los padres

La relación entre el niño y sus padres es sagrada. Ante los retos de
la cultura de los compañeros, debemos mantener fuertes los vínculos
con nuestros hijos y asegurar que esos nexos duren todo el tiempo
que ellos nos necesiten. ¿Cómo lograr este reto?

Convertir la relación en prioridad

Independientemente del problema o asunto que enfrentemos
como padres, nuestra relación con nuestros hijos debe ser la más alta
prioridad. Los niños no experimentan nuestras intenciones, por más
que nos salgan de lo hondo del corazón. Experimentan lo que mani-
festamos por nuestro tono y conducta. No podemos dar por sentado
que los niños vayan a saber cuáles son nuestras prioridades: tenemos
que vivirlas y manifestarlas. Muchos niños por los cuales los padres
sienten amor incondicional reciben el mensaje de que este amor es
muy condicional. "El reto real es mostrarse pacientes, mantener una
visión a largo plazo –dice Judit, madre de tres niños pequeños–. Al
encontrarse en un aprieto, es difícil no perder de vista que se trata de
relacionarse con otra persona y no solamentamente que esa persona
logre salir de la casa dentro de exactamente diez minutos. El problema estriba en que tenemos nuestras propias agendas y a veces vemos
al niño como un impedimento."

Es en sumo grado difícil manifestar una aceptación incondicional cuando más se necesita. Por ejemplo, cuando nuestros hijos nos han decepcionado, han infringido nuestros valores o nos parecen odiodos. Precisamente en esos momentos cuando es necesario demonstrar, con palabras o actitudes, que el niño es más importante que lo que hace; que la relación importa más que el comportamiento o los logros. Es importante asegurar la relación antes de corregir el comportamiento. Es cuando la situación se hace difícil cuando más debemos mantener un contacto firme con nuestros hijos, para que ellos a su vez se apoyen en nosotros. Si nos dedicamos a educar, a "dar lecciones" cuando estamos enfadados o llenos de rabia, sólo lograremos hacer introducir angustia en la relación. No podemos esperar que un niño se mantenga en una conexión que, a sus ojos, nosotros mismos no valoramos. En tales circunstancias lo mejor que podemos hacer es frenarnos, abstenernos de criticar y no imponer ninguna "consecuencia".

A algunos padres, esa forma de relacionarse no les parece natural. Temen que sus hijos consideren que aprueban su mal comportamiento. Creen que el no criticar inmediata y consistentemente su conducta inapropiada confundirá al niño y comprometerá sus propios valores. Aunque comprensible, este temor está fuera de lugar. El niño raramente se siente confundido: sabe muy bien lo que se espera de él, y si no lo hace es porque o es incapaz de hacerlo o no está dispuesto a hacerlo. En el caso de que se trate de incapacidad, ésta se debe generalmente a un problema de madurez. Mientras que en el caso en que no quiera acceder a lo que se le pide, nos enfrentamos usualmente a un problema de vinculación. Lo que de verdad lo confunde es no saber cuánto vale y cuán importante es a los ojos de sus padres. Esto, precisamente, es lo que requiere esclarecimiento y asentimiento. Cuando a un niño le decimos: "Esto es inaceptable", a menos que el vínculo esté seguro y la conexión sea sana, lo que con probabilidad oirá el niño será: "No me quiere" o "No me acepta porque..." o "Sólo me acepta cuando..." Siempre que un niño escucha un mensaje así, sea que realmente lo hayamos pronunciado o no, la relación se perjudica. La verdadera base sobre la que el niño quiere ser bueno queda minada.

No comprometemos nuestros valores cuando decimos que el niño es más importante que su conducta; más bien los afirmamos en su nivel más profundo. Excavamos hasta el fondo y declaramos lo que es verdadero. Los padres, cuando se ven en la contingencia de tener que aclarar sus valores, se ponen de parte del niño y del vínculo, salvo muy raras excepciones. El problema está en que a menudo damos por sentada la relación. Estamos conscientes de otros valores –los valores morales, por ejemplo–, pero no del más fundamental para todos nosotros: el vínculo. Cuando tratamos con nuestros hijos, son esos otros valores los que comunicamos. Sólo cuando la vinculación se vuelve consciente descubrimos nuestro más hondo compromiso: el niño mismo.

Desempeñarse como padres con el vínculo como prioridad

Si nos dejaramos guiar por la secuencia natural del desarrollo nuestras prioridades quedarían claras. La primera sería el *vínculo*; la segunda, la *maduración*; y la tercera, la *socialización*.

Cuando percibimos algun problema con nuestro hijo, lo primero que debemos buscar es enderezar la relación, que es lo mismo que conservar el contexto de la maduración. Sólo después nos ocuparemos de la regla social; o sea, del comportamiento del niño. No antes de estar seguros de que las dos primeras prioridades quedaron satisfechas, procederemos a la tercera. Aceptar esta disciplina en nuestro trato con nuestros hijos nos mantendrá en armonía con el plan de desarrollo y nos ayudará a vivir en armonía con nuestros compromisos fundamentales. Esto es lo que tiene de especial la paternidad: hacer todo lo posible para nuestros hijos, hace aflorar lo mejor de nosotros.

Ejercer como padres teniendo en mente el vínculo significa no permitir que nada nos separe del niño; al menos no psicológicamente. Este reto es mucho mayor con un niño orientado hacia sus compañeros porque algo se ha entrometido entre los padres y el hijo: los compañeros.

No sólo los niños orientados a sus iguales están menos inclinados a vincularse con nosotros, sino que se sienten impulsados a comportamientos que pueden ser dolorosos y enajenantes. (Para la energía negativa que fomenta tales comportamientos, ver el capítulo 2.) Nuestros sentimientos como padres pueden quedar heridos incluso cuando un bebé no responde a nuestras atenciones. Un niño mayor atrapado en la orientación a sus iguales puede no solamente ser indiferente, sino ser totalmente odioso e insolente. Es muy doloroso ser menospreciado, ignorado e insultado. Es difícil no responder a las miradas de enojo, a la impaciencia en la voz, a la actitud indiferente y a las respuestas insolentes. La arrogancia y deslealtad del niño orientado a sus iguales viola toda sensibilidad de vinculación de parte de los padres. Resalta todo lo negativo. Esa conducta nociva, insultante, saca a las personas de quicio. ¿Y cómo podría ser diferente?

En el capítulo 2 señalé que la orientación a los iguales es asunto de vinculación. Cuando nuestros hijos nos abandonan por sus compañeros, nos sentimos abusados, furiosos y humillados, lo mismo que nos sentiríamos en cualquier otra relación que nos llegara a lo más hondo. Es natural que, una vez heridos, respondamos a la defensiva, retirándonos emocionalmente para evitar ser lastimados aún más. En este momento es cuando la parte defensiva de nuestro cerebro nos urge a salir del territorio vulnerable para establecernos en un lugar donde los insultos ya no hieren y la falta de conexión no nos revuelve el estómago. Los padres también son humanos.

El retirar nuestra energía de vinculación nos defiende contra ulteriores vulnerabilidades, pero el hijo lo percibe como un rechazo. Hemos de recordar que el joven no se propone conscientemente herirnos, sino que sólo sigue sus instintos desviados. Si, en respuesta, nos apartamos emocionalmente, creamos un vacío de vinculación aún más grande, que impulsa al niño todavía con mayor potencia a los brazos de sus compañeros. Para el niño, la reticencia de los padres casi siempre precipita una espiral descendente hacia los vínculos con los iguales y hacia la disfunción. Aunque pueda parecer a los padres que no existe ninguna conexión que rescatar, la relación con mamá, papá y la familia aún importa profundamente, incluso con el niño más cabalmente orientado a sus iguales. Si como padres nos distanciamos, quemaremos el único puente a través del cual el niño todavía puede regresar a nosotros. Se requiere ser un santo para no enfurecerse, pero con nuestros hijos, a veces, la santidad es quizá necesaria. Si esto parece poco natural es porque no lo es. El oficio de padres no se creó para que fuera así; no fue diseñado por la naturaleza para la posibilidad de que los corazones de nuestros hijos se volvieran contra nosotros. Y si dejamos que nos rechacen, no les quedará donde agarrarse. Mantenernos en el juego, evitando distanciarnos, es una de las cosas más importantes que podemos hacer, por el bien de todos.

Nada hiere más que sentirse continuamente rechazado. Es necesario retirarse pacientente y quedarnos fieles a nuestra fuente de amor esperando que lleguen tiempos mejores. Incluso si la situación nos deja frustrados y desesperanzados, no podemos abandonar el campo. Mientras nos mantengamos disponibles, hay buena oportunidad de que el hijo descarriado regrese.

Puede pasar que, en un acto de desesperación, los padres lancen un ultimátum al hijo. De ordinario es alguna versión de "si no cambias, te vas de la casa". Sea que se use formalmente como una técnica de "amor duro" o simplemente como respuesta visceral para que el hijo se mantenga dentro de la raya, esta actitud rara vez funciona. Esos tipos de ultimátum suponen que hay suficiente vinculación para negociar. Si la vinculación no es lo bastante fuerte, no habrá impulso en el niño para mantenerse cerca de los padres. El ultimátum hace que los jóvenes perciban agudamente que sus padres les quieren sólo de forma condicional. Inducen al joven orientado a sus compañeros a apartarse aún más de sus padres y conducen sólo a un mayor hundimiento en el mundo de los iguales.

A veces, el ultimátum no es realmente un ultimátum, sino un modo de abandonar toda responsabilidad o decir "¡basta!". Los padres ya están hartos y no confían en que las cosas mejoren o no creen tener la energía para lograrlo. Si tal es el caso, es mejor encontrar un modo de separarse que no exacerbe el problema o que vuelva más difícil reparar la relación en el futuro. Un rechazo de esta magnitud es difícil de superar para cualquier joven. Si mantener el contacto con su hijo ya no es una opción para los padres, yo suelo sugerir que consideren enviar al hijo a algún internado, que recurran a parientes o que busquen una familia con la que tengan alguna cercanía y que les eche una mano. Cuanto menos abierto sea el rechazo, más posible será una eventual recuperación. Si la conexión no se ha roto y la separación física proporciona a los padres algún alivio, quizá encuentren de nuevo la fuerza y la iniciativa para tratar de ganarse al hijo.

Aunque de una forma menos drástica, pero que es igualmente importante reconocer, todos los padres suelen salirse de la relación de vez en cuando sin siquiera darse cuenta. Convertir una relación en una prioridad supone reconocer a veces los errores que se han cometido, en especial cuando la conexión emocional se ha vuelto tensa o se ha roto. Son raros los padres que nunca se equivocan. La ecuanimidad perfecta está más allá de nuestro alcance. Por más perspicacia que tengamos o por rectas que sean nuestras prioridades, estamos expuestos a que nuestros hijos nos lleven a tener reacciones incontroladas (bueno, todos menos los padres que realmente son unos santos). Las separaciones temporales en una relación son inevitables y generalmente no son dolorosas, a menos que sean frecuentes y serias. Pero sí infligimos un daño real cada vez que descuidamos la recuperación de nuestro hijo, dándole la impresión de que la relación no nos importa, y que le toca a él restablecer la conexión.

Una forma de saber hasta qué punto algo es importante para alguien son los obstáculos que uno está dispuesto a superar con tal de obtenerlo. Es así como nuestros hijos saben qué precio ponemos en nuestra relación con ellos. Cuando hacemos el esfuerzo por encontrar un modo de regresar al lado de nuestros hijos, superando nuestros sentimientos y comprendiendo los suyos, entregamos un poderoso mensaje, a saber, que la relación es nuestra más elevada prioridad. Cuando las reacciones son intensas y los sentimientos se desgarran, es tiempo de expresar nuestras más profundas prioridades y de afirmar nuestro compromiso con ellos. "Yo sigo siendo tu madre y siempre lo voy a ser. Sé que es difícil recordar que te amo cuando estoy furiosa contigo, pero siempre consigo recapacitar. Estoy feliz de que nuestra relación sea fuerte, sobre todo ahora." Las palabras exactas no tienen importancia, sino que es el tono de la voz y la dulzura en la mirada, así como la suavidad del tacto lo que habla.

Ayuda a tu hijo a mantenerse cerca de ti

En el capítulo 2 dije que existen seis modos de vinculación, "cada uno de los cuales proporciona una pista sobre el comportamiento de nuestros hijos y, a menudo, también del nuestro". Lo que hace que un niño se sienta desconectado de nosotros depende de qué dinámica de vinculación suele predominar en su vida emocional.

Los niños que se vinculan primordialmente a través de los sentidos quedan con una sensación de separación cuando carecen contactos físicos. Los niños que se vinculan mediante la lealtad se sentirán fuera de lugar si les parece que sus padres están en su contra. Mi coautor, Gabor, recuerda que su hijo, que es en alto grado inteligente y sensible, cuando tenía nueve años se sintió tan persistentemente importunado por su madre y por su padre que acabó imaginando que asistían a clases nocturnas para aprender a hacerle la vida insoportable. Pocos niños podrían expresar sus sentimientos tan dramáticamente, pero muchos de ellos sienten que sus padres no están de su lado.

Algunos niños necesitan más que otros percibir que son importantes para sus padres. Si sienten que no lo son, se sentirán cortados de sus padres –como ocurre, por ejemplo, cuando están convencidos que sus padres dan a su trabajo u otras actividades una prioridad sobre ellos–. Cuando la falta de calor y afecto tocan el corazón del niño, harán que éste se sienta abandonado. Si el ser reconocido y entendido es lo que crea el sentido de intimidad, experimentar lo contrario creará un malestar y una separación, lo mismo que la percepción (aunque sea inconsciente) de que los padres abrigan algún secreto importante. Por eso, los padres nunca deben mentir a sus hijos. Los embustes, por inocentes que parezcan, no pueden proteger al niño del dolor. Hay algo en nosotros que sabe cuándo se nos engaña, por más que esa certitud nunca alcance el nivel consciente. El quedar excluido de un secreto ocasiona una sensación de haber quedado cortado y genera la angustia de la exclusión.

Resumiendo: cualquiera que sea la forma principal de vinculación, nuestra meta primordial debe ser ayudar a nuestros hijos a mantenerse lo bastante conectados con nosotros como para que no tengan necesidad de sustituirnos.

Mantenerse conectados aunque estemos separados físicamente

El mayor reto se desempeña con aquellos niños que primordialmente dependen de los sentidos para notar la cercanía. Así ocurre con los niños muy pequeños, pero a menudo los niños mayores, si están orientados a sus iguales, son incapaces de mantener en primer término sus sentimientos de cercanía con sus padres cuando físicamente están lejos de ellos. Es posible reconocer a esos niños por su indiferencia y desprendimiento después de periodos de separación física, aunque sea relativamente breve, como las horas que dura una jornada escolar. Haríamos bien en copiar las mañas que usan los amantes y que les sirven de puente para unir la separación física. En realidad, pensar de esta manera dará origen a una multitud de ideas.

En el caso de los amantes, el deseo de mantenerse cerca es mutuo, por lo que ambos lo intentarán de la misma manera. En el caso de los niños, es a los padres a quienes corresponde pensar qué es lo que el niño necesita. El reto es el mismo, independientemente de la causa de la separación: padres que trabajan, el niño que va a la escuela, padres que no viven juntos, una hospitalización, salir de campamento o dormir fuera de la casa.

Las técnicas sencillas que pueden utilizar los padres para ayudar a sus hijos a superar separaciones inevitables son: dar a sus hijos fotos de ellos, entregarles joyas o medallas para que las lleven puestas, enviarles postales, darles un objeto suyo para que lo tengan, llamadas telefónicas a horas señaladas, grabaciones de su voz o canciones ejecutadas por los papás o mensajes de éstos, darles algo que conserve el olor de los padres, entregarles regalos que abrirán en un día determinado. La lista no tiene límites. Todo el mundo sabe cómo hacerlo. Es cuestión de reconocer que cubrir la separación física es importante, lo mismo que aceptar la responsabilidad. Es especialmente importante hacerlo así con aquellos niños que no nos dan pistas indicando que es esto lo que necesitan. Desde luego, aquí estamos hablando de preadolescentes; ¡con adolescentes es obvio que esto no funcionaría!

Otra forma de mantenerse conectado es que el hijo sepa dónde anda uno cuando no está con él, o sea, familiarizarlo con la jornada de trabajo de los padres. Si uno tiene que salir de viaje, puede colgar un mapa para que siga los lugares donde anda su padre o su madre durante el viaje. Como ocurre con los amantes, la ausencia física se soporta con mucha mayor facilidad cuando el otro puede ubicar a su pareja en el tiempo y en el espacio. No dar un sentido de continuidad es correr el riesgo de ser sustituido.

Es posible contar con la ayuda de otros para mantenernos presentes en la mente de nuestro hijo cuando estemos ausentes. Podemos pedir a nuestros amigos, parientes u otros adultos que participan en la vida de nuestro hijo, como es el caso de sus maestros, que hablen con él acerca de nosotros de una manera positiva, que contribuyan a que él imagine qué estamos haciendo en ese momento y que le muestren fotos que le traigan buenos recuerdos. Aunque en un principio ese contacto vicario puede resultar perturbador para el niño, sirve al propósito de mantener la conexión. En el caso de niños que corren riesgo de sustituirnos con compañeros, otros adultos pueden desempeñar un papel significativo en mantener intacta la relación hijo-padres. Esto es especialmente cierto con niños cuyos padres no viven juntos. Hemos de actuar en el interés del niño y hemos de hacer todo lo que esté en nuestro poder para contribuir a que los niños mantengan cerca al otro progenitor cuando la pareja está separada. Aun más en el caso de divorcio. Por desgracia, la conciencia de la vinculación, a menudo no es lo bastante fuerte para superar los conflictos personales que existen entre los padres.

Intimidad, la conexión más profunda

Para lograr que nuestros hijos se sientan cerca de nosotros es necesario cultivar una profunda intimidad con la que no puedan competir sus compañeros. Por cerca que los amigos puedan estar es raro que los muchachos compartan sus corazones con ellos. Los sentimientos más profundos suelen quedar protegidos, pues ese territorio es de ordinario demasiado vulnerable para asumir el riesgo de exponerse a la vergüenza o al ridículo. Una madre recuerda lo que ocurrió cuando murió el caballo de su hija adolescente en un accidente. "Quedé sorprendida –contaba la madre- de que las mejores amigas de Jenna no supieran absolutamente nada de su aflicción. Cuando le pregunté por qué no les había contado nada, me contestó con la mayor naturalidad que esas cosas no se comparten con los amigos." Extraño concepto de la amistad, pero muy típico en el mundo de los vínculos entre iguales.

Los secretos que los niños comparten entre sí suelen ser secretos acerca de otros o información sobre ellos mismos que no revela gran cosa. Los asuntos verdaderamente vulnerables suelen no ser expresados. Esto es una suerte para los padres, pues la sensación de cercanía que puede provenir de ser reconocido y entendido a fondo es quizá la más profunda intimidad de todas, creando un nexo que trasciende la más difícil de las separaciones físicas. Jamás se exagerará el potencial de tal conexión padres-hijo.

El primer paso para crear este tipo de cercanía es lograr que el niño empiece a contar de sí. Si bien muchos niños requieren que se les inste a que se abran, rara vez funciona preguntarles qué piensan o sienten. A veces el quid consiste en dar con la ocasión oportuna, como puede ser salir con él, compartir tareas, sacar a pasear al perro. Con mi madre, era cuando lavábamos los platos o recogíamos moras que yo le contaba mis pensamientos y sentimientos, lo cual no le habría contado en otro momento. La cercanía que sentía en esos instantes era muy especial y contribuía a crear una conexión duradera.

La hija adolescente de mi coautor acostumbra ir al estudio de su padre bien entrada la noche, cuando él espera tener cierta privacidad. En esos momentos, sin embargo, le cuenta cosas que a duras penas le habría dicho en otras horas del día. Él ha aprendido a acoger y apreciar esas "intromisiones" y aparta su atención de la lectura o de su e-mail para concentrarse en su hija. Tenemos que aprovechar cualquier oportunidad.

Los sentimientos de muchos niños se mantienen cerrados por las razones de defensa que expliqué en el capítulo 8. Lograr que revelen alguna cosa que sea remotamente vulnerable es toda una hazaña. Es necesario facilitar lo más posible que esto pase, sin perder de vista que nuestro objetivo primario no es corregirlos o enseñarles una lección, sino conectarnos con ellos. Crear tiempos especiales de estar cara a cara y procurar no ser demasiado directos es un buen comienzo. Hasta cierto punto es asunto de prueba y error, pero iniciativa e ingeniosidad suelen dar resultados. Cuanto más difícil de formar resulte esa conexión, tanto más importante para nosotros será que la llevemos a cabo. Cuanto más conozcamos y entendamos a nuestros hijos, tanto menos riesgo correremos de ser sustituidos. Este tipo de vínculo es nuestra mejor opción para inmunizar a nuestros hijos contra la orientación a sus compañeros.

Cultivar el sentido de intimidad psicológica es una buena medida preventiva. Una vez que un niño está intensamente orientado a sus iguales, es probable que hayamos perdido la oportunidad de desarrollar esa conexión. En tales casos, lo primero que necesitamos es volver a captar al niño ateniéndonos a las formas que expliqué en el capítulo 14. En el caso de jóvenes orientados a sus iguales es evidente que no van a hablar con sus padres de cosas que realmente importen. Una joven que habló a un programa de radio en que yo estaba tratando este tema, expresó con devastadora claridad las dificultades a las que se enfrentan los padres de jóvenes orientados a sus compañeros. En un tono que rezumaba la confianza de quien sabe de qué habla, aquella chica de quince años llamó para ponerme en el camino correcto: "Usted está muy despistado. Cuando una es adolescente, los amigos se convierten en la familia. ¿Para qué ha de querer hablar con sus padres un o una adolescente? No es así. ¡Vamos, ni siquiera es normal!". Dada la orientación a los iguales de aquella muchacha, no podía ver las cosas de otra manera. Es una enfermedad insidiosa: esos jóvenes no se dan ni siquiera cuenta de que algo anda mal. De nada en absoluto sirve decirle a un joven orientado a sus iguales que sus instintos lo están descarriando y que unas intensas relaciones con sus compañeros no son buenas para él. En esta aberración no hay nada racional y ni todas las razones del mundo pueden enderezar instintos que estén desviados. No hay otra forma más que recuperar a nuestros hijos uno a uno.

Cultivar conexiones polifacéticas y profundamente arraigadas es la mejor prevención contra la orientación a los iguales. (Diré muchas cosas más en el capítulo 17 sobre cómo impedir la orientación a los iguales.) Un niño que se sabe reconocido y entendido, probablemente no se sentirá satisfecho con la magra comida que le ofrece la orientación a los compañeros. De este modo proporcionaremos a nuestros hijos un modelo de vínculos futuros que sean tan satisfactorios como los que tienen con sus padres. Sin ese modelo, sus futuras relaciones serán pobres, basadas primordialmente en tratos unidimensionales.

Crear estructuras e imponer restricciones

Por necesario que consideremos imponer un orden en el comportamiento de nuestros hijos, es mucho más importante imponer orden en los vínculos que mantienen. Tenemos aquí dos metas: establecer estructuras que fomenten la conexión y restricciones que debiliten la competencia. Y, créanme, si viéramos la situación con claridad, nos percataríamos de que en nuestra cultura se trata de una lucha en que hay que dejar fuera de combate al enemigo, quitándolo de en medio, sin dejarle asidero ni concederle cuartel. El ganador se lo lleva todo y el perdedor se queda con nada. Un combate sin sobrevivientes, ¡todo por conquistar las mentes y corazones de nuestros hijos!

Desde luego que existen límites en lo que está a nuestro alcance: no podemos hacer que nuestros hijos quieran estar con nosotros, se orienten a nosotros o nos amen. No podemos hacer que sean buenos con nosotros ni podemos decidir quiénes son sus amigos. En el caso de jóvenes conectados con adultos, no tenemos que hacer ninguna de estas cosas: sus vínculos con nosotros realizarán el trabajo a favor nuestro. De igual manera, existen limitaciones respecto de lo que debemos hacer: no podemos imponernos, ni usar la fuerza para mantenerlos cerca. Hacer que los hijos estén con nosotros no es moldear su conducta, sino avivar sus instintos de vinculación y mantener la jerarquía natural. No basta, y ni siquiera es posible, mantenernos cerca de ellos cuando sus instintos los alejan. Hemos de esforzarnos por conservar y restablecer la relación de manera que estar con nosotros y depender de nosotros les resulte por completo natural. A tal propósito es necesario establecer estructuras y restricciones. No podemos entregar los vínculos de nuestros hijos al azar, tal como no podemos dejar al azar nuestra salud y nuestras finanzas.

Las estructuras y las restricciones salvaguardan lo sagrado. Parte del papel de la cultura es proteger los valores que nos son preciosos, pero que, en nuestras vidas cotidianas, no experimentamos como urgentes. Nos damos cuenta, por ejemplo, de que el ejercicio y un cierto tiempo de soledad son importantes para nuestro bienestar físico y emocional, pero rara vez nuestra sensación de urgencia es lo bastante poderosa para inducirnos a tomar en cuenta esas urgencias de un modo consistente. Las culturas donde el ejercicio y la meditación son prácticas bien establecidas, protegen a sus miembros frente a la falta de motivación. A medida que nuestra cultura se desgasta, las estructuras y rituales que protegen la vida de la familia y lo sagrado de la relación padres-hijo –vitalmente importantes, pero no urgentes en nuestra conciencia– también se van desgastando gradualmente.

Si la cultura de Provenza sucumbiera a las presiones económicas y a la cultura actual, los rituales que preservan los vínculos del niño probablemente desaparecerían: la comida con toda la familia, los saludos colectivos en la puerta de la escuela, el festival del pueblo y el paseo con la familia los domingos. Por eso, los padres actuales requieren tomar las cosas en sus manos para crear una mini-cultura propia que les funcione. Requerimos algunos ritos de vinculación para salvaguardar lo sagrado, algo que nos sirva a largo plazo, sin que tengamos que ser conscientes de ello en el corto término. No podemos darnos el lujo de que las cosas se nos escapen de las manos, porque si se rompen ya no podrán volver a pegarse.

Es conveniente que usemos el potencial de vinculación que tenemos hoy para establecer estructuras que necesitaremos mañana. Por ejemplo, estructuras que restrinjan las situaciones que podrían apartar a nuestros hijos de nosotros y que, por otra parte, nos ayuden eventualmente a recuperarlos en el futúro. Estas reglas y restricciones se aplicaran a la televisión, a la computadora, al teléfono, al Internet, a los juegos electrónicos y a las actividades paraescolares. Las restricciones más obvias que se implantaran son aquellas que gobiernan el trato con los compañeros, en especial el trato libre que no está sometido al control de los adultos. A menos que los padres impongan ciertas restricciones, las demandas para ir a jugar, para reunirse, para quedarse a dormir a casa de otro y para la mensajería instantánea pronto se salen de cauce. No se requiere mucho tiempo para que el contacto con los compañeros gane precedencia sobre el deseo de la cercanía con los padres. Sin reglas y restricciones que nos den la ventaja, se vuelve cada vez más difícil competir. Adviértase, de nuevo, que estamos hablando de prevención. Las estructuras y limitaciones no se pueden imponer por la fuerza, en un joven orientado a sus compañeros, sin causar todavía más daño. En este caso se requiere otro proceder.

Los padres sensatos no impondrán demasiadas restricciones a sus hijos. "Cuando Lance tenía once años, pasó de ser un niño sin amigos a, de repente, tener muchos –recuerda la madre de un adolescente–. Ni a su padre ni a mí nos gustaban dos nuevos amigos que había hecho. No parecía que tuvieran vinculación alguna con sus padres ni tenían un fundamento en la familia. Cuando llegaban nos sentíamos intranquilos. Era una sensación visceral, pero el caso es que nos ponían los nervios de punta.

"De golpe, Lance comenzó a escuchar unos CDs. Era una música que no nos gustaba nada y eso que yo soy una fan del rock. Era una música llena de palabras vulgares y de violencia. Eran CDs a los que hasta el momento yo no les había prestado la menor atención, pero cuando los escuchaba mi hijo a sus once años... Uno de esos chicos, un tal Josh, era como si el Flautista de Hamelín hubiera arrastrado a mi hijo tras sí. Lance había cambiado. Era todo secreteos y siempre quería estar en contacto con esos muchachos.

"Decidimos romper esa relación, pero fracasamos estruendosamente. Sentamos a Lance para hablar con él: 'Tu papá y yo no queremos volver a ver a ese tal Josh', le dije. Al principio se puso a llorar. Comprendimos que lo habíamos obligado a tomar una decisión: o era al Josh ese o éramos nosotros, y él había escogido a Josh. Lance lloraba porque me iba a echar de menos.

"No nos volvió a hablar. Durante tres meses y medio, no nos dijo nada. Continuaba con Josh, en el colegio, después del colegio y en los fines de semana. Al final tuvimos que ceder." Lo que los padres de Lance comprendieron fue que no podían enfrentarse de pecho al problema. Carecían del potencial de vinculación y por eso los intentos de limitar el contacto de su hijo con sus amigos estaban condenados al fracaso. Tuvieron que regresar a lo básico y reconquistar a su hijo, seducirlo para que volviera a entrar en relación con ellos.

Las salidas familiares y las fiestas deben protegerse. Si queremos utilizar esos momentos para volver a captar a nuestros hijos y preservar el vínculo, no podemos darnos el lujo de llevar con nosotros los amigos de nuestros hijos. Ni podemos permitirnos el tipo de fiestas que dividen a la familia, como se está poniendo de moda ahora. El que hasta la fiesta familiar haya sucumbido a la idea de que los niños han de ir con los niños y los adultos con los adultos es un indicio de lo aficionados a nuestros iguales que nos hemos vuelto. Parece que las vacaciones se han vuelto una manera para que los padres se alejen de los hijos. Cuantos más días nos tomemos apartados de nuestros hijos, menos vinculados con ellos estaremos. ¡La ironía es que de esta forma ellos se ponen más indispuestos todavía y nosotros necesitamos más días lejos de ellos para reponernos!

Cada vez se vuele más difícil imponer restricciones a los adolescentes, en especial en el caso de aquellos jóvenes en sumo grado orientados a sus iguales. Exigen la libertad de llevar a cabo sus relaciones con sus compañeros y maldito sea quien se interponga. Con sus intereses extraviados, sienten que pertenecen uno a otro y que sus padres estorban. Según ellos, los padres y maestros que no entienden esto están completamente desconectados y no entienden nada.

Por eso es tan importante establecer estructuras cuando aún tenemos el poder de hacerlo. Si dejamos que las cosas sigan su curso, nuestras familias gradualmente se irán separando y cada uno perseguirá sus intereses individuales, exigencias sociales y presiones económicas y finalmente, ganarán los distorsionados instintos de nuestros hijos. Las estructuras que facilitan la relación padres-hijo son la clave: las fiestas familiares, las celebraciones de la familia, los juegos en familia y las actividades familiares. A menos que se aparten un tiempo y espacio y se creen rituales, prevalecerán inevitablemente las presiones que son más urgentes. En el caso de familias con un solo progenitor, esta tarea es tanto más crucial porque las presiones son más intensas. Las tradiciones culturales que aún existen en el matrimonio, aunque debilitadas, a menudo se descarrían a consecuencia de la destrucción de la familia.

Desde mi estancia en la Provenza vengo considerando la cena familiar como uno de los rituales de vinculación más significantes de todos. Vinculación y comida van de la mano; la una facilita la otra. Me parece que la hora de comer debe ser un momento de dependencia: donde se conserve la jerarquía de la vinculación, donde los suministradores cuiden de los suministrados, donde aún cuente la experiencia, donde haya placer en criar y ser criado y donde la comida sea el camino al corazón. Los estudios de otros mamíferos muestran que incluso la digestión parece funcionar mejor en el contexto de la vinculación. Las vinculaciones trastornadas probablemente explican la alta incidencia de dolores abdominales en niños en el colegio y sus problemas a la hora de la comida o del almuerzo. Se explican por la resistencia de muchos jóvenes orientados a sus iguales a ser alimentados por sus padres y a tener que sentarse a la mesa para tomar parte en la comida familiar.

Si bien el mero hecho de comer juntos podría facilitar unas conexiones primitivas, lo que más probablemente genere auténticos vínculos es el tipo de interacción que ocurre durante las comidas. La comida en familia puede ser un poderoso ritual de conexión. ¿Qué otra actividad puede proporcionar tal oportunidad de ver cara a cara a nuestros hijos, proporcionarles algo de donde se prendan e invitarlos a depender de nosotros? ¿Qué otra actividad nos proporciona la oportunidad de captar su mirada, hacer aflorar sonrisas y conseguir su aprobación? No es sorprendente que la comida haya sido el meollo de los rituales humanos de cortejo desde siempre. También explica por qué la comida en familia es la piedra angular de la cultura provenzal: las mesas son puestas con esmero, los platos se sirven uno por vez, se observan las tradiciones, a las comidas se les asigna su tiempo y no se permiten interrupciones. Durante la comida del mediodía y la cena por la noche, los negocios se detienen y las tiendas cierran sus puertas. Los restaurantes de comida rápida son raros, lo mismo que los hábitos de comer a solas o de pie. A la Provenza se la ha llamado la "cultura de la comida". Pero me parece que el consumo del alimento es sólo el aspecto más visible; hay un propósito más fundamental, que es la vinculación. La comida familiar fue, sin duda, una pieza central de nuestra propia vida familiar mientras estuvimos viviendo en Provenza y fue lo que más echaron de menos nuestros hijos cuando nos fuimos.

En el Nuevo Mundo tenemos un serio problema. La comida familiar se ha convertido en un acontecimiento en vías de extinción. La comida, lo más probable es que sea una mera actividad funcional, cuyo propósito es cargar combustible. Todos tienen que ir a diferentes lugares, trabajar, practicar deportes, sentarse en la computadora, irse de compras, ver películas y programas de televisión. Comer es algo que se hace como preparación para lo que sigue. Rara vez estas actividades nos permiten recobrar a nuestros hijos. Precisamente ahora, cuando más necesitamos esa comida familiar, acostumbramos comer a solas y dejamos que los hijos hagan lo mismo. Desde luego, las comidas a veces son tensas y terminan en peleas o son el escenario para discusiones sobre modales o sobre quién lavará los platos, lo que no contribuye a la función de unificar. Los padres necesitan las comidas para introducirse en el espacio de sus hijos de una manera discreta y amistosa.

Las estructuras personales también son importantes para captar a nuestros hijos y conservar los vínculos. Hemos de crear un tiempo y lugar para actividades comunes, cuyo propósito real sea la conexión. Construir relaciones y mantener los vínculos resulta más efectivo cuando es uno a uno que en grupo. Hay un número ilimitado de actividades que pueden proporcionar el pretexto: trabajar en algún proyecto, salir de paseo, jugar, cocinar juntos, leer. Los rituales de la hora de dormir, como contar cuentos y cantar, son actividades bienvenidas tratándose de niños pequeños. Nuevamente, los padres son más que capaces para idear cosas así. Lo que falta es la convicción de que los vínculos con nuestros hijos deben ser conservados, si no queremos perder dichos hijos a favor de la competencia. Incluso cualquier actividad, aunque sólo sea practicada una vez a la semana, puede contribuir a la meta de la vinculación.

Limitar el contacto con los compañeros

Si bien restricciones y estructuras funcionan mejor cuando se aplican preventivamente, también sirven para atemperar la obsesión por los compañeros. Siempre es mejor ser lo más indirectos que quepa. Decirle a un muchacho: "¡Estás obsesionado con tus amigos!", sólo suele indicar lo raro que somos y lo poco que entendemos. Necesitamos crear eventos y estructuras que realicen el trabajo sin revelar nuestro propósito real. Si la hora de la comida es cuando se encuentran con sus amigos, seria entonces que los padres y otros educadores podrán buscar alternativas a la situación. Si después de clase es el momento privilegiado para verse con los amigos, entonces tendremos que buscar para ese momento actividades que puedan competir. Si el problema es que nuestro hijo se vaya a dormir a casa de sus amigos, lo conveniente es imponer restricciones a la frecuencia con que lo haga. Nuestra política que nuestra hija Bria pudiera dormir fuera de casa sólo una vez al mes se topó a veces con considerables protestas. Un día, frustrada, estalló diciendo que no era justo que nos entrometiéramos en los contactos con sus amistades. No podría haberlo expresado más sucintamente ni haber aumentado más nuestra inquietud. Si las técnicas de vinculación que hay en la casa –teléfonos celulares, Internet, mensajería instantánea– sirven para que nuestros hijos se lleven con la competencia, entonces es preciso encontrar algún modo de reducir el acceso a esas tecnologías o crear estructuras que compitan. Una vez que un joven está de verdad orientado a sus iguales, los instintos de buscar la proximidad con ellos llegan a ser tan poderosos que las reglas ya no son suficientes para controlar su comportamiento. En estos casos, todo el conjunto tecnológico que sirve para los vínculos con los amigos requiere ser sacrificado. Así como el alcohol sería prohibido en un hogar en el que uno de los miembros de la familia tuviera un problema de alcoholismo, así se desconectaría el televisor si los límites que los padres han impuesto no fuesen respetados.

A veces, los padres pueden competir exitosamente con los compañeros de su hijo adelantándose a ellos. Los jóvenes orientados a sus iguales no suelen planear. Lo único que quieren es estar juntos y si muestran mucha iniciativa dan la impresión de ser demasiado dependientes, lo cual puede provocar el rechazo. Aprenden a expresarse mediante indirectas: "¿Oye, qué quieres hacer?", "No sé qué podemos hacer", "No sé", "Bueno podríamos salir por ahí o hacer algo", "Me da igual; lo que sea", y así una y otra vez. Los chicos orientados hacia sus compañeros van en cierto modo a la deriva, sin jamás exponerse. La vinculación proporciona el impulso para juntarse, pero el miedo a la vulnerabilidad les impide ser demasiado abiertos al respecto. La parte positiva de esta situación es que proporciona a los padres la oportunidad de adelantarse a los compañeros. Planear algo para cada día o a veces sólo con ciertas horas de antelación al tiempo previsible en que el niño se verá con sus amigos –una comida especial, ir de compras, una excursión con la familia, una actividad que le guste– puede impedir que el niño sea absorbido por el vórtice del trato con sus camaradas. Ser creativos para descabezar el tiempo de estancia con los amigos es mucho mejor que reaccionar a los síntomas de orientación a los iguales.

Con frecuencia, si logramos frenar suficientemente el trato con los compañeros ocurrirá un proceso automático de selección. Los más intensamente orientados a sus iguales de entre los amigos de nuestros hijos pasarán a adherirse a otros que también desean conectarse primordialmente con otros chicos. Y, debido a que todos deseamos vincularnos con gente que comparta nuestros intereses y valores, aquellos chicos que estén bien conectados con sus padres probablemente encontraran amigos cuyas familias son también más importantes para ellos. Esto es exactamente lo que ocurrió con Bria durante los grados sexto y séptimo. Sus amigas más orientadas a sus iguales se fueron a buscar a otras de idéntica orientación y las amigas con las que Bria se quedó tenían familias con las que estaban muy vinculadas y con las que deseaban estar estrechamente unidas. Los amigos que no compiten con la familia son exactamente los que queremos, para nuestros hijos y para nosotros mismos.

Desde luego, el proceso de llegar hasta ahí puede ocasionarles a nuestros hijos momentos de angustia, si ya están orientados a sus iguales. Es arduo hacer cosas que disgustan a nuestros hijos, incluso cuando sabemos que es lo mejor para ellos a la larga. Al imponerles restricciones cuando están obstinados en seguir a sus compañeros, los colocamos en un terrible predicamento. Su capacidad para estar cerca unos de otros depende de aprovechar toda oportunidad de contacto y conexión. Perderse una comunicación de mensajería instantánea (SMS) con un compañero, perderse un rato de *chat* por Internet, el no hablar por teléfono, juntarse, dormir fuera de casa o asistir a una fiesta es poner en peligro la relación. Esta obsesiva inseguridad suele estar bien fundada. Los más intensamente orientados a sus iguales no tolerarán a aquellos que no hacen como ellos o cuyos padres se entrometen. Por cruel que pueda parecer, resulta a menudo en provecho del hijo el que los padres intervengan. Nadie desea ver que nuestros hijos se quedan tristes, pero es el menor de dos males, desde luego, cuando las relaciones con los iguales amenazan la cercanía con los padres. No hay forma de ahorrar disgustos a un chico orientado a sus compañeros. La única opción es que esa aflicción ocurra ahora o más adelante. La pesadumbre que creamos en el corto plazo impide problemas mucho más graves en el futuro.

Debido a la angustia que nuestras restricciones crearán en nuestros hijos, tenemos que prepararnos para una jornada turbulenta. Cuando imponemos restricciones a nuestros hijos, estos se sienten muy frustrados. Si quedara alguna incertidumbre por parte nuestra sobre lo empeñado que estaba nuestro hijo, su brusca y estentórea reacción de profunda contrariedad pondrá fin a todas esas dudas. En su labor profesional de médico, mi coautor, Gabor, suele presenciar similares manifestaciones de desesperación y de rabia desbocada cuando se niega a prescribir algún narcótico que la persona adicta demanda. Lo más sensato es no tomar personalmente tales ataques. No hay que perder de vista que para un joven orientado a sus iguales, su afán en la vida es la proximidad con sus amigos. Entrometerse en esa búsqueda es producir una tremenda frustración en los vínculos, por lo que conviene que los padres estén preparados para toparse con hostilidad y agresividad. Además, no hay que perder de vista que los niños orientados a sus iguales quedan atorados en sus planes y no hay modo de sacarlos de ahí. Como no advierten la futilidad de determinado proceder, se vuelven persistentes hasta la impertinencia. Es un error considerar que demuestran una voluntad fuerte o cierta tenacidad; son simplemente atascados y desesperados. Los jóvenes más intensamente orientados a los iguales no imaginan la vida sin los vínculos con sus compañeros. Asimismo, tenemos que estar preparados para soportar y contener las reacciones que nuestras reglas y restricciones provocarán. Nuestra tarea es persistir en nuestro propósito, o sea, no permitir que se disparen o nos abrumen reacciones fuera de control por parte nuestra. Nos ayudará a mantener el contacto con nuestros hijos en estas situaciones, hasta que la borrasca haya pasado.

Al imponer restricciones, debemos combinar un sentido optimista de lo que necesitan nuestros hijos con una perspectiva realista de lo que es posible, es decir, de cuánto poder de vinculación realmente poseemos. Cuanto más indirectos seamos en imponer restricciones y más proactivos nos mostremos en organizar estructuras que faciliten nuestro trabajo, con tanta mayor probabilidad evitaremos colisiones frontales. El tratar de imponer reglas cuando carecemos del poder de vinculación, sólo prepara el escenario para que quede al descubierto nuestra impotencia, e impotencia no es algo que estemos dispuestos a mostrar. Una vez revelada nuestra falta de poder, aun nuestras más temibles amenazas quedarán desenmascaradas como las bravatas que en realidad son, y el uso de la fuerza perjudicará aún más la relación. Sin el poder de vinculación no disponemos de potencial alguno.

Tampoco hay que olvidar, al imponer limitaciones al trato con los iguales, que éstas son sólo la mitad de la solución. Con los jóvenes orientados a sus iguales, el reto no es sólo separarlos de sus compañeros, sino revertir el proceso que, por principio de cuentas, los apartó de nosotros. Hemos de sustituir a sus compañeros por nosotros, sus padres. Si creamos un vacío de vinculación recurriendo a restricciones, tenemos que estar preparados para llenarlo. Ya he señalado que retener a nuestros hijos en casa no se ha de emplear como un castigo, sino como una oportunidad (ver capítulo 14). El beneficio real no es la lección aprendida. Como veremos en el próximo capítulo, los castigos que se proponen "dar una lección" rara vez lo logran. Desincentivar la relación con los amigos mediante la retención en casa, sin embargo, puede permitir espacio para reemplazar el trato con los camaradas por el trato con nosotros.

Como padres tenemos que tener mucha confianza en nosotros mismos para plantarnos contra la corriente actual e imponer límites al trato con los iguales, estableciendo estructuras para mantener la vinculación de nuestros hijos con nosotros. Se requiere valor para oponer resistencia a las respuestas incrédulas y críticas de nuestros amigos que no entenderán por qué no vemos el contacto con los compañeros como ellos lo ven y por qué pretendemos mantenerlos dentro de límites estrechos. "Incluso con amigos cercanos, gente amable y de gran integridad, seguimos encontrando presiones para que permitamos mucho tiempo de juego con los compañeros, y aceptemos que vayan a dormir a las casas de éstos con regularidad, etc. –dice un joven padre–. Cada vez que contestamos la pregunta de por qué no, inintencionadamente los insultamos, porque han hecho la elección opuesta."

Requerimos fuerza para resistir las desesperadas súplicas del hijo orientado a los iguales, para soportar el inevitable enojo y la tormenta de protestas. Por sobre todo necesitamos fe en nosotros mismos como la mejor prenda para nuestros hijos. Ayuda que nuestra intuición de padres tenga cierto apoyo conceptual –y esto es lo que intenta proporcionar este libro–, pero se requiere tenacidad para nadar contra la corriente. No recomendamos que los padres acepten nuestras sugerencias sino hasta que tengan la confianza, la paciencia y el valor de seguir hasta el final con ellas. No es posible ejercer la función de padres desde un libro, ¡ni siquiera éste!

Nuestras acciones y actitudes deben provenir de una profunda confianza en nosotros mismos de que lo que hacemos es favorable al interés de nuestros hijos —y esto requiere toda la confianza en nuestras intuiciones y un firme compromiso con las convicciones que nos son propias.

16

Una disciplina que no divide

Imponer orden en el comportamiento del niño es uno de los retos más grandes del oficio de padres. ¿Cómo controlar a un niño que no se controla a sí mismo? ¿Cómo lograr que un niño haga algo aunque no lo quiera hacer? ¿Cómo impedir que un niño ataque a su hermanito o hermanita? ¿Cómo manejar a un niño que no obedece?

Con nuestra cultura vuelta siempre a buscar soluciones rápidas para lograr resultados a corto plazo, el enfoque y el objetivo final se basan en el comportamiento en sí. Si logramos obediencia, aunque sólo sea temporalmente, consideramos que el método ha sido exitoso. Sin embargo, si tenemos también en cuenta los vínculos y la vulnerabilidad, vemos que la perspectiva comportamental –imposición de sanciones, consecuencias artificiales y el retiro de privilegios– fracasa de por sí. El castigo crea una relación adversa y conduce al endurecimiento emocional. Prohibir las salidas para "que aprendas la lección", practicar el "amor duro" para rectificar comportamientos, o el "1-2-3 Mágico"[1] para volver dóciles a los niños, son prácticas que tensan la relación. Cuando ignoramos al niño después de un capricho, lo aislamos cuando se porta mal o le retiramos nuestro cariño, socavamos su sentido de seguridad. Dar órdenes sin cesar a los niños produce mala disposición –asimismo que sobornarlos con recompensas–. Todas esas técnicas colocan al niño en riesgo de verse arrastrado al remolino de los iguales.

Entonces, ¿qué métodos nos quedan?

---

1. Plan de tres pasos, ideado por el Dr. Thomas Phelan, para volver dóciles a los niños. (T.)

Existen numerosas maneras seguras, naturales y efectivas de cambiar el comportamiento. Muchos de esos métodos surgen espontáneamente al preocuparnos menos por lo que tenemos que hacer que por lo que es realmente importante en el desempeño de nuestro oficio de padres; en otras palabras, si permanecemos en todo momento conscientes del vínculo. Cuando, en cambio, nos enfocamos sobre el comportamiento, corremos el riesgo de minar la mera base de nuestro poder parental, a saber, la relación con nuestros hijos.

Este capítulo no se propone ser una exhaustiva guía de cómo resolver conductas problemáticas. Sin embargo, ofrece alternativas a los métodos que hacen caso omiso de relaciones y emociones y presenta los principios básicos de una disciplina que no divide. La mayoría de esas directrices representan un giro de 180° frente a las prácticas predominantes y requerirán cierto tiempo para asimilar e incorporarse. En algunos padres, este sistema exige un cambio significativo en su manera de pensar y en su enfoque, mientras que para otros, valida lo que han ido practicado desde siempre.

¿Qué es la verdadera disciplina?

Para empezar, ampliaremos el concepto de disciplina. En el contexto educacional, disciplina se entiende típicamente como castigo. Sin embargo, al considerar las cosas más de cerca, notamos que la disciplina es, en realidad, un vocablo rico en significados afines. Puede referirse también a una doctrina, a un campo de estudio, a un sistema de normas y al autocontrol. En este último sentido, son los padres quienes necesitan adquirir disciplina. Cuando se trata de los hijos, se usa el término de "disciplina" no en el sentido estricto de castigo, sino en los significados más profundos de entrenamiento, mantener bajo control e imponer orden. No hay duda de que los niños requieren disciplina. Nos toca imponerla con la preocupación de no dañar la relación, desatar defensas emocionales abrumadoras o impulsar hacia la orientación a los iguales.

A lo largo de muchos años de orientar a padres, he llegado a organizar poco a poco mis pensamientos sobre este asunto en *siete principios de disciplina natural*. Por "natural" me refiero a algo evolutivamente seguro y que fomente los vínculos, o sea, que respete tanto la relación padres-hijo como la maduración a largo plazo del niño. Se trata de principios, no de fórmulas. Cómo se traducen en acciones varían de una situación a otra, de un niño a otro, de un progenitor a otro, de una personalidad a otra y dependerán de las necesidades y agendas tanto de los niños como de los padres.

La tendencia actual en la literatura educacional es satisfacer preguntas sobre las capacidades y estrategias para desempeñarse como padres. Sin embargo, no es lo que los padres necesitan. Las estrategias son demasiado definitivas y limitantes para una tarea tan compleja y sutil como cuidar de los hijos. Insultan la inteligencia de los padres y también la del hijo. Las estrategias no llevan a depender de los expertos que las fomentan. Ejercer de padres es, ante todo, una relación y las relaciones no se prestan a estrategias. Se basan en la intuición. Estos siete principios están diseñados para despertar o apoyar la intuición para desempeñarnos como padres, que todos poseemos. Lo que necesitamos no son habilidades o estrategias, sino comprensión, principios y perspicacia. El resto llegará naturalmente, aunque no estoy diciendo que llegue fácilmente.

Mientras nos esforzamos por poner en acción los valores de vinculación, la mayoría de nosotros deberá luchar con sus propias reacciones impulsivas, inmadurez y conflictos internos. Y ante todo, tendremos que luchar con sentimientos de futilidad. Pocos son los padres perfectos. Los padres se desarrollan a través de vínculos y adaptación. La vinculación, desde luego, es el vínculo del hijo con nosotros, que nos faculta y nos permite ejercer como padres. La adaptación involucra nuestra evolución personal constante, a medida que la futilidad nos penetra cuando las cosas que intentamos no funcionan. No hay camino fácil en este proceso de aprendizaje por prueba y error. Sin embargo, tenemos que permitirnos sentir tristeza y decepción al enfrentar fracasos. El endurecimiento emocional sólo parará nuestro desarrollo como padres, dejándonos rígidos e inefectivos.

En suma, estos siete principios de disciplina natural podrían titularse igualmente *siete disciplinas para los padres*. Suponen lograr controlarse y esforzarse sistemáticamente hacia una meta. Nuestra capacidad de tratar a un niño con efectividad es el resultado de nuestra capacidad de manejarnos a nosotros mismos. Necesitamos encontrar la misma compasión para nosotros que la que deseamos extender a nuestro hijo. Por ejemplo, la respuesta a una falta de autocontrol de nuestra parte no es castigarnos a nosotros mismos o convencernos de que debemos ser buenos. Tales métodos no funcionan con nosotros, y tampoco funcionan con nuestros hijos. La respuesta estriba en aceptar que también somos falibles y nuestras emociones más sombrías pueden abrumar. A veces, nuestro enojo nos gana, a pesar del amor que sentimos por nuestro hijo y nuestro intenso deseo de cuidarlo. En algunas situaciones, si es posible actuar así sin ser negligentes, tendremos que renunciar brevemente a nuestro oficio de padre hasta que afloren, una vez más, nuestros impulsos amorosos. Por ejemplo, podemos encargar la responsabilidad a nuestra pareja o algún pariente o maestro mientras tomamos un descaso —no para castigar al niño, pero en el trastorno de nuestros sentimientos, para volver a encontrar cariño y aceptación por nuestro hijo—. En medio de esos elementos ambivalentes, encontraremos control, equilibrio, perspectiva y sabiduría.

La disciplina no debe ni tiene que ser hostil. No es culpa de nuestros hijos que nazcan incivilizados e inmaduros; que sus impulsos los dominen o que no cumplan con nuestras expectativas. La disciplina, por el lado de los padres, es trabajar en el contexto de la conexión. A veces, cuando en la seguridad de mi consultorio un progenitor frustrado descarga su rabia criticando a su hijo, le recomiendo que se detenga un minuto a reflexionar sobre su conexión emocional con él y que luego regrese a hablar conmigo sobre sus preocupaciones. Es sorprendente lo diferentes que aparecen las cosas cuando hemos encontrado la manera de ponernos del lado de nuestro hijo.

Al igual que en el caso del proceso de maduración, también aquí tenemos una aliada en la naturaleza. No tenemos que hacerlo todo: la disciplina viene integrata en el diseño de desarrollo de nuestros hijos. Existen procesos naturales por los cuales el niño se corrige espontáneamente. Parte de la tarea a que se enfrentan los padres es trabajar *con* la naturaleza, no contra ella. La más significativa de estas dinámicas es, desde luego, la vinculación, pero están además los procesos emergentes, como el impulso innato a dominarse, el proceso de adaptación (o sea, la capacidad de aprender de lo que no funciona) y el proceso de integración (la disponibilidad para soportar sentimientos e ideas contrapuestos). Cada uno de estos mecanismos de desarrollo natural rectifica el comportamiento y vuelve al niño más apto para la sociedad. La dificultad surge cuando dichos procesos se atrancan o se desvían; y, por razones que expliqué especialmente en los capítulos 9 y 13, se embotan en el joven orientado a sus iguales. Poco se puede hacer cuando la dinámica que espontáneamente debería dar origen a la disciplina se deteriora o se distorsiona.

A lo largo de la exposición de los siete principios, contemplaremos procedimientos disciplinarios que son compatibles con el desarrollo natural. Estos principios no se han de tomar como prescripciones inmutables, sino que son valores a los cuales apuntar, ideas básicas hacia las cuales volverse cuando las inevitables frustraciones del oficio de padres nos tientan para adoptar técnicas autodestructivas de la "buena disciplina de antaño".

Los siete principios de la disciplina natural

1. Usar la conexión, no la separación, para realinear

La separación ha sido siempre el as en el ejercicio de padres. Hoy ha sido elevada a una moda bajo el disfraz de "tiempo de descanso". Estos instrumentos de modificación del comportamiento, en cuanto se les quitan los eufemismos, son formas recicladas de abandono: aislamiento, no hacer caso, indiferencia, retiro del cariño. Siempre han creado más problemas de los que han resuelto. Hoy conllevan una desventaja ulterior: contribuyen a crear condiciones que aumentan en los jóvenes la tendencia a la orientación a los iguales.

El retirar la cercanía (o amenazar con su pérdida) es tan efectivo como control de la conducta porque desata el peor miedo en el niño, el de ser abandonado. Si el contacto y la cercanía no fueran importantes, tanto para el bebé como para el niño mayor, la separación de nosotros no tendría tal impacto.

Cuando interrumpimos el contacto o rompemos la conexión (o cuando el niño prevé que podría ocurrir ese abandono), la mente de vinculación del niño se pone en alerta. En todos los casos, la reacción es de angustia, pero cómo la manifestará, dependerá de su manera particular de vinculación. Un niño acostumbrado a mantener el contacto con los padres portándose "bien" prometerá desesperadamente no cometer de nuevo la falta. Sus intentos de volver a obtener la conexión comportarán una serie de "lo lamento". El niño cuya forma de mantenerse cerca es mediante actitudes afectuosas, al ver su vinculación amenazada por sus padres, expresará palabras llenas de significados que querrán decir "Te quiero", y éste será el modo de restablecer la proximidad. Si el contacto físico ocupa el primer lugar, el niño puede volverse muy cariñoso unas horas, sin querer apartarse de la vista de sus padres. Lo que éstos tienen que entender es que estas manifestaciones no representan comprensión genuina ni contrición, sino *sólo la angustia del niño, que trata de reestablecer la relación con sus padres.* Es ingenuo pensar que mediante estos métodos estamos enseñando una lección a nuestros hijos o haciendo que recapaciten sobre sus errores.

Jugar la carta de la separación tiene un alto costo: la inseguridad. El niño que ha sido disciplinado por medio de la separación puede contar con la cercanía y contacto con los padres sólo cuando se comporta conforme a los deseos de ellos. Bajo tales condiciones, el niño no experimenta jamás relajación ni descanso en su impulso a vincularse y, por consecuencia, tampoco apertura para que aflore libremente su individualidad e independencia. El niño puede volverse muy "bueno", pero estará vacío de nueva energía. Su desarrollo queda saboteado.

La amenaza de la separación sólo opera porque está vinculado con nosotros, ansía acercarse a nosotros y todavía no está defendido contra su vulnerabilidad. En otras palabras: es capaz todavía de experimentar su ansia de apego y su dolor de separación. De no existir tales condiciones, la separación es inefectiva como instrumento de sumisión. Por otro lado, todo "éxito" será sólo temporal. Trátese de separación física o de abstención emocional, las sensibilidades del niño probablemente quedarán aplastadas. Si nosotros adultos nos sentimos lastimados cuando nos ignoran o nos evitan, tanto más lo han de resentir los niños. Será difícil que los padres que usan ese método con toda la buena intención acepten esto, pero las consecuencias de esta técnica de separación son muy negativas para un niño pequeño, pues ataca al niño en su punto más vulnerable: su necesidad de estar vinculado con sus padres. Tarde o temprano, el niño se verá obligado a protegerse contra el dolor de ser herido de esta manera. Se cerrará emocionalmente o, más correctamente, lo hará su mente de vinculación. (Ver el capítulo 8 para el tema del cierre defensivo.)

Al usar la relación en contra del niño, provocamos que su forma mental de vincularse nos excluya y cree un vacío. En efecto, inducimos al niño a buscar sus necesidades de vinculación en otra parte, y entonces, es fácil adivinar donde. Estamos entregando a nuestros hijos a sus iguales.

La mente del niño puede defenderse contra la vulnerabilidad de la separación resistiendo el contacto con los padres. Tal niño puede esconderse bajo la cama o encerrarse en un armario, rechazar los intentos de reconciliación o, previendo más problemas, puede correr a encerrarse en su cuarto y pedir que se le deje en paz. De un modo u otro, la experiencia de separación disparará el instinto del niño por desvincularse de nosotros.

La separación es especialmente nociva cuando se usa punitivamente como disciplina agresiva. Como expliqué en el capítulo 10, el combustible de la agresividad es la frustración. El resultado final de emplear la separación es más agresividad, no menos. Aunque un niño agresivo se someta cuando usamos el método de la separación, del "amor duro" y demás técnicas de separación, ese éxito tendrá corta vida porque se basa únicamente en la alarma temporal del niño respecto de la relación. En cuanto la proximidad con los padres quede restablecida, la agresividad regresará con mayor fuerza, al haber recibido el combustible de la frustración que acabamos de provocar. Nuestros intentos ineptos por ahogar dicha agresividad facilitarán su crecimiento.

Someter a un niño a experiencias innecesarias de separación, incluso con la mejor de las intenciones, carece de visión y es un error grave que la naturaleza no nos perdona fácilmente. Es imprudente arriesgar nuestra facultad de ejercer como padres mañana sólo por tener un poco de más fuerza hoy.

La alternativa positiva y natural a la separación es la *conexión*. La conexión es la fuente de nuestro potencial e influencia como padres y del deseo del niño de ser bueno con nosotros. La conexión debe ser nuestro objetivo tanto a corto como a largo plazo. Se trata de tomar en cuenta la conexión antes de que ocurra el problema, en vez de imponer la separación después. Se trata de prevenir futuros problemas, en vez de reaccionar punitivamente cuando la conducta del niño se sale de control.

El comportamiento básico en el ejercicio de padres que deriva de este cambio en la manera de pensar es lo que denomino "conexión antes que dirección". La idea es cautivar al niño –atraer sus instintos de vinculación, de acuerdo con las directrices destacadas en el capítulo 14– para proporcionar guía y dirección. Al cultivar la conexión, primero minimizamos el riesgo de la resistencia y disminuimos las oportunidades de disponernos a futuras reacciones negativas. Trátese de un pequeño que no quiere obedecer o un adolescente recalcitran-te, los padres primero necesitan atraérselos, restableciendo cercanía emocional antes de contar con su obediencia.

Un ejemplo en particular ilustra este principio sencillo. Tyler, de once años, estaba en la piscina del patio trasero de su casa, con su hermana y unos cuantos amigos. Se la estaban pasando bien hasta que se enfadó y empezó a golpear a sus compañeros con una cuerda delgada de plástico. Su madre le dijo que se estuviera quieto, pero no le hizo caso. Su padre se enojó, le gritó por desobedecer a su madre y le ordenó salir de la piscina. Él se negó a hacerlo. El padre al cabo se echó al agua y lo sacó arrastrándolo y, para darle una lección, lo mandó a su habitación para que reflexionara sobre lo que acababa de hacer. El comportamiento del niño, me explicaron sus padres, había sido por completo intolerable y no tenía que volver a ocurrir. Pero me habían escuchado hablar de los riesgos de usar la separación para hacer que el niño obedezca y querían saber qué podrían haber hecho que hubiera sido diferente.

Una vez la situación llegó hasta donde llegó, los padres proba-blemente necesitaban tomar un respiro antes de proceder. Cuando las cosas no andan bien, es preferible aumentar la proximidad que reducirla. *La voluntad de conectarse tiene que estar en los padres para que haya en el hijo algo positivo a lo cual responder.* Cuando la voluntad de reconectarse vuelve a aflorar en el padre, el primer paso es restablecer la conexión. Hacer un paseo juntos, ir en bicicleta o en coche juntos, jugar fútbol: la conexión humana tiene que permanecer intacta antes de que podamos encontrar posibilidades de marcar puntos. En este caso, lo que hizo que los padres cometerían errores fue que algo faltó al principio de su intervención. El niño estaba por completo absorto en lo que estaba haciendo; en esa actitud mental no estaba orientado a sus padres ni se hallaba en disposición de seguir lo que pedían. En tales circunstancias, reconectarse con el hijo es imperativo antes de proceder. Las formas de conectarse podrían haber sido: "¿Qué tal, Tomás, te estás divirtiendo?". Con esto probablemente habrían reci-bido un esbozo de sonrisa y un sí con la cabeza. Tras haber obtenido la mirada, la sonrisa y el asentimiento, el siguiente paso de los padres debería haber sido acercarse al niño: "Tyler, ven un minuto, quiero decirte algo en privado. Siéntate junto a mí". Una vez que se ha con-seguido cautivar al niño, los padres hubieran tenido la posibilidad de ejercer su poder e influencia. Podrían haberle dicho algo para calmar las cosas y dejar que todos se siguieran divirtiendo. Además, podría haberse evitado el desgaste en los vínculos del niño, algo que evolutivamente es más importante que enseñarle una lección. En vez de usar la separación en un extremo final, los padres de Tyler deberían haber usado la conexión desde el comienzo.

No es un baile complicado, sino sorprendentemente sencillo. Todo se centra en el primer pequeño paso de vinculación que damos al comienzo. El principio de *"conexión antes que dirección"* se puede aplicar a casi cualquier cosa, sea al ordenar que se hagan los deberes escolares, al pedir que ayude a poner la mesa, al recordarle al niño que tiene que colgar la ropa, al decirle que es tiempo de que apague el televisor o al arreglar una pelea entre hermanos. Si la relación básica es buena, este proceso tomaría sólo unos segundos. Si el vínculo es débil o el niño se defiende contra él, esto nos quedará claro cuando intentemos cautivar al hijo. Es muy difícil imponer orden en la conducta de un niño cuando subyace un trastorno de vínculos. Y el fracaso en la captación del niño nos ha de recordar que apartemos nuestra preocupación por el comportamiento y que enfocamos nuestro esfuerzo y atención en construir la relación.

Cuando por primera vez empleamos esta práctica de la *conexión antes que dirección* nos puede sorprender como algo raro y artificial. Sin embargo, una vez que se convierte en hábito, el desgaste en la relación decrecerá significativamente. Los padres que suelen actuar así buscarán primero la sonrisa y el asentimiento antes de dar órdenes. Los resultados pueden ser sorprendentes.

2. Cuando ocurren problemas, hay que trabajar en la relación, no en el incidente

Cuando algo se descarría, la respuesta usual es confrontar el comportamiento lo antes posible. La psicología denomina eso el *principio de inmediatez* y se basa en la noción de que si el problema conductual no se ataca de inmediato, se perderá la oportunidad de aprender. El niño se habrá salido con la suya de "portarse mal". Esta preocupación carece de fundamento.

El principio de inmediatez tiene sus raíces en el estudio del aprendizaje animal, donde no hay conciencia con la que trabajar, ni posibilidad de comunicarse con los sujetos. Trabajar con los niños como si fueran criaturas carentes de conciencia implica una profunda desconfianza y anula su carácter de seres humanos. Al igual que los adultos, los niños no se sienten inclinados a apreciar a quienes juzgan mal su manera de actuar y menosprecian sus talentos, en especial si tienen a disposición vínculos sustitutos.

Tratar de razonar con un niño que hace un capricho no tiene sentido por muchas razones. Durante el incidente, pierde el control. Escoger ese momento para corregirlo, dirigirlo o enseñarle "una lección" es una pérdida de tiempo. El comportamiento inapropiado de nuestro hijo nos suele tomar por sorpresa, evocando intensas reacciones emocionales. Así que, nuestra conducta –como la de nuestros hijos– será probablemente inmediata y desproporcionada. Resolver problemas exige una preparación bien pensada. En medio de una rabieta, el niño no se mostrará receptivo y tampoco nosotros seremos diligentes y creativos.

Con la relación en mente, los objetivos inmediatos serán, de ser necesario, parar el comportamiento y mantener operativo el vínculo. Siempre podremos volver después al incidente y comportamiento, pero sólo una vez calmadas las emociones y restablecida la conexión con el niño.

Hay conductas que nos sacan de quicio y ponen a prueba nuestra capacidad de mantenernos vinculados con nuestro hijo. Encima de la lista están la agresividad y la rebeldía. Si somos el blanco de los insultos, los "te odio" y hasta la agresión física, lo que urge es dejar pasar al ataque sin perjudicar la relación. No es ahora tiempo de comentar sobre el carácter del comportamiento o su impacto hiriente. Tampoco es ahora el momento de lanzar amenazas, imponer sanciones o aislar al niño. Al prepararse para la intervención inminente, los padres deben conservar su dignidad. Hemos de evitar exacerbar la situación mostrando descontrol en nuestras emociones. Si aparecemos como víctimas, no podremos mantener nuestro papel de adultos que dominan la situación.

Centrarnos en la frustración, en vez de tomar el ataque personalmente, puede ser provechoso: "Estás enfadado conmigo", "se nota que estás muy molesto", "no estaba bien lo que hacías", "pensabas que te iba a decir que sí, pero te dije que no", "pensabas en todas las palabrotas que me habrías querido decir", "la emoción te ha ganado otra vez". No son las palabras las que importan, sino el reconocimiento de la frustración del niño y un tono de voz indicando que lo ocurrido no ha roto la unión. Para mantener funcionando la relación con un hijo, tenemos que darle a saber que ésta no corre peligro. A veces sirve levantar la bandera de infracción. "Esto no está bien; luego hablamos". Nuevamente, las palabras importan menos que el tono, el cual será amistoso y cálido, no amenazante. La conexión más importante de conservar es la conexión humana. Tenemos que restablecer la calma, tanto en nosotros como en nuestro hijo. En el momento oportuno, cumpliremos con hablar sobre el asunto. Es indispensable volver primero a cautivar al niño y sólo después, sacar lecciones de lo sucedido.

3. Cuando las cosas no marchan bien con el niño, hay que dejarle llorar, en vez de enseñarle una lección

Un niño tiene muchas cosas que aprender: compartir a su madre con otros, dejar espacio a su hermano/hermana, manejar la frustración y la decepción, vivir con las imperfecciones, ver incumplidas sus aspiraciones, aceptar no ser el centro de la atención y tragarse los "no". Así que buena parte de nuestro cometido como padres es enseñar a nuestros hijos lo que necesitan aprender. Pero, ¿cómo?

Estas lecciones de vida resultan menos de un proceso mental correcto que del proceso de adaptación. La clave de la adaptación es la futilidad que experimentamos al enfrentarnos a algo que no funciona y que no podemos cambiar. Cuando el proceso de adaptación se despliega como debiera, las lecciones se aprenden espontáneamente. Los padres no trabajan solos.

El proceso de adaptación cumple su tarea de "disciplinar" a nuestros hijos de ciertas formas naturales: dejando de conducirse de una forma que no funciona; haciendo que el niño acepte limitaciones y restricciones; facilitando que el niño se desprenda de exigencias fútiles. Sólo mediante esa adaptación puede un niño ajustarse a circunstancias que no pueden ser cambiadas. A través de este proceso, un niño descubre que puede vivir con deseos insatisfechos. La adaptación permite que el niño se recupere de traumas y supere las pérdidas. Estas lecciones no se pueden enseñar directamente ni a través de razonamientos ni mediante castigos. Son auténticas enseñanzas del corazón que se aprenden sólo a medida que penetra la futilidad.

Los padres han de ser, a la vez, agentes de la futilidad y ángeles del consuelo. Es el contrapunto humano en toda su pureza y dificultad. Para facilitar la adaptación, los padres deben lograr que el hijo llegue a las lágrimas, suelte todo y alcance la sensación de sosiego que llega tras el desprendimiento.

La primera parte de este baile de la adaptación es presentar al niño un "muro de futilidad". A veces, dicho muro será fabricación nuestra, pero con más frecuencia será hecho de realidades y limitaciones cotidianas: "Tu hermana ha dicho que no", "no va a funcionar", "no quiero que lo hagas", "no hay bastante", "es todo por hoy", "no te invitó", "no mostró ningún interés en escucharte", "Isabel es la que ha ganado", "la abuela no vendrá". Estas realidades requieren ser presentadas con firmeza para que ni siquiera haya lugar a discusión. Permanecer en la ambigüedad (razonar, explicar, justificar) no logra dar al niño algo a lo que pueda adaptarse. Si hay alguna oportunidad de que la situación cambie, no habrá nada que fuerce la adaptación. Se trata de hacer que el niño se ajuste exactamente a como son las cosas, no como él (o incluso los padres) quisieran que hubieran sido.

No mantenerse firmes cuando algo es inmutable provoca que el niño busque rutas para escapar de la realidad, con lo que el proceso de adaptación se malogra. Quedará luego tiempo suficiente para presentar las razones, pero sólo después de que se haya aceptado la futilidad de pretender cambiar las cosas.

La segunda parte del baile de la adaptación es ponerse del lado de la experiencia de frustración del niño y proporcionarle aliento. Una vez que se ha levantado el muro de la futilidad –de un modo firme, mas no rudo– es tiempo de ayudar al niño a encontrar las lágrimas que hay debajo de la frustración. *El plan no es enseñar una lección, sino convertir la frustración en tristeza.* La lección se aprenderá espontáneamente una vez que se haya llevado a cabo esta tarea. Podemos decir cosas como "Fastidia mucho que las cosas no funcionen", "ya sé cuánto querías que esto te resultara", "esperabas otra respuesta de mi parte", "esto no es lo que esperabas", "ojalá las cosas hubieran sido diferentes". De nuevo, mucho más importante que las palabras es la sensación que ha de tener el niño de que estamos con él, no contra él. Cuando sea el momento oportuno, mostrar tristeza en nuestra voz puede impulsar a las lágrimas y a la decepción. Quizá se requiera cierta práctica lograrlo; ir demasiado rápido o hablar demasiado puede hacer que el tiro nos salga por la culata. Este baile no puede ser coreografiado: los padres deben sentir su camino. También aquí aprendemos por prueba y error.

A veces, los padres pueden tomar todas las buenas decisiones y aun así, fracasar miserablemente en sus intentos de iniciar el proceso de adaptación. El problema resta en que el niño no perciba a los padres como fuente segura de vinculación. Otras veces, las lágrimas no corren porque el proceso de adaptación ha quedado estancado, resultado de que el niño esté demasiado defendido contra su vulnerabilidad. La futilidad no penetra.

La adaptación ocurre en ambos sentidos. A veces los padres requieren adaptarse a la falta de adaptación del hijo. Cuando el proceso que promueve la disciplina natural no está activo en el hijo, hemos de frenar nuestros intentos de presionarlo. Lo que entonces se requiere es encontrar nuestra propia tristeza y desprendernos de nuestras expectativas fútiles. Desprenderse de lo que no marcha puede llevar a que nos topemos con lo que sí funciona. Si no se inician signos de adaptación, si los ojos del hijo no se arrasan en lágrimas cuando los planes se frustran, si la pérdida no evoca tristeza, si el enojo no conduce a la tristeza, entonces los padres necesitarán otra manera de encontrar orden en el caos. Afortunadamente existen otros modos.

4. Buscar buenas intenciones, en vez de exigir buena conducta

Un cuarto cambio en la manera de pensar exige variar el enfoque: de la conducta a la intención. Las intenciones están grandemente subvaluadas. La sensación predominante en nuestra sociedad es que las intenciones no bastan, sino que sólo se ha de aceptar y aplaudir una conducta correcta. ¿No está acaso el infierno lleno de buenas intenciones? Desde una perspectiva evolutiva, nada podría estar más alejado de la verdad. Las buenas intenciones son oro: la intención es la semilla de los valores y la precursora del sentido de responsabilidad. Prepara el terreno para los sentimientos adversos. Desatender la intención es pasar por alto uno de los recursos más valiosos en la experiencia del niño.

Nuestro objetivo, siempre que sea posible, debe ser buscar la buena intención en el niño. El éxito requiere, una vez más, que el niño quiera ser bueno con nosotros, estar abierto a recibir nuestras buenas influencias. El primer paso, como siempre, ha de ser cautivar al niño, cultivar la conexión que nos otorga poder.

Después usaremos nuestra influencia para encauzar al niño en la dirección correcta o al menos en una dirección que no cree problemas. No basta con que los niños sepan qué es lo que queremos. La intención de someterse ha de ser suya propia. En el caso de un bebé que no quiere irse con su mamá, supondría cautivarlo y luego imbuirle una intención que lo conduzca a la dirección deseada. "¿No quieres darle un abrazo a tu mamá y decirle adiós?", "no puedo llevar esto sola al coche, ¿quieres ayudarme?" El quid está en hacer que el niño ponga las manos en su propio volante –algo como los cochecitos de los tiovivos que tienen volantitos que en realidad no sirven para conducir el auto, pero sirven para que el niño crea que está dirigiendo el vehículo–. Mejor todavía es anticipar los problemas antes de que ocurran apoyándonos en el sentido de poder del niño. Por ejemplo, si sabemos que vamos a encontrar resistencia a la hora de marcharnos, hay que tomar al niño antes y destacar la intención de estar listo para marcharse cuando digamos que nos tenemos que ir: "¿Tienes listas las cosas para cuando nos tengamos que ir?" Hacer que el niño se dé cuenta de que le costará, pero preguntarle si estará listo lo pondrá de nuestro lado.

Extraer buenas intenciones en niños mayores supone compartir con ellos los valores que uno tiene o encontrar en ellos las semillas de dichos valores. Por ejemplo, los padres pueden compartir su opinión respecto de manejar las frustraciones: "Me siento orgulloso cuando siento una frustración y no insulto a nadie. Creo que ya eres lo bastante grande para hacer lo mismo. ¿Qué piensas? ¿Quieres intentarlo?" Para niños que se ven atrapados en sus rabietas, puede suponer que los abracemos antes de que vayan a pasar por una situación que les causará molestia. "Ya sabemos que cuando estás entretenido te enfadas y no quieres parar cuando te decimos 'basta'. ¿Vas a hacer lo mismo esta vez? Te pones muy contento cuando vienen otros niños a jugar contigo y te gustaría que durara siempre".

No estoy diciendo que predisponer al niño a tener buenas intenciones hará automáticamente que el niño se comporte como deseamos. Incluso en el caso de adultos, las buenas intenciones no siempre se traducen en acción, pero un niño tiene que comenzar en alguna parte y dirigirlo por el camino correcto es un buen comienzo.

Al pedirle buenas intenciones lo que intentamos es dirigirle la atención no hacia nuestra voluntad, sino hacia la suya. En vez de decirle "Quiero que tú...", "tienes que...", "necesitas...", "te dije que...", "es indispensable que...", es preferible obtener de él una declaración de buena intención o al menos un sí con la cabeza: "¿Puedo contar contigo para...?, "¿vas a tratar de...?", "¿crees que esta vez sí podrás...?, "¿tratarás de acordarte...?" Hay ocasiones, desde luego, en que es necesario imponer nuestra voluntad. Pero por necesario que sea, esto no lleva de por sí que el niño muestre buenas intenciones. E imponer nuestra voluntad resulta contraproducente si se hace demasiado coercitivamente o fuera de una buena conexión.

Extraer buenas intenciones es una práctica segura y en gran medida eficiente en nuestro desempeño como padres. Transforma a los niños desde adentro hacia afuera. Lo que no se logra solicitando buenas intenciones no se logrará por otros medios.

Es esencial reconocer las intenciones positivas de un niño, en vez de identificarlo con sus impulsos, acciones o fracasos. Los padres han de apoyarlo y animarlo lo más posible: "Sé que esto no es lo que querías que ocurriera", "no te preocupes: lo vas a lograr", "sé que no fué tu intención. Esto es lo que cuenta". A menos que extraigamos la espina de los inevitables fracasos, el niño se sentirá tentado a desistir. Las intenciones deben alentarse esmeradamente para que el niño las pueda disfrutar.

Si no logramos llegar a "primera base" al solicitar buenas intenciones, es que o el niño no está lo bastante maduro o no somos lo bastante convincentes, o bien existen problemas en la relación de vinculación. El vínculo del niño con nosotros puede haber quedado cerrado (o sea, que se defiende contra dicho vínculo) o que ese vínculo no esté lo bastante desarrollado. Nuestra incapacidad para evocar buenas intenciones en el niño debe alertarnos a los problemas subyacentes e incitarnos a emprender acciones correctivas. Aun nuestros fracasos a corto plazo pueden tener, de esta manera, un propósito positivo para el largo plazo. Insistir en la "mala" conducta cuando ni siquiera podamos lograr que aflore la intención de que sea bueno es empezar la casa por el tejado.

5. Conseguir que tenga sentimientos adversos, en vez de detener el comportamiento impulsivo

"¡Deja de pegar!", "¡no interrumpas!", "¡estate quieto!", "¡déjame en paz!", "¡deja de portarte como un bebé!", "¡no seas tan mal educado!", "¡contrólate!", "¡deja de estar tan agitado!", "¡no seas tan estúpido!", "¡deja de estar molestando!", "¡no seas tan egoísta!" Tratar de detener el comportamiento impulsivo es como ponerse delante de un tren de carga y gritar que se pare. Cuando los instintos y las emociones manejan el comportamiento del niño, es muy improbable que se pueda imponer el orden mediante la confrontación y gritando órdenes.

Hubo un tiempo en la historia de la psicología en que la mente del niño era entendida como una pizarra en blanco (*tabula rasa*, en latín), libre de fuerzas interiores que impulsaran al niño a actuar de una u otra manera. Si fuera éste el caso, sería relativamente fácil mantenerlo bajo control, sea mediante órdenes o por las consecuencias de sus acciones. Aunque muchos padres y educadores operan todavía bajo esta ilusión, la ciencia moderna ha dejado en claro una perspectiva por completo diferente. Los neuropsicólogos que estudian la mente humana están descubriendo las raíces instintivas del comportamiento. Muchas de las respuestas de un niño están impulsadas por instintos y emociones que brotan espontánea y automáticamente, sin que intervengan decisiones conscientes. En la mayoría de las circunstancias, los niños (y otros seres humanos inmaduros) se encuentran ya bajo órdenes internas de comportarse de determinada manera. Un niño miedoso sigue órdenes instintivas que le hacen evitar lo que teme. El niño inseguro puede sentirse compelido a aferrarse a algo y no soltarlo. La frustración a veces induce a un niño a exigir, a llorar o a atacar. El niño vergonzoso tiende a esconderse o esquivar. El niño que contradice automáticamente se opone a la voluntad otros. Cuando un niño es impulsivo, los impulsos son los que mandan. En ese universo existe un orden, aunque no el orden que nos gustaría tener. La mente sólo está realizando su trabajo en mover al niño de acuerdo con las emociones e instintos activados.

Existe una alternativa a la confrontación. La clave del autocontrol no es la fuerza de la voluntad, como antaño pensábamos, sino los sentimientos ambivalentes. Es cuando impulsos en conflicto se mezclan que las órdenes se cancelan unas a otras, colocando al niño en el asiento del conductor, por así decir. Surge de este modo un nuevo orden donde la conducta está arraigada en la intención, más que en el impulso. Esa conducta es mucho menos impulsiva y, por lo tanto, es mucho más fácil trabajar con ella. Nuestra labor es hacer que los sentimientos en conflicto y pensamientos que existen en el niño afloren a su conciencia. Recuérdese, del capítulo 9, que el significado etimológico de "templar" es mezclar diferentes elementos, y ¡esto es precisamente lo que necesitamos hacer! Lejos de tratar de enderezar el comportamiento, extraigamos el *elemento atemperante*, con el fin de moderar el impulso que situe al niño en líos.

En un niño lleno de sentimientos de ataque, por ejemplo, deberemos inducir en su conciencia los sentimientos, pensamientos e impulsos que entrarán en conflicto con su propensión a atacar. Esta meta no se puede conseguir por medio de la confrontación. La confrontación, en el mejor de los casos, conduce a una obediencia hueca o bien a una actitud defensiva. No hace nada por desarrollar el control de los impulsos desde dentro. Los elementos moderadores pueden ser los sentimientos de afecto, de cuidado o de alarma. El niño puede sentir una preocupación al herir a los demás o una angustia de meterse en líos. Si el niño es dirigido por impulsos de contradicción, deberemos imbuirle fuertes sentimientos de vinculación, de querer agradar, de desear estar a la altura. El quid está en inculcarle sentimientos ambivalentes al mismo tiempo.

Al inducir sentimientos contradictorios a la conciencia, es necesario poner en segundo plan el incidente en el que ocurrió el problema y concentrarnos en la relación que podemos dirigir. Esta tarea sólo debe ser intentada cuando la intensidad de las emociones se ha mitigado.

Siempre es más sensato recordar al niño los impulsos moderadores que las descontroladas emociones que lo trastornan. Una vez que el niño se comporte amigable y afectuosamente, podemos mencionar la frustración que ocurrió antes: "Nos la estamos pasando tan bien juntos ahora... Esta mañana no estabas tan feliz conmigo. Bueno, estabas muy enfadado. Me hiciste pasar un mal rato". Hemos de disponer un espacio para estos sentimientos encontrados. "¿No es curioso cómo nos enojamos tanto con las personas a las que amamos?" Lo mismo ocurre con los sentimientos de rebeldía. "Parece que ahora estás dispuesto a hacer lo que te pido. Hace un par de horas sentías como que yo quería dominarte."

Acercarse al comportamiento problemático resaltando al elemento atemperante es conveniente para la vinculación. Como padres vemos ambos lados del niño. Aceptamos que coexistan elementos ambivalentes y le transmitimos al niño dicha aceptación. Una disciplina de este tipo acerca al niño a nosotros, en vez de apartarlo.

Solemos decir a nuestros hijos: "¡Corta con esta manera de hacer!" ¡Como si pudieran hacer cirugía psíquica en ellos mismos! No podemos cortar el repertorio de conductas del niño porque están arraigadas en el instinto y en la emoción. Los impulsos estarán con nosotros a lo largo de toda nuestra vida. A menos que estemos aturdidos, sentiremos los impulsos que conllevan la vergüenza, la inseguridad, los celos, el egoísmo, el temor, la frustración, la culpa, la contradicción y el enojo. La respuesta de la naturaleza no es "cortar" lo que sea, sino añadir algo a la conciencia que, de ser necesario, mantenga a raya el impulso en cuestión.

6. Al tratar con un niño impulsivo, es mejor intentar dictarle el comportamiento deseado, en vez de solicitar madurez

No todos los niños están listos para recibir las técnicas de disciplina más avanzadas que hemos tratado hasta aquí. Por ejemplo, aquellos niños que no han desarrollado todavía sentimientos contrapuestos son incapaces de experiencias atemperadas, por hábiles y diligentes que seamos.

Los niños que tienen problemas de autocontrol también carecen de la capacidad de reconocer el impacto de su conducta y prever las consecuencias. Son incapaces de pensar dos veces antes de actuar o de apreciar en qué medida sus acciones afectan a otras personas. Les falta la capacidad de considerar el punto de vista de los demás. Esos niños a menudo son juzgados como insensibles, egoístas, no cooperativos, incivilizados e incluso indiferentes. Verlos de esa manera, sin embargo, equivale a predisponernos a enojarnos contra su comportamiento y a hacer demandas que no pueden cumplir de ninguna manera. Los niños limitados a una percepción unidimensional de sí mismos no pueden ejecutar exigencias tan sencillas como portarse bien, no ser groseros, no interrumpir, ser afables, ser justos, no ser odiosos, ser pacientes, no hacer escenas, tratar de sobrellevar a los demás y miles de otras órdenes que se les den. No podemos hacer que nuestros hijos sean más maduros de lo que son, por más que insistamos en que "crezcan". Esperar que hagan lo imposible es frustrante y, peor, sugiere que hay algo malo en ellos. Los niños no pueden vivir tal sensación de vergüenza sin volverse defensivos. Para mantener la relación con un niño que no es todavía capaz de funcionamiento maduro, es preciso abandonar por completo las exigencias y expectativas irreales.

Hay otra forma de tratar con los niños inmaduros: en vez de exigirles que espontáneamente muestren una conducta madura, podríamos dictarles la conducta deseada. El que sigan nuestras directrices no los volverá más maduros, pero permitirá que funcionen en situaciones sociales para las que, de lo contrario, no están listos todavía.

Dictarle la conducta al niño es presentarle pistas de lo que debe hacer y cómo hacerlo. Cuando los niños no son aún capaces de desenvolverse con espontaneidad, sus acciones requieren ser orquestadas y coreografiadas por alguien que los guíe: "Así has de tener al bebé", "ahora dejemos que lo haga Antonio", "¿no te parece que tienes que abrazar a tu abuela?", "al gatito hay que acariciarlo así", "ahora le toca hablar a papá". "ahora es el momento de que hables, pero sin gritar".

Para dictar conductas, el adulto debe de volverse el sugeridor del niño. Nuevamente, es preciso comenzar por lo básico: primero debemos conectar con el niño para poder trabajar en la relación desde dentro. Se parece mucho a la manera como la mamá gansa trata a los gansitos: hacer que se realineen para que vayan en fila. Una vez que un niño nos sigue, podemos dirigirlo libremente. Desde luego, la capacidad de dictar la conducta de un niño dependerá de la vinculación del niño con nosotros. No tiene que ser ni profunda ni vulnerable, sino suficientemente fuerte para evocar los instintos de emular e imitar.

Para dirigir con éxito, las pistas de lo que tiene que hacer y cómo hacerlo se han de dar de tal forma que el niño pueda seguirlas. De nada sirve dar instrucciones negativas, porque esto no le dice en realidad al niño qué tiene que hacer. En el caso de un niño muy inmaduro y estancado, todo lo que llega a registrar es la parte "de acción" de la orden. Más vale borrar los "no hagas" de su conciencia, para evitar que actúe justo de la manera opuesta a lo correcto. Nuestro enfoque debe centrarse no tanto en lo que causa el problema, cuanto en las acciones que queremos ver realizadas. Modelar la conducta que se desea que el niño siga es todavía más efectivo. Como un director que trabaja con los actores o un coreógrafo con los bailarines, el resultado final se crea primero en la mente del adulto.

Un ejemplo de dictado para conseguir la conducta deseada –con la que seamos más instintivos– es esquiar. En este caso, sabemos muy bien que es inútil decirle al niño: "Equilíbrate", "no te vayas a caer", "vete más lento", "esquía manteniendo el control", "gira". Así sería el resultado de una conducta debidamente dictada, pero no podrá ser lo que nosotros exigimos, al menos no lo será sino hasta que el niño aprenda a esquiar. En cambio, podemos decirle "Pon los piés de esta manera", "baja por tu derecha", "choca las rodillas", etc. El resultado final serán balances y giros. Se obtiene así la impresión de que el esquiador novato sabe esquiar, cuando en realidad el niño sólo sigue las pistas, hasta que las acciones quedan asimiladas y, por fin, se auto-generan. A diferencia de lo que ocurre al esquiar, en el trato humano no ganamos la capacidad de generar desde dentro las acciones y respuestas apropiadas sino hasta la madurez.

Por lo que se refiere a la conducta social, no podemos considerar las relaciones entre niños. Este proceso de dirigir consiste en que el niño siga al adulto. El dictar no lleva el propósito de enseñar al niño capacidades sociales –seria fútil–, sino orquestar el trato social hasta que surgen la madurez y la genuina socialización. Por esto el meollo no está en la relación entre niños, sino en seguir las pistas del adulto.

El caso siguiente me fue contado por un amigo que era inspector escolar. El incidente ocurrió cuando observaba a una maestra de segundo grado que tenía muy buena reputación por su forma muy alentadora de tratar a los alumnos. Un alumno de enseñanza especial le pidió salir del aula para ir al baño. Al regresar al salón de clases, exclamó que aquella vez había logrado hacerlo solo. No se había dado cuenta de que llevaba los calzoncillos y pantalones todavía en los tobillos. Lo que luego ocurrió fue sorprendente. En vez de la vergonzante carcajada que cabría haber esperado en tal ocasión, los alumnos se volvieron para ver a la maestra. Ella aplaudió, apreciando lo que había logrado el niño y los demás alumnos hicieron lo mismo.

El momento fue extremadamente civilizado y sorprendentemente encantador. Para sentir la vulnerabilidad de alguien y verse movido a protegerlo se requiere tanto madurez como habilidad. Madurez y habilidad, sin embargo, se encontraban en la maestra, no en los alumnos. En cuanto a ellos, lo que parecía competencia social era sólo seguir pistas. La respuesta estaba en la relación de cada alumno con su maestra. En el trato social, los seres inmaduros no pueden ser dejados a su libre arbitrio.

Se pueden dictar muchos tipos de conductas: ser justo, ayudar, compartir, cooperar, conversar, ser amable, considerado, llevarse con los demás. Si bien lograr que los niños actúen con madurez no los volverá más maduros, los librará de problemas hasta que los subyacentes impedimentos para la madurez se puedan hacer a un lado y la madurez se sobreponga. Ayudar a los niños a no meterse en líos, dictándoles comportamientos apropiados, salvaguarda la vinculación y opera en ambos sentidos: ayudando su vinculación con nosotros y nuestra vinculación con ellos.

7. Cuando no se puede cambiar al niño, se tiene que intentar cambiar a su mundo

Cuanto menos disciplina necesite un niño, tanto más efectivo será el método. Lo inverso también es cierto: cuanta más disciplina requiere un niño, tanto menos efectivas serán las técnicas convencionales para disciplinar.

Lo que dificulta disciplinar a un niño es la ausencia de factores que proporcionen la base de nuestros principios naturales de imponer el orden en el comportamiento. Es difícil disciplinar a un niño que no puede ser inducido a tomar en cuenta los pensamientos y sentimientos que pueden mantener a raya los impulsos perturbadores; a quien no se le puede conducir a que forme buenas intenciones; que sea capaz de captar la futilidad de determinada acción y que carece de motivación para portarse bien con quienes lo cuidan. Con tales niños, la tentación que sentimos es aplicar más mano dura. Por desgracia, añadir la fuerza resulta usualmente contraproducente, por las mismas razones por las que este niño es más difícil de disciplinar, en principio: la coerción genera la contradicción, el castigo provoca la revancha, los gritos conducen a la indiferencia, las sanciones favorecen la agresividad, las separaciones producen el desprendimiento emocional. Cuando los intentos razonables de disciplinar no funcionan, la respuesta no es disciplinar más, sino disciplinar de manera diferente.

Dado que las técnicas coercitivas son siempre una derrota, llegamos ahora a estudiar al último instrumento, pero en ningún modo el menos importante, de disciplina: imponer orden en el entorno del niño. Lo que aquí se intenta no es cambiar o extirpar la "mala" conducta, sino alterar las experiencias que dan origen a ella. En vez de intentar cambiar al niño en estos casos, sería más provechoso, de ser posible, cambiar las situaciones y circunstancias que disparan la conducta problemática.

Este enfoque en la disciplina requiere tres cosas de parte de los padres: (1) disponibilidad a sentir la futilidad de otros modos disciplinarios y renunciar a lo que no funciona; (2) analizar los factores en el ambiente del niño que despiertan la conducta reprobable; y (3) desarrollar cierta capacidad para cambiar o controlar esos factores adversos. Se necesitan progenitores realmente capacitados para la adaptación para sentir la futilidad de insistir en el comportamiento y dejar de frustrarse con lo que no pueden cambiar (en este caso, el comportamiento impulsivo del niño). El progenitor requiere cierta sabiduría para concentrarse en aquello contra lo que reacciona el niño: las circunstancias y situaciones que rodean al niño; en otras palabras, los padres han de desistir de intentar cambiar al niño.

La intuición es la clave. Es preciso ir más allá del comportamiento problemático y ver a qué reacciona el niño. El modo como ultimadamente veamos el problema determinará lo que hagamos con ello. Si lo que percibimos es que el niño se está volviendo testarudo, tendremos la tendencia de concentrarnos miopemente en enderezar ese comportamiento que nos disgusta y resentimos. Pero si, en cambio, reconocemos que el niño es simplemente víctima de sus impulsos, estaremos más dispuestos a cambiar la situación que, desde un principio, dio origen a su impulsividad. Si tomamos solamente en cuenta que un niño está haciendo un berrinche o se dedica a golpear a los demás, enfocaremos más probablemente esa agresividad. Pero si, en cambio, reconocemos que el niño es incapaz de manejar la frustración que experimenta, intentaremos entonces cambiar las circunstancias que lo frustran. Si lo que vemos es un niño que desafía nuestra orden de permanecer en su cama, trataremos esto como una desobediencia; pero si percibimos, en cambio, a un niño rebasado por temores de separación y de miedo a la oscuridad, haremos todo lo posible por disminuir lo que ve como una amenaza. Si vemos que el niño se niega a hacer lo que se le ordena, intentaremos desarraigar su resistencia; pero si, en cambio, consideramos que su terquedad se debe a que está presionado, reduciremos las presiones que estamos aplicando. Podemos echar en cara al niño su "mala" educación si sólo consideramos que se porta de una manera grosera con un adulto al rehusarse hablar con él; pero si nos damos cuenta de que es la timidez inherente al niño que lo inhibe de interactuar con gente a la que no conoce, haríamos lo posible por tranquilizarlo. Si vemos a un niño como un embustero, posiblemente lo regañaremos por sus mentiras, juzgándolo severamente; pero si tuviéramos la sensatez de saber que un niño oculta la verdad sólo porque está demasiado inseguro de nuestro amor para arriesgar nuestra ira o decepción, haríamos todo lo posible para devolverle su sentido de absoluta seguridad: "¿Quién es aquel que utiliza la mentira como escapatoria de la realidad? –escribió Friedrich Nietzsche–. Aquel que sufre por esa realidad".

En todas estas situaciones, nuestra intervención será tan efectiva como tan sana sea nuestra intuición. Pero cuando el ambiente del niño afecta su comportamiento, lo cual está fuera tanto de su control como del nuestro, lo sensato es cambiar nuestro enfoque de la conducta del niño a lo que la provoca.

Pero si continuamente alteramos la situación del niño para reducir la frustración o presión que experimenta, ¿no corremos el riesgo de socavar la adaptación del niño a su mundo? ¿No estamos fomentando una morbosa dependencia de nosotros? Esto es muy cierto. En mi consultorio, me encuentro con muchos padres sensibles y cariñosos que, sin saberlo, estorban la adaptación de sus hijos, llevando este proceder al extremo. Nunca debería ser empleado con la exclusión de otros métodos de disciplina, como activar sus sentimientos de futilidad cuando se enfrenta a cosas que no puede o no se deben cambiar. Es preciso ayudar al niño a pasar de la frustración a la futilidad, siempre que sea posible; a que cultive sentimientos adversos o fomente buenas intenciones. Si logramos producir un cambio positivo en el niño, no tenemos por qué cambiar su mundo.

Regresamos brevemente al tema de la estructura, que he tocado en el último capítulo. El uso de estructuras y rutinas es una forma poderosa de imponer orden en el mundo del niño y, por lo tanto, en su comportamiento. Cuanto menos receptivo sea un niño a otros modos de disciplina, tanto más hemos de compensar la situación estructurando su vida. Las estructuras crean un ambiente predecible para el niño, imponiendo un ritual y una rutina necesarios. Ésta ha sido una de las funciones tradicionales de la cultura, pero a medida que las costumbres y tradiciones se erosionan, la vida se vuelve menos estructurada y más caótica. En tal atmósfera, los niños que son evolutivamente inmaduros se distancian. Y los padres reaccionan volviéndose más mandones y coercitivos. Esta combinación se vuelve desastrosa.

Es preciso crear estructuras para las comidas y la hora de acostarse, para las separaciones y las reuniones, la higiene, para arreglar la casa, la convivencia y la cercanía familiar, el ejercicio y los deberes escolares, para el juego original y autodirigido y para la soledad creativa. Las buenas estructuras no son sólo restrictivas, sino también creativas. Por ejemplo, una rutina muy importante es reservar un tiempo y lugar para leerle al niño. El propósito primordial de esta estructura es crear oportunidad para la cercanía y la conexión uno a uno, y también para que el niño se interese por la buena literatura, sin usar para ello la coerción.

Cuanto más estancado está un niño, más importantes son las estructuras. Favorecen la familiaridad, algo a lo que aspiran instintivamente los niños desviados. Crean buenos hábitos. Y más importante, las estructuras reducen la necesidad de mandar y de coerción de parte de los adultos, previniendo conflictos innecesarios.

En este capítulo hemos evitado métodos que alejan al niño de nosotros. Hace tiempo los padres los habían utilizado, pero si les fue bien, fue sólo porque no tenían ninguna razón para temer vínculos rivales, como los que arrostran los padres actuales. No existía la orientación a los compañeros para sacar a los hijos fuera del círculo familiar. Hoy no tenemos ninguna opción razonable, salvo emplear una disciplina que mantenga nuestra conexión con el niño y fomente su maduración. Dicha maduración – solución definitiva a los problemas disciplinarios– no se logra de la noche a la mañana, pero nuestra paciencia quedará bien recompensada. E incluso, para el corto plazo, nosotros padres tenemos suficiente que manejar sin tener además que provocar a nuestros hijos.

PARTE V

Cómo prevenir
la orientación hacia los compañeros

17

No propiciar la competencia

No podemos facilitar que los compañeros de nuestros hijos nos suplanten —sin perder de vista, desde luego, que el enemigo no son los iguales de nuestros hijos, sino la orientación a ellos.

Hemos sido sustituidos por la orientación a los compañeros, como la antigua ciudad de Troya fue engañada con el famoso caballo. Pensando que aquel gran caballo de madera era un don de los dioses, los troyanos lo llevaron al interior de las murallas de su ciudad e iniciaron el escenario de su destrucción. De igual manera, los actuales padres y maestros ven la intervención muy pronta y generalizada de los compañeros bajo una luz positiva. Favorecemos esta situación, inconscientes de los riesgos que corremos cuando esta ocurre sin el liderazgo o la contribución de los adultos. No distinguimos entre relaciones de amigos bajo la supervisión consciente y benigna de los adultos y los contactos entre iguales que ocurren en el vacío de vínculos. Sin querer, fomentamos que la orientación a los iguales sabotee la vinculación con nuestros hijos. Si los troyanos hubieran visto a sus enemigos griegos atisbando dentro del famoso caballo, no hubieran sido engañados. Éste es nuestro problema actual. El caballo de Troya que es la orientación a los compañeros se percibe como un regalo en vez de verse como la amenaza que es.

Nuestra incapacidad de percibir los malos efectos es comprensible, puesto que al comienzo los frutos lucen atractivos y gustosos. A primera vista, los niños orientados a sus compañeros parecen ser más independientes, menos apegados, más interesados por ir al colegio, más sociables y agradables. No es nada extraño que hayamos caído en la trampa, dada nuestra falta de percepción de los mecanismos que conlleva y los costos que se seguirán a largo plazo. ¿Cómo, entonces, evitar la trampa?

No dejarse engañar por los primeros frutos de la orientación hacia los compañeros

A muchos adultos, la capacidad de los niños de estar juntos y divertirse por su cuenta les parece una emancipación. Los compañeros parecen ser los mejores cuidadores. Especialmente, dado que los padres ya no pueden recurrir a los abuelos, no existe la familia extendida y la comunidad que nos rodea no comparte las tareas del cuidado de los niños, los compañeros parecen un regalo de Dios que proporciona un resuello a padres y maestros cansados y desgastados. ¿Cuántos de nosotros no nos hemos sentido agradecidos cuando una invitación de los amigos de nuestro hijo nos ha liberado y podemos pasar un fin de semana relajados o nos ha proporcionado el tan deseado tiempo y espacio para elaborar nuestros planes? Los niños parecen felices y nuestra carga de trabajo se aligera. Poco nos imaginamos el tiempo, la energía, el costo y el esfuerzo que estas experiencias nos exigirán en años venideros, si que se instaura la orientación a los iguales.

Respecto a los demás, los niños orientados a sus compañeros dan la impresión de ser menos dependientes y más maduros. No nos presionan para que hagamos cosas juntos, que participemos en sus vidas, escuchemos sus preocupaciones y les ayudemos con sus problemas. Dado lo mucho que en nuestra sociedad se aprecia la independencia –la nuestra y la de nuestros hijos–, la orientación a los iguales luce bien. Olvidamos que crecer requiere tiempo. En nuestra cultura postindustrial, la prisa se nota en todo. No nos dejaríamos engañar con impresiones falsas si no fuéramos tan impacientes por que nuestros hijos crezcan.

Estos niños se separan de nosotros más temprano sólo porque se juntan unos con otros. A largo plazo, se quedarán estancados en la inmadurez psicológica. Es mucho menos probable que piensen por sí mismos, hagan sus propios planes, tomen sus propias decisiones, encuentren el sentido de su vida y sean personas hechas y derechas.

Contribuye a engañarnos también el hecho de que, al menos en un comienzo, los niños orientados a sus iguales suelen querer pasar más tiempo en la escuela. Ya traté acerca del costo de esta errada impresión –la falta de interés en aprender– en el capítulo 13. La orientación a los iguales puede lograr que un niño temporalmente mejore sus resultados escolares, debido a los efectos que sobre el aprendizaje ejerce la separación. El colegio saca a los chicos del hogar, separándolos de los adultos con los que están vinculados. En estos niños, la angustia de la separación será intensa y el sentido de desorientación en la escuela, agudo. Muchos somos capaces de recordar nuestros primeros días en una nueva institución escolar: el vacío en el estómago, el sentirse perdido y confundido, buscando desesperadamente con la vista a alguien o algo que nos fuera familiar. En el caso de los niños pequeños, esta desorientación se vuelve a menudo insoportable y la terrible angustia que provoca impide aprender. La angustia nos embota la mente, bajando nuestro cociente intelectual funcional. El sentirnos alarmados afecta nuestra capacidad de concentrarnos y recordar. La angustia nos impide entender instrucciones y seguir directrices. El niño, sencillamente, no puede aprender bien cuando se siente perdido y alarmado.

Los niños ya orientados hacia sus compañeros no se enfrentan a este dilema cuando entran en la escuela. En los primeros días en el jardín de niños, un niño orientado a sus iguales podría dar la impresión de ser más vivo, más seguro de sí y más dispuesto a aprovechar la experiencia escolar. Por el contrario, el niño orientado a sus padres, afectado por la angustia de la separación, parecerá menos apto y capaz, al menos hasta que pueda formar una buena vinculación con la maestra. Los niños orientados a sus compañeros tienen todas las ventajas en situaciones que carecen de adultos e involucran a niños. Debido a que los iguales abundan y son fáciles de advertir, el niño nunca se siente perdido o sin pistas que seguir. Así, en el corto plazo, la orientación a los iguales parece una bendición de Dios, y es indudablemente esta dinámica que los científicos destacan cuando investigan los beneficios de una educación temprana.

A la larga, desde luego, los efectos positivos sobre el aprendizaje de reducir la angustia y la desorientación se irán cancelando por los efectos negativos de la orientación a los compañeros. De allí que en las investigaciones se constate que las ventajas iniciales de la educación preescolar no se mantienen a lo largo del tiempo.[1] Los niños orientados a los iguales van al colegio para estar con sus amigos, no para aprender. Si a estos compañeros no les interesa aprender, entonces el desempeño académico decaerá. Cuando los niños van a la escuela para estar con los amigos, sólo están interesados en aprender lo justo para no destacarse y para quedar con los de su edad. Salvo por esto, aprender carece de importancia y hasta puede ser perjudicial para las relaciones entre iguales.

La angustia regresa para acosar a los alumnos orientados a sus compañeros. Debido a que los vínculos con los iguales son inherentemente inseguros, la angustia a menudo se convierte en una condición crónica. Los chicos orientados a los iguales están entre los más agitados, perpetuamente intranquilos y crónicamente alarmados. Cuando uno se encuentra entre grupos de alumnos orientados a sus iguales, se puede casi sentir la excitación en el aire. Incapaces de sentir la vulnerabilidad de la angustia, a estos niños les quedan sólo sus aspectos fisiológicos: agitación e intranquilidad. Lo perciban o no, el estar alarmado bloquea el aprendizaje. La orientación a los iguales en un principio puede mejorar el desempeño académico, pero al final, lo saboteará. A medida que la vinculación de un niño hacia sus compañeros se intensifica, la brecha entre su inteligencia y sus resultados escolares aumentará. Incluso la condición que les proporciona cierta ventaja al principio de su escolarización acabará por perjudicar a estos niños.

Es interesante señalar que los niños escolarizados en casa son los solicitantes favoritos de las grandes universidades.[2] De acuerdo con Jon Reider, oficial de Admisiones en la Universidad Stanford de California, la razón de que esto pase es porque "los alumnos escolarizados en casa muestran ciertas capacidades –motivación, curiosidad, responsabilidad de su educación– que las escuelas secundarias normales no logran inculcar"[3]. En otras palabras, los niños de preescolar se destacan más al principio, mientras que los educados en casa tie-

---

1. Éste ha sido un resultado continuado en numerosos estudios. Un ejemplo de tales estudios es Marcon, R.e., "Moving Up the Grades: Relationship Between Preschool Model and Later School Success", *Early Childhood Research & Practice* vol 4, N° 1 (primavera 2000).
2. Esto según un artículo especial en *Time* (27 de agosto 2001) sobre educación casera. Existen buenas razones para que los alumnos escolarizados en casa obtengan las calificaciones más altas en los exámenes normales y superen a otros en los exámenes de ingreso al *college*, como en el SAT (Scholastic Aptitude Test).
3. Jon Reider aparece citado en Clowes, G.A., "Home-Educated Students Rack Up Honours", *School Reform News*, julio 2000.

nen mejores resultados al final, porque en nuestro sistema educativo hemos descuidado por completo el papel crucial de la vinculación.

La educación preescolar no es el problema primario y tampoco la escuela en casa es la respuesta final. El factor clave es de hecho la dinámica de vinculación. Sujetar a los niños a experiencias que les vuelven dependientes de sus compañeros, no funciona. Hemos de cimentar la experiencia escolar de los niños a través de los vínculos con los adultos.

La timidez no es el problema
que nosotros creemos que es

De ordinario, consideramos la timidez como una desventaja, algo que los niños debieran superar. Pero evolutivamente, incluso este aparente inconveniente tiene una función útil. La timidez es una fuerza vinculante, destinada a cerrar socialmente al niño respecto a quienes están fuera de sus conexiones seguras.

El niño tímido se retrae de gente con la que no está vinculado. Es normal que los niños orientados a los adultos sean torpes y se sientan incómodos con sus compañeros, al menos en los primeros años. Los niños orientados a sus iguales, por el contrario, parecen tener éxito social. Éste es su fuerte. Saben lo que es "buena onda" y lo que no lo es, lo que hay que ponerse y cómo hablar. Usan buena parte de su inteligencia para interpretar las pistas sobre cómo ser y cómo actuar.

Gran parte de la sociabilidad de los niños orientados a sus iguales resulta de la pérdida de timidez. Cuando los compañeros sustituyen a los adultos, la timidez se invierte: el niño se vuelve tímido con los adultos, pero gregario en compañía de sus compañeros. Vemos que el niño, cuando está con sus camaradas, sale del cascarón, encuentra sus palabras y actúa con mayor desenvoltura. El cambio en la personalidad es impresionante y atribuimos todo esto al trato con sus compañeros. Desde luego, nos decimos, ¡este resultado tan deseable no puede provenir de algo problemático! La verdadera integración social y la auténtica sociabilidad –interesarse por los demás y tomar en cuenta los sentimientos de la gente que no conocemos– no serán, a la larga, las cualidades de este niño.

Los niños orientados a los adultos son mucho más lentos en perder su timidez con sus compañeros. Lo que eventualmente debería atemperar esa timidez no es la orientación a los iguales, sino la madurez psicológica que engendra un fuerte sentido del yo y la capacidad de sustentar sentimientos adversos. La mejor manera de enfrentar la timidez es fomentar relaciones cariñosas con los adultos que cuidan y enseñan al niño. Teniendo en mente la vinculación, no es la timidez de lo que debiéramos preocuparnos, sino de la falta de timidez de muchos de los niños de hoy.

El estrés de la guardería causado por la falta de vínculos

La situación actual de las guarderías ilustra cómo, sin darnos cuenta, cortejamos a la competencia. Millones de niños en el mundo entero hoy pasan muchas, si no la mayoría, de las horas del día en la guardería. De acuerdo con estadísticas recientes, la mayoría de las madres que trabajan en Estados Unidos regresan al trabajo antes de que el niño cumpla el primer año de vida.[4] Los efectos estresantes de la guardería incrementan la timidez del niño. Como hemos visto, la timidez refleja una falta de conexión emocional. Un niño no se mostraría tímido si se sintiera como en casa con las cuidadoras o cuidadores de la guardería.[5] A falta de una conexión cálida, se enfrenta al doble estrés de la separación de los padres y a la imposición de personas que por instinto natural repele.

Otra línea de investigación ha mostrado que cuanto más tiempo pasan unos con otros los alumnos de preescolar, tanto más influenciados son por sus compañeros.[6] Esta influencia se puede notar durante el transcurso de sólo pocos meses. Es mucho más probable que los varoncitos se vuelvan más orientados a sus compañeros que las niñas. Se ha observado que los vínculos de los muchachos con sus padres a menudo están menos desarrollados y por ello, están más inclinados a sustituir a sus padres con compañeros. Lo más significa-

4. Oficina de Estadísticas Laborales, Departamento del Trabajo de Estados Unidos, Washington, D.C. 2000.
5. Watamura, Sarah E.; Donzella, Bonny; Alwin, Jan; Gunnar, Megan R., "Morning-to-Afternoon Increases in Cortisol Concentrations for Infants and Toddlers at Child Care: Age Differences and Behavioural Correlates", *Child Development* 74 (2003): 1006-1021.
6. Martín, Carol Lynn y Fabes, Richard, A., "The Stability and Consequences of Young Children's Same-Sex Peer Interactions", *Development Psychology* 37 (2001), 431-446.

tivo es el resultado de que cuanto más los chicos se identifican con sus compañeros, más resistentes se vuelven a entrar en contacto con los adultos que los cuidan.

No sólo en la guardería y en el jardín de niños se echan las semillas de la orientación a los iguales, sino que los frutos son ya evidentes alrededor del quinto año de vida. Uno de los mayores estudios jamás realizados acerca de este tema consistió en seguir a mil niños desde el nacimiento al jardín de niños.[7] Cuanto más tiempo un niño ha pasado en la guardería, tanto más probable es que manifieste agresividad y desobediencia, lo mismo en casa que en el jardín de niños. Como hemos dicho en anteriores capítulos, la agresividad y la desobediencia son un legado de la orientación a los iguales.

Cuanto más estuvieron en la guardería, tanto más estos niños manifestaban terquedad, cuestionando las órdenes, portándose de una manera furtiva, contestando al personal y rehusando directrices. Su alta frustración se manifestaba con berrinches, peleas, golpes, crueldad con los demás y la destrucción de sus propias cosas. Estos niños se portaban muy mal también en su conducta de vinculación. Estaban dados a alardear, fanfarronear, hablar sin parar y buscar llamar la atención, como cabría esperar cuando los vínculos no funcionan.

La orientación a los iguales no es la única causa de vinculaciones perturbadas, pero en el mundo de nuestros hijos es la principal razón. Vistos a través de la lente de la vinculación, los resultados de las tres líneas de investigación destacan el riesgo de que nuestros jóvenes se vuelvan orientados a los iguales en nuestras maternales y jardines de niños. La solución más obvia sería tenerlos en casa, especialmente a los más tímidos y vulnerables, hasta que fueran lo bastante maduros para manejar el estrés de la separación de los padres. En respuesta a estos resultados de investigaciones, algunos expertos, como Stanley Greenspan[8] y Eleanor Maccoby[9], han aconsejado a los padres que hagan esto precisamente, si tienen los recursos financieros para

---

7. Early Child Care Research Network, National Institute of Child Health and Human Development, "Does Amount of Time Spent in Child Care Predict Socio-Emotional Adjustment During the Transition of Kindergarten?" *Child Development* 74 (2003): 976-1005.
8. Greenspan, Stanley I., "Child Care Research: A Clinical Perspective", *Child Development* 74 (2003): 1064-1068.
9. Maccoby, Eleanor, profesora emérita de psicología evolutiva de la Universidad de Standford, fue entrevistada por Susan Gilbert del *New York Times* para el artículo de ésta titulado "Turning a Mass of Data on Child Care into Advice for Parents", publicado el 22 de julio de 2003.

hacerlo. Si bien este consejo tiene sentido a la luz de los datos, es más bien errado. Los niños no necesitan estar en casa, sino que necesitan sentirse en casa con aquellas personas que se encargan de ellos. La *casa* tiene que ver con vinculación y ésta es algo que podemos crear. Estar *relacionado* no es lo que importa en el contexto del cuidado del niño, pero estar *conectado* sí que lo es.

La timidez de un niño en cierto ambiente debería ser una señal para nosotros de que todavía no está presente el contexto que ese niño necesita para que cuiden de él. Creamos este contexto cuando conectamos con el niño. Yo lo creo, incluso con mis propios nietos. Mi reto es, primero, conectar con ellos. Una vez que lo haya logrado, la timidez desaparece y se vuelven receptivos y me aceptan como abuelo.

La escuela maternal y el jardín de niños no tienen que ser instituciones peligrosas, pero para reducir los riesgos, hemos de tomar en cuenta la vinculación. Los educadores tienen que estar dispuestos a crear un contexto de conexión con nuestros hijos. Mientras tanto, hay cosas que como padres podemos hacer sea a la hora de seleccionar el lugar sea fomentando la conexión entre nuestros hijos y los adultos encargados de ellos, siempre que sea posible. Efectivamente, una solución podría ser mantener a los hijos en casa hasta el momento en que logren sentirnos emocionalmente cercanos aunque estemos físicamente lejos, o hasta que estén lo bastante maduros para funcionar independientemente de nosotros. La otra solución es que se vinculen a sus cuidadores y maestros. Esto protegerá a nuestros hijos (y a estos adultos) de que se sientan estresados y nos librará de vernos prematuramente desplazados. En el capítulo final trataremos de cómo lograrlo.

Llevarse bien con los demás no es fruto de la orientación a los compañeros

"Cuando mi hijo tenía tres años consideré importante que tuviera contactos con los demás niños y buscaba situaciones en que pudiera estar con ellos –me contaba un padre–.Cuanto menos lograba hacer amigos, más frenético me ponía para facilitar sus tratos con otros, establecer situaciones donde pudiera tener la oportunidad de jugar con amigos y formar relaciones con ellos." Muchos padres experimentan un impulso similar para inducir a sus hijos lo antes posible al mundo de sus compañeros. Incluso aquellos padres cuyos instintos los llevan a no querer soltar a sus hijos demasiado temprano, se pueden sentir bajo tremenda presión de la familia o de los amigos o de educadores para que "suelten los cordones umbilicales".

Existe un convencimiento casi universal de que los hijos deben ser expuestos cuanto antes al trato con sus iguales para aprender a llevarse bien con ellos e incorporarse al grupo. Muchos padres buscan grupos de amigos para que sus bebés jueguen con ellos. Cuando les corresponde entrar en el jardín de niños, buscar que nuestros hijos tengan contacto con compañeros a menudo constituye una obsesión. "Aprender a ser buen amigo es más importante que cualquier otra cosa. Es esencial aprender esto antes de que comience la escuela": tal es el resumen de comentarios que he escuchado de muchos padres de niños en edad preescolar. "Como padres hemos de forzar a nuestros hijos a que socialicen –afirmaba el padre de un niño de cuatro años–. Sin el jardín de niños, nuestro hijo no se mezclaría con otros niños lo suficiente para aprender a llevarse bien con la gente." Una educadora me contaba que "el propósito principal de la guardería es que los niños aprendan habilidades sociales. Si los niños no tienen amigos para cuando entran a la guardería, más adelante tendrán toda clase de problemas, no sólo desde el punto de vista social, sino de autoestima y de aprendizaje." Cuanto menos los niños logran llevarse bien con sus compañeros y encajar con ellos, cuanto más se insiste que lo hagan. Comúnmente en nuestra sociedad los padres y maestros se desviven para que sus hijos y los estudiantes socialicen entre sí.

La creencia es que socializar –el que los niños pasen tiempo juntos– engendra socialización: la capacidad para que se relacionen con otros seres, con madurez y adaptabilidad. No hay pruebas que apoyen tal suposición, a pesar de lo difundida que está tal opinión. Si socializar con los amigos llevara a que la sociedad tuviese miembros responsables, cuanto más tiempo un niño pasara con sus compañeros, más afable se volvería. Pero en realidad, cuanto más tiempo los niños pasan entre ellos, menos probable es que se lleven bien y menos aun que cuadren en la sociedad. Si llevamos el supuesto de la socialización hasta el extremo –a los niños huérfanos, a los niños de la calle, a los que forman parte de pandillas–, se nota claramente el error de esa forma de pensar. Si socializar fuera la clave de la socialización, los pandilleros y los niños de la calle serían ciudadanos modelos.

El doctor Urie Bronfenbrenner y su equipo de investigadores de la Universidad Cornell en Ithaca, Nueva York, compararon a los niños que gravitaban en torno a sus compañeros en sus tiempos libres con niños que gravitaban en torno a sus padres. Entre esos alumnos de sexto grado, los niños que preferían pasar tiempo con sus padres manifestaban muchas más características de sociabilidad positiva; los niños que pasaban más tiempo entre ellos tenían más probabilidad de meterse en líos.[10]

Estos resultados no sorprenden. Es sólo lo que podemos esperar una vez que entendemos el orden natural del desarrollo humano. La vinculación y la individuación son necesarias para la madurez, y la madurez es necesaria para la genuina socialización. Integración social significa mucho más que simplemente encajar o llevarse bien. La verdadera integración social requiere no sólo mezclarse con otros, sino mezclarse sin perder su propio sentido de separación o identidad.

No hay duda de que socializar desempeña una parte importante en volver a un niño capaz de verdadera integración social, pero sólo como un toque final. El niño, antes que nada, ha de ser capaz de ser él mismo al tiempo que trata con los demás y percibir a éstos como seres aparte. No es tarea fácil, ni siquiera para los adultos. Cuando un niño conoce su propia mente y valora la mentes de los demás, entonces –y sólo entonces– estará listo para apegarse a su sentido de si mismo, respetando al mismo tiempo el de las demás personas. Una vez que este hito evolutivo se ha alcanzado, el trato social perfilará la individualidad del niño, así como sus capacidades para relacionarse.

El reto verdadero es ayudar a los niños a crecer hasta el grado de que puedan beneficiarse de sus experiencias de socialización. Se requiere muy poca socialización para refinar la materia prima, una vez que se encuentra en estado de disponibilidad. Es la materia prima la que es preciosa y rara —una individualidad lo bastante robusta para sobrevivir a las presiones demoledoras del trato con los compañeros. Mezclarse indiscriminada y prematuramente, sin que intervengan adultos como primeras figuras de vinculación, conducirá sea a conflictos (cuando un niño busca dominar a otro o resiste verse dominado) o a la clonación (cuando el niño suprime su sentido de identidad con tal de ser aceptado por los demás). "Pensábamos que jugar con otros niños era muy importante para nuestros hijos cuando eran

---

10. Este estudio se analiza en el libro del profesor Urie Bronfenbrenner, de la Cornell Universilty, *The Worlds of Childhood*. Simon & Schuster, Nueva York 1999.

muy pequeños –dice Roberto, padre de dos hijos, ahora ambos adolescentes–. Frankie, el mayor, volvía locos a sus compañeros de juego por sus exigencias de que cada juego fuera como él quería y hacía rabietas si no le hacían caso, hasta el punto en que sus compañeros se negaron a seguir jugando con él. El menor, Rickie, se convirtió en 'seguidor': copiaba todo lo que hacían los demás niños. Nunca aprendió a destacarse como líder y tampoco a jugar por sí solo."

Imagino que en este punto muchos lectores se preguntarán: "Pero, ¿qué pasa con la importancia de aprender a llevarse con los demás?" No discutiré la importancia de llevarse bien, pero lo que estoy diciendo es que si lo convertimos en una prioridad, estamos empezando la casa por el tejado. Al colocar el llevarse bien arriba de la agenda de seres inmaduros, estamos empujando a los niños a patrones de sumisión, imitación y conformidad. Si las necesidades de vinculación del niño son fuertes y se dirigen a sus compañeros, se minimizará con tal de que las cosas funcionen, perdiendo su individualidad. Muchos de nosotros experimentamos un riesgo similar como adultos cuando nos sentimos desesperados por que las cosas funcionen con otros: perdernos en otros, ceder demasiado con demasiada rapidez, apartarnos del conflicto, evitar todo enfado. Los niños sienten una mayor dificultad en mantener su autonomía cuando tratan con otros niños. Lo que se alaba como saber llevarse bien entre los niños, en la vida adulta, se denominaría comprometerse, venderse o no ser fiel a uno mismo.

Si estuviéramos en verdadera armonía con el plan evolutivo, no nos preocuparíamos tanto de que los niños se llevaran bien entre sí. Apreciaríamos más que los niños fueran capaces de mantener su identidad en el trato con los demás. Toda la socialización del mundo no lograría llevar al niño hasta este punto. Sólo una relación viable con adultos que lo atiendan puede dar nacimiento a una auténtica independencia e individualidad, cualidades que todos nosotros como padres quisiéramos para nuestros hijos. Sólo en ese contexto puede desenvolverse una personalidad hasta su pleno desarrollo, un ser humano que se respete y valore la personalidad de los demás.

No son amigos lo que los niños necesitan

Pero, ¿los niños no tienen necesidades sociales? Una de las preocupaciones y cuestionamientos más apremiantes de los padres y educadores con los que trato tiene que ver con la necesidad de amigos que, al parecer, tiene el niño. "Los niños necesitan amigos" es quizá el argumento que más escucho a favor de colocar a los niños pequeños en contacto con sus compañeritos.

El concepto mismo de amistad carece de significado cuando se aplica a personas inmaduras. Como adultos no consideraríamos que una persona es realmente nuestra amiga a menos que nos tratase con consideración, aceptara los límites que impusiéramos y nos respetara como individuos. Un amigo verdadero apoya nuestro desarrollo, independientemente de cómo esto afecte la relación. Este concepto de amistad se basa en un fundamento sólido de respeto e individualidad mutuos. Sin embargo, la verdadera amistad no es posible hasta que se haya alcanzado cierto nivel de madurez, así como una capacidad de integración social. Muchos niños no son ni remotamente capaces de tales amistades.

Mientras los niños no sean capaces de una verdadera amistad, no necesitan amigos, sino sólo vínculos. Y los únicos vínculos que un niño requiere son con su familia y con quienes comparten la responsabilidad de cuidarlo. Lo que un niño realmente requiere es ser capaz de verdadera amistad, fruto de la madurez que se desarrolla sólo en una relación viable con un adulto que lo atienda. Nuestro tiempo se emplea más sensatamente cultivando relaciones con los adultos que están en la vida del niño, que obsesionados con las relaciones de unos niños con otros.

Desde luego, no deja de cumplirse que cuando un niño reemplaza a los padres con sus compañeros, los amigos se vuelven más importantes que la familia. Declaramos que esto tiene que ser normal y damos el salto irracional de suponer que ha de ser también natural. Entonces hacemos todo lo posible para asegurarnos de que nuestros hijos tengan "amigos", poniendo en riesgo las relaciones con la familia. Los compañeros desplazan aún más a los padres y la espiral descendente se perpetúa.

Una palabra más acerca de la amistad. Evolutivamente, el niño necesita más relacionarse con sí mismo que con sus compañeros. Es necesario que surja una separación entre el sentido del yo y la experiencia interior (ver capítulo 9). La persona tiene que alcanzar la capacidad de reflexionar sobre sus propios pensamientos y sentimientos; capacidad que, una vez más, es fruto de la madurez. Cuando alguien tiene una relación con si mismo, le gusta estar consigo, estar en acuerdo y en desacuerdo consigo, aprobar y desaprobarse a sí mismo, etc. A menudo, las relaciones con los demás impiden una relación con uno mismo o son intentos de llenar un vacío donde debiera estar la sólida relación con el ser interno. Cuando alguien no está cómodo con su propia compañía, es más probable que busque la compañía de los demás, o que se apegue a cierta tecnología de entretenimiento, como la televisión o los videojuegos. Las relaciones orientadas a los iguales, como ver demasiada televisión, impiden el desarrollo de una relación consigo mismo. Mientras el niño no manifieste la existencia de una relación con él mismo, no estará listo para desarrollar genuinas relaciones con otros niños. Es mucho mejor que pase tiempo tratando con los adultos que lo cuidan o en juegos creativos.

Los compañeros no son
la respuesta al aburrimiento

En nuestro mundo obsesionado por los amigos, éstos se han convertido en casi la panacea de todos los problemas de los niños. A menudo se recurre a ellos como solución para el hastío, la excentricidad o para problemas de autoestima. En el caso de padres con un solo hijo, los compañeros parecen funcionar también como sustitutos de hermanos/hermanas. Tampoco aquí es oro todo lo que relumbra.

"Estoy aburrido" o "Me aburre" son expresiones que a menudo dicen los niños y que todos conocemos. Muchos padres tratan de evitar el aburrimiento de sus hijos facilitándoles el trato con compañeros del tipo que sean. La solución puede funcionar temporalmente, pero exacerba la dinámica subyacente, como el chupón exacerba el hambre del bebé o el alcohol exacerba la tristeza del bebedor. Y lo peor de todo es que al recurrir a los amigos para apaciguar el hastío, lo que hacemos es fomentar la orientación a los iguales.

¿Cuáles son las verdaderas causas del aburrimiento? El vacío que se siente en el aburrimiento no es una falta de estímulos o de actividad social, como se suele suponer. Los niños se aburren cuando sus instintos de vinculación no están lo suficientemente activados y cuando su sentido de ser no aflora para llenar el vacío. Es como estar en neutral, en espera, aguardando a que la vida comience. Los niños que son capaces de definir este vacio hablan de sentimientos de soledad, de añoranza y de separación. Si no sus palabras expresarán la nada: "No se me ocurre nada que hacer", "en este momento no me interesa nada", "me he quedado sin ideas", "no me siento muy creativo". Los niños que no son conscientes de este vacío de una manera vulnerable se sienten apáticos y sin contento, por lo que dicen que están hastiados.

En otras palabras, el hueco que se experimenta de ordinario como aburrimiento es el resultado de un doble vacío: falta de vinculación y falta de proceso dinámico. El niño no está con alguien con quien se pueda vincular y sentir cómodo y, por otro lado, carece de suficiente curiosidad e imaginación para pasar el tiempo creativamente por su cuenta. El niño que, por ejemplo, se aburre en clase no está interesado en complacer al maestro o prestar atención a lo que está enseñando. Tanto el vínculo con el maestro como la expresión de un asombro y curiosidad espontáneos faltan. Las defensas psicológicas del niño contra la vulnerabilidad le impiden registrar este vacío tal cual es, un sentido de vacío dentro de sí mismo. Cree que el aburrimiento proviene de fuera de él y que es algo que resulta de la situación y de las circunstancias. "¡El colegio es tan aburrido!" o "¡Estoy tan aburrido que no se me ocurre hacer nada!" (cuando está en casa).

Lo ideal es que tal vacío se llene con el emergente yo del niño: iniciativa, intereses, soledad creativa y juego, ideas originales, imaginación, reflexión, impulso a la independencia. Cuando no ocurre esto, se presenta un impulso urgente de llenar el vacío con algo más. Aburrimiento es lo que siente un niño –y un adulto también– cuando se percata de las verdaderas causas de su vacío. Debido a que el vacío se siente tan indirectamente, la solución es vaga, correspondientemente. En vez de mirar hacia nuestros recursos interiores, queremos arreglar las cosas desde fuera: algo que comer, algo que nos distraiga, algo que nos atrae. Es aquí donde la mente del niño, como respuesta, se estimula o inicia alguna actividad social. La televisión, los juegos electrónicos o estimulaciones exteriores pueden cubrir el vacío temporalmente, pero nunca llenarlo. En cuanto la actividad que ha servido de distracción cesa, el hastío regresa.

Esta dinámica se vuelve particularmente aguda a comienzos de la adolescencia, en especial si los vínculos con los adultos no son lo bastante profundos y el yo emergente está subdesarrollado. Pero independientemente de si el niño tiene tres años o trece, es en este vacío donde nosotros como padres solemos llevar a los compañeros de nuestros hijos. Quizá arreglemos una fecha para que jueguen, en el caso de los más pequeños, o los animemos a que vayan con sus amigos. "¿Por qué no le hablas a fulanito a ver si quiere jugar?", decimos. Es precisamente cuando los niños están aburridos que se vuelven más susceptibles a formar vínculos que competirán con nosotros. Lo que en realidad decimos es: "Lleva tu hambre de vínculos a tus amigos y mira a ver si te pueden ayudar" o "si no soportas estar solo, vete con tus amigos y arregla esa cuestión de los vínculos" o "¿por qué no ves si alguien más puede sustituir el sentido de ti mismo del que pareces carecer?". Si realmente comprendiéramos cuáles son las raíces del aburrimiento, sería una señal que nos estaría indicando que nuestros hijos no están listos para estar con otros. Cuanto más inclinados están a aburrirse, tanto más nos necesitan y tanta mayor parte de su ser íntimo necesita emerger. Cuanto más aburridos, menos preparados están para tratar con sus iguales. Para un niño en esa situación no es el trato con sus compañeros lo que debemos facilitar, sino conexiones con adultos o que tenga tiempo para él mismo.

La orientación a los iguales exacerba, en realidad, el problema del aburrimiento. Los niños que están seriamente vinculados unos con otros experimentan la vida como algo muy tedioso cuando no están juntos. Muchos niños, luego de estar juntos con sus amigos durante un tiempo largo, como en un campamento o en una pijamada, experimentarán al regresar un tremendo fastidio y buscarán reconectarse de inmediato con sus amigos. Al detener el proceso de madurez y disparar la huída de la vulnerabilidad, la orientación a los iguales bloquea el surgimiento de un yo vital, lleno de curiosidad, entregado. Si los padres tienen algún control sobre la situación, de una u otra manera, el momento del aburrimiento es cuando hay que frenar al niño y llenar el vacío de vinculación con aquellos con los que el niño realmente necesita estar vinculado: nosotros mismos.

¿Cuándo es aceptable el contacto con los amigos y cuánto contacto hemos de permitir?

Es posible que, a pesar de que traté de negarlo al comienzo de este libro, algunos lectores se hayan llevado la impresión de que estoy en contra de que los niños jueguen con otros niños o que tengan amigos, incluso si éstos son inmaduros. Difícilmente podría ser así, además de que sería antinatural. Los niños siempre han tenido compañeros de juego en todas las sociedades a lo largo de la historia, pero en la mayoría de esas sociedades no había peligro de que el contacto con los iguales se transformara en orientación a ellos. El trato entre niños tenía lugar en el contexto de vínculos con adultos. No cabe esperar que los padres actuales aíslen a sus hijos del contacto con compañeros, pero tienen que ser conscientes de los peligros que corren.

¿Cuándo y bajo cuáles circunstancias debemos favorecer o permitir que los niños estén juntos? Es inevitable que los niños estén unos con otros en la maternal, en el jardín de niños o en el patio de juego, lo mismo que en la escuela. Pero si procuráramos que nuestros hijos estuvieran profundamente vinculados con nosotros, no tendríamos que temer que pasaran tiempo junto con sus amigos, aunque hemos de limitar ese tiempo y asegurarnos de que estén cerca de un adulto. El punto no está en que prohibamos por completo el trato con amigos, sino en que nuestras expectativas sean sencillas: jugar con los amigos es divertido —eso es todo. Luego de cada episodio de juego debemos volver a cautivar a nuestros hijos. Cuando un niño ha pasado la mayoría de la semana y de sus días en compañía de sus amigos, estaríamos cortejando a la competencia si, encima, arregláramos tiempos de juego después de la escuela y también durante el fin de semana.

¿Qué clase de amistades son beneficiosas? Aunque, como he explicado, la amistad en su verdadero sentido no sería la palabra que yo emplearía al describir la mayoría de las relaciones entre niños, es natural que éstos quieran tener amigos. Las amistades que podemos ver con buenos ojos son aquellas que no apartan a nuestros hijos de nosotros —lo ideal es que estén con otros niños cuyos padres cultiven nuestros valores y reconozcan, también, la importancia de los vínculos con adultos. Es menos probable que tales niños se conviertan en nuestros rivales sin que nos demos cuenta. Es aquí donde hemos de estar activos: podemos intervenir para que los amigos de nuestros hijos entren en relación con nosotros. Acerca de esto hablaré más en el capítulo final.

¿Y qué tipo de juego? No aconsejo la tecnología cuando se trata de juegos, porque elimina la originalidad y la creatividad. Pero no tenemos que dictar a nuestros hijos cómo han de jugar —los niños siempre han sabido cómo hacerlo. Lo único que tenemos que procurar es que sus vínculos con nosotros estén lo bastante fuertes para que sus identidades emergentes, llenas de curiosidad, motivadas e imaginativas no se cierren por la orientación a los iguales.

Por fin, como no he dejado de señalar en este capítulo, el problema de nuestra sociedad no es, simplemente, que nuestros hijos vayan juntos con sus amigos, sino que favorecemos un contacto generalizado con sus compañeros, viendo dicho contacto como la respuesta a problemas como la socialización, el aburrimiento o, como pronto explicaré, la autoestima.

Los iguales no son la respuesta a la "excentricidad"

El trato entre iguales se suele recomendar también para otro propósito: para ablandar el comportamiento de un niño que nos parece demasiado excéntrico para nuestro gusto. En Norte américa, estamos obsesionados con ser "normales" e integrarnos. Quizá nosotros como adultos nos hemos vuelto tan orientados a nuestros iguales que en vez de expresar nuestra individualidad, seguimos las pistas –para saber cómo ser y cómo actuar– unos de otros. Quizá recordamos, de nuestra infancia, la cruel intolerancia de los niños contra aquellos que son diferentes y deseamos salvar a nuestros hijos de tal destino. Quizá, en cierto nivel, nos sintamos amenazados por expresiones de individualidad y de independencia. Por cualquier razón, individualidad y excentricidad no están de moda. Estar a la moda es ajustarse a una gama angosta de modos de parecer y de comportarse. Al no querer distinguirnos, buscamos seguridad frente a la vergüenza, y es lógico que los niños piensen de la misma manera también. Resulta deplorable que, como adultos, dignifiquemos esta dinámica homogeneizante, honrándola y tratándola con cierta deferencia.

Cuanto más un niño dependa de la aceptación de adultos, más espacio habrá para desarrollar su unicidad e individualidad y más protección tendrá frente a la intolerancia de sus compañeros. Al arrojar a nuestros hijos en brazos de éstos, contribuimos a que pierdan el escudo protector que le procura el vínculo con adultos y se vuelvan tanto más vulnerables a la intolerancia de sus compañeros. Cuanto más desvinculados de nosotros se encuentren, tanto más encajarán con sus iguales y tanto más desesperados se sentirán para evitar ser diferentes. Si bien de esta manera pueden perder su excentricidad, lo que nos parece como un bienvenido avance en su evolución es en realidad una inseguridad invalidante.

No podemos confiar en los compañeros para sustentar la autoestima de un niño

Otro mito generalizado –y perverso– es que el trato con los iguales contribuye a la autoestima del niño. Todos queremos que los hijos se sientan bien con ellos mismos. ¿Quién no desea que tengan un sentido de valor propio, que sepan que son importantes, que sientan que son amados y queridos? La literatura popular nos quiere hacer creer que los amigos desempeñan un papel decisivo en conformar la autoestima del niño. El mensaje central parece ser que los niños necesitan un círculo de amigos que los quieran para tener ese sentido de valor propio. También se nos dice que el hecho de ser rechazado por los compañeros condena al niño a una incapacitante duda de sí. No faltan informes en los medios y en artículos de revistas populares para ilustrar el daño infligido a las vidas de aquellos niños que no son aceptados por sus compañeros. Una ex autora de libros escolares de psicología evolutiva llegó a la conclusión de que la autoestima de un niño tiene poco que ver con cómo lo ven sus padres y depende exclusivamente del status que tiene en su grupo de compañeros.[11]

Dada la importancia de la autoestima y el supuesto papel que desempeñan los compañeros en conformarla, parecería lógico que hiciéramos todo lo posible para ayudar a nuestros niños a cultivar amistades y competir favorablemente con sus amigos, logrando así que sean lo más afables posible. Los padres actuales están sobrecogidos de temor a la idea de que sus hijos se encuentren aislados. Muchos padres compran ropa, apoyan actividades y facilitan el trato

---

11. La ex autora de libros de texto es Judith Harris y afirma esto reiteradamente en su libro *The Nurture Assumption*. Simon & Schuster. Nueva York 1999.

-todo lo que consideran necesario para permitir que sus hijos ganen amigos y los conserven-. Tales procedimientos parecen correctos, pero sólo es *aparencia*.

Es cierto que los compañeros desempeñan un papel central en la autoestima de muchos jóvenes. Esto es precisamente lo que significa estar orientado a sus iguales. Una parte importante de la orientación en el mundo es tener un sentido del propio valor e importancia como persona. A medida que los compañeros sustituyen a los padres, se convierten en aquellos que influyen en la opinión de los jóvenes respecto de qué es lo que deben valorar en sí mismos y en otros. Por lo tanto, no nos extrañará que los compañeros influyan en la autoestima de los niños. Sin embargo, eso no ha sido siempre así, no tiene por qué ser así ni necesita serlo. Como tampoco ese tipo de autoestima basada en el trato con los amigos logra ser saludable.[12]

Para empezar, nos enfrentamos a una comprensión superficial del propio concepto de autoestima. El tema primordial de la autoestima no es en qué medida uno piensa bien de sí mismo, sino la independencia de la autoevaluación respecto de lo que opinen los demás. El desafío consiste en valorar la propia existencia cuando no es valorada por los demás; creer en sí cuando los demás lo dudan; aceptarse a sí mismo cuando los demás lo juzgan. La autoestima digna de nuestra apreciación es fruto de la madurez: uno debe tener una relación consigo mismo, ser capaz de mantener sentimientos ambiguos, pensar que algo es cierto a pesar de sentimientos conflictivos. En realidad, el meollo de una autoestima saludable es la propensión

12. La primera literatura sobre la autoestima era inequívoca en considerar el papel de los padres. Carl Rogers y Dorothy Briggs, entre muchos otros, sostenían que la manera como los padres veían al hijo era la influencia más importante en cómo el hijo acababa pensando de sí. Por desgracia, los padres ya no son los espejos en que los niños buscaban ver el reflejo de sí mismos.

La literatura e investigación contemporáneas reflejan sólo lo que *es*, no lo que *debería* ser o lo que *podría* ser. En nuestros intentos por averiguar cosas sobre jóvenes, los investigadores hacemos preguntas acerca de dónde deriva su sentido de importancia y qué es lo que más les importa. Cuanto más orientados a los iguales se vuelven los jóvenes, tanto más señalan a sus compañeros como aquellos que cuentan. Cuando se publicó esta investigación, los resultados obtenidos de los sujetos jóvenes orientados a los iguales se presentaron como normales, sin intento de colocarlos en algún tipo de contexto histórico o evolutivo. Para complicar aún más las cosas, se construyen ensayos de autoestima donde se hacen preguntas centradas en las relaciones con los amigos, cerrando el círculo de la falta de lógica. Así, los psicólogos se desvían por los instintos tergiversados de los niños a los que estudian. ¡Las conclusiones y recomendaciones derivadas de tales investigaciones están teñidas por la dinámica de orientación a los iguales, que fue la que dio origen al problema que los investigadores, en su impotencia, trataban de enderezar!

a sentirse viable como persona autónoma. Se puede notar el orgullo que aflora en un niño cuando logra entender algo por sí mismo, expresar sus opiniones y hacer algo por su cuenta. Por lo tanto, los temas reales de la autoestima destacan conclusiones acerca de la validez y del valor de la propia existencia. La autoestima verdadera exige una madurez psicológica que sólo puede incubarse en relaciones cálidas y amorosas con adultos responsables.

Debido a que los niños orientados a sus iguales tienen dificultades para crecer, es mucho menos probable que desarrollen el sentido de independencia respecto de la manera como los demás opinen de ellos. Su autoestima nunca será intrínseca, nunca se arraigará en una valorización autogenerada; será condicional, dependiente del favor de otros. Así, se basará en factores externos y evanescentes, como el éxito social, la apariencia o el dinero. Éstas no son medidas de autoestima. La autoestima genuina no dice: "Yo valgo porque sé hacer esto, eso o aquello", sino que proclama: "Yo valgo, sepa o no sepa hacer esto, pueda o no hacerlo".

Si esta manera de ver la autoestima les parece extraña a algunos lectores, es sólo porque vivimos en una cultura que inculca una idea de la autoestima basada en cómo nos vemos ante los demás. Todos queremos tener lo que tienen los vecinos, todos queremos exhibir con ostentación nuestros nuevos coches, novios, novias o incluso cónyuges, y gozamos llenos de orgullo cada vez que los demás reconocen o envidian nuestros logros. Pero, ¿estamos verdaderamente valorando nuestra esencia? No, lo que estamos valorando es lo que los demás piensan de nosotros. ¿Es ésta la clase de autoestima que deseamos que nuestros hijos desarrollen?

La falta de un núcleo independiente de autoestima genera un vacío que se ha de llenar desde fuera. Tratar de rellenar ese vacío de autoestima independiente con material sustituto, como afirmaciones, estatus y éxitos es fútil. Por positivas que sean las experiencias, nada dura para siempre: cuantos más elogios recibe uno, más hambriento queda de seguir recibiéndolos; cuanto más popular uno se vuelve, más popular se esfuerza en ser; cuantas más competiciones gana, más competitivo se vuelve. Esto lo sabemos. El desafío consiste en usar nuestra influencia con nuestros hijos para quebrantar su dependencia de lograr popularidad, buena apariencia, buenas notas o éxitos en todo lo que se refiere a la manera como piensan y sienten de ellos.

Sólo una autoestima independiente de estas cosas servirá verdaderamente al joven. Apoyarse en sus compañeros respecto de algo tan importante como su sentido de importancia puede llegar a ser desastroso. Construida sobre fundamentos tan débiles, cuanto más alta sea la autoestima de un joven, más inseguro y obsesionado se volverá. Queda claro que los niños son muy inconstantes en sus relaciones. Carecen de sentido de responsabilidad para atemperar sus humores o cualquier compromiso relacionado con al bienestar de los demás.

Hacer que un niño sea dependiente de evaluaciones tan impredecibles es sentenciarlo a una inseguridad perpetua. Sólo la amorosa aceptación incondicional que los adultos saben proporcionar puede liberar a un niño de la búsqueda obsesiva por señales de apreciación o pertenencia.

Hasta que los niños se vuelvan capaces de una independiente autovaloración, nuestro deber es proporcionarles una afirmación tan impactante que no serán arrastrados a buscarla en otra parte. Tales afirmaciones penetran más hondo que las frases de amor y elogios –deben emanar de nuestro propio ser y penetrar hasta el interior del niño, convenciéndolo de que es amado, bienvenido, apreciado, que se celebra el hecho de su mera existencia, independientemente de sus "buenos" o "malos" comportamientos en dados momentos–. Preocuparnos por que el niño sea agradable para sus compañeros no le beneficia en absoluto, bajo ningunas circunstancias. La única forma de que sus compañeros importen menos es que nosotros importemos más.

Los amigos no son sustitutos de los hermanos

Uno de los casos en que se piensa que los compañeros son insustituibles es el de los hijos únicos. Se ha creado el mito de que los niños tienen que estar con otros niños para que se desarrollen bien. Los padres de un hijo único se angustian por el predicamento en que se encuentran y tratan de contrarrestar esta presumida privación convirtiéndose en los coordinadores sociales de sus hijos, facilitándoles fechas para el juego y organizando reuniones con otros niños. ¿Cómo van a poder jugar los niños si no tienen compañeros o no aprenden a llevarse bien con los demás?, piensan.

En primer lugar, debe quedar claro que los compañeros no son la misma cosa que los hermanos y que los hermanos son más importantes. Los hermanos comparten el mismo punto cardinal. La vinculación con los hermanos es un derivado natural de la vinculación con los padres. Aunque hay excepciones, los vínculos con los hermanos han de coexistir, sin inherentes conflictos, con los vínculos con los padres. Las relaciones con los hermanos suelen ser como las relaciones de los planetas que giran en torno al mismo sol, secundarias sólo a las relaciones de cada planeta con el sol. Los sustitutos más apropiados de los hermanos son los primos, no los compañeros. Si no son muchos los primos o no puede tenerse contacto con ellos o son una mala influencia, será más apropiado cultivar el tipo de amistades familiares donde otros adultos estén dispuestos a asumir el papel de tío o tía sustitutos. Las relaciones con los adultos deben ser los vínculos primordiales de todo niño.

Para esclarecer el asunto una vez más: el problema no es que los chicos jueguen unos con otros, sino que sean dejados unos con otros cuando sus necesidades básicas de vinculación no han sido satisfechas por los adultos a cuyo cuidado están. Esto ocurre cuando los niños están en más riesgo de formar vínculos que compiten con nosotros. Cuanto más bien vinculados estén nuestros hijos con los adultos que cuidan de ellos, menos preocupados estaremos en restringir su juego social.

Pero, ¿acaso los niños no necesitan jugar unos con otros? Tenemos que clarificar la diferencia entre lo que los niños quieren y lo que necesitan. El juego que los niños necesitan para un desarrollo sano es el juego espontáneo, no el juego social. El juego espontáneo (o soledad creativa) no conlleva el trato con otros. En el caso de los niños pequeños, la cercanía y el contacto con la persona con la que están vinculados tienen que ser lo bastante seguros como para darlos por sentado. Ese sentido de seguridad permite al niño aventurarse a un mundo de imaginación y creatividad. Si hay compañeros de juego, surgen de la imaginación del niño como Hobbes para Calvin o Pooh para Christopher Robin. Los padres constituyen la mejor apuesta para este tipo de juego, pues sirven de ancla de vinculación –no obstante deberán proceder con cuidado para evitar que el juego espontáneo se convierta en juego social, lo cual es mucho menos benéfico–. Los niños no están capacitados para convertirse en ancla de vinculación unos por otros, y entonces sus juegos emergentes son casi siempre reemplazados por el trato social. Debido al fuerte énfasis en la socialización con los compañeros, el juego espontáneo –juego que surge de la creatividad, la imaginación y la curiosidad sobre el mundo- está en peligro.

Una vez más, no estoy diciendo que algo de juego social, por sí mismo, vaya a dañar el desarrollo del niño, pero tampoco lo fomentará. Así, nuevamente, no es que los niños no deban pasar tiempo juntos, sino que no debemos esperarnos a que dicho juego satisfaga sus necesidades más profundas. Sólo los adultos que los atienden pueden lograr esto. En nuestra insistencia en la socialización de nuestros hijos, dejamos escaso tiempo para que estén con nosotros o entren en el juego solitario y creativo que he denominado juego espontáneo. Llenamos su tiempo libre con fiestas, videos, televisión o juegos electrónicos. Es preciso dejar mucho más espacio para que aflore su ser.

Y esto nos devuelve a la cuestión initial de los compañeros como sustitutos de los hermanos. Los niños necesitan tratar con adultos mucho más que con otros niños. Los padres no tienen ninguna razón de angustiarse si su hijo carece de hermanos o de hermanas, y tampoco deben sentirse impulsados a llenar ese vacío con los compañeros del niño.

De experimentar primero el verdadero legado de la orientación a los iguales –la creciente terquedad, la pérdida del respeto y consideración por la autoridad, la prolongada inmadurez, el aumento de la agresividad, el endurecimiento emocional, la falta de receptividad con los padres o los maestros–, nos esforzaríamos en enfrentar rápidamente el problema. No perderíamos tiempo en trabajar por restablecer nuestro lugar correcto en las vidas de nuestros hijos. Pero debido a que los primeros frutos de la orientación a los iguales lucen tan bien, no tenemos sospecha alguna de lo que nos aguarda. Creemos que los compañeros son la respuesta a muchos de los problemas que la crianza de los hijos nos depara. Pero será alto el precio que pagaremos. Es importante resistir la tentación de dar la bienvenida al caballo de Troya dentro de nuestras murallas.

18

Volver a crear el "pueblo de vínculos"

Muchos adultos, hoy cuarentones y más, recuerdan infancias en las que el "pueblo de vínculos" era una realidad. Los vecinos se conocían y se visitaban unos a otros en sus casas y los padres de los amigos se comportaban como los propios padres. Los niños jugaban en la calle bajo la mirada de adultos afables y protectores. Había tiendas de barrio donde se compraban verduras, herramientas, pan o cualquier otra cosa, y en dichas tiendas, los tenderos no eran proveedores sin rostro de productos manufacturados en masa para una cadena. Eran personas que todos conocían y hasta eran queridos. La familia extendida –tíos, tías, cuñados, etc.– estaban en contacto regular unos con otros y, de ser necesario, sustituían a los padres en la tarea de cuidar de los niños. Las cosas no eran ideales –casi nunca lo han sido en la existencia humana–, pero existía cierto arraigo palpable, una integración y una conexión que tramaban una matriz invisible donde los niños maduraban y desarrollaban su sentido del mundo. El pueblo de vínculos era un lugar donde los adultos orientaban, donde la cultura y los valores pasaban verticalmente de una generación a la otra, donde los niños, para bien o para mal, seguían el liderazgo de los adultos.

Para muchos de nosotros, ese pueblo de vínculos ya no existe. Los fundamentos sociales y económicos que antes sustentaban las culturas tradicionales se han desvanecido. Se han esfumado aquellas comunidades bien cohesionadas donde las familias extendidas vivían en estrecha proximidad, donde los niños crecían entre adultos que los conducían, que trabajaban cerca de casa, donde las actividades culturales atraían a todas las generaciones. Muchos de nosotros debemos compartir la tarea de educar a nuestros hijos con adultos que ni nosotros ni nuestros niños hemos conocido antes. La mayoría de los niños en las ciudades actuales salen de la casa cada día para ir a lugares donde se encargan de ellos adultos con los cuales no tienen ninguna vinculación. Es imposible para la mayoría de nosotros dejar a nuestros hijos en casa. Si queremos impedir que nuestros hijos se orienten a sus compañeros o recuperarlos si ya lo han hecho, sólo nos queda una opción: reinventar el funcional pueblo de vínculos dentro del cual educar a nuestros hijos. Como en la canción de Humpty Dumpty, quizá no podemos volver a pegar todas las piezas o tampoco restablecer estructuras sociales y económicas obsolescentes, pero hay mucho que podemos hacer para facilitarnos las cosas tanto a nosotros como a nuestros hijos.

Según el dicho, no toda casa es hogar. El problema con los jóvenes orientados a sus iguales es que, aun viviendo en nuestras casas, no se sienten en su hogar con nosotros. Salen de casa para ir a su "hogar", que es el lugar donde se reúnen con sus compañeros. Usan nuestros teléfonos para llamar a su "hogar". Van al colegio para estar en el hogar con sus amigos. Extrañan su hogar cuando no están en contacto unos con otros. Sus instintos caseros se han desviado para asegurar su cercanía unos de otros. En vez de preferir estar en las casas de sus padres, los adolescentes orientados a sus iguales son como nómadas, grupos a la deriva paseándose sin rumbo por los centros comerciales. El hogar es tal vez donde pertenecen, pero su hogar no está en nuestra casa.

Sólo en el contexto de un pueblo de vínculos podemos crear hogares para nuestros hijos en el más verdadero sentido. Tanto el hogar como el pueblo se crean por los vínculos. Lo que hace que un pueblo sea tal son las conexiones entre la gente. Las conexiones también hacen el hogar, sean conexiones con el hogar mismo o con la gente que vive en él. Nos sentimos realmente "en casa" sólo con aquellos con los que estamos vinculados.

Sólo cuando un niño se siente en casa con aquellos que lo cuiden podrá realizarse plenamente su potencial evolutivo. Ayudar a los niños a sentirse en casa con los adultos que escogemos para encargarse de ellos es precisamente lo mismo que crear un pueblo de vínculos donde crecer. En las comunidades tradicionales de vínculos, el joven nunca tenía que dejar la casa: estaba en casa adondequiera que anduviese. Hoy los jóvenes tampoco tendrían porque dejar el hogar, o al menos perder la sensación de sentirse en casa con adultos comprensivos, hasta que sean lo suficientemente maduros para sentirse a gusto con su ser íntimo.

Se pueden crear pueblos de vínculos al desarrollar visión e intención. Como la vinculación misma, la construcción del pueblo tiene que ser una actividad consciente. No tenemos razón de añorar algo que no existe, pero tenemos toda razón para restaurar lo que falta.

Desarrollar un equipo de apoyo

Es importante valorar a los amigos adultos que muestren interés por nuestros hijos y encontrar modos de fomentar sus relaciones con ellos. También precisamos esforzarnos por crear costumbres y tradiciones que conecten a nuestros hijos con la familia extendida. El ser parientes no basta; se requiere una genuina relación. Por desgracia, muchos abuelos se han vuelto demasiado orientados a sus iguales para asumir su papel en la jerarquía de los vínculos. Muchos de ellos prefieren estar con sus amigos a convivir con sus nietos y, además, en nuestra sociedad móvil y fragmentada, muchos viven lejos. Si el contacto con nuestra familia extendida es imposible o, por alguna razón, no conviene a nuestros hijos, nos toca cultivar relaciones con adultos que estén dispuestos a ocupar ese lugar.

Nuestra manera de socializar también debe cambiar. En Norte América, la socialización tiende a estar orientada a los iguales, dividiendo según las líneas generacionales. Incluso cuando varias generaciones se juntan, las actividades suelen separarse: los adultos se juntan con los adultos y los jóvenes con los jóvenes. Para crear pueblos de vínculos, nuestra socialización debería cultivar conexiones jerárquicas. Durante nuestra estancia en la Provenza, notamos que la socialización casi siempre incluía a los niños. Se preparaban comidas, se escogían actividades y se planeaban excursiones con eso en mente. Los adultos se encargaban de recoger a los jóvenes. Este tipo de socialización familiar nos tomó al principio por sorpresa, pero tenía pleno sentido desde una perspectiva de vinculación. Cuanto mayor sea el número de adultos que cuiden al niño, más inmune se volverá éste a la orientación hacia sus compañeros. Deberíamos participar lo más posible con nuestros hijos en actividades comunitarias que conecten a nuestros hijos con los adultos, sea a través de centros religiosos o étnicos, actividades deportivas, eventos culturales.

En una calle vecina de donde vive mi coautor, los padres se han organizado formando lo que llaman "En esta calle sí se puede". Las relaciones sociales se cultivan deliberadamente entre las familias que viven en ella. Tienen bancos y mesas para merendar fuera de algunas de las casas donde padres y niños de todas las edades se juntan. Los niños han aprendido a relacionarse con todos los adultos de la calle como figuras de vinculación, o sustitutos de tíos y tías. Una vez al año, la calle se cierra al tráfico para celebrar lo que llaman "la fiesta del pueblo". Hay juegos, se sirve comida y se escucha música por los altavoces. El cuerpo de bomberos lleva un camión y los niños se divierten subiéndose en él.

Todos los padres necesitan un equipo de apoyo y si no existe es muy necesario cultivarlo a propósito. Todos precisamos a alguien que de vez en cuando nos sustituya y comparta nuestras responsabilidades. Seleccionar con cuidado a esos sustitutos y fomentar el apego de nuestros hijos a ellos debería ser nuestra prioridad. No basta con que se pueda contratar a una niñera o a una canguro que sean disponibles, confiables y hayan aprobado los cursos requeridos. Lo que hace que todo esto funcione es que el niño acepte al sustituto de los padres como un punto cardinal funcional y que se sienta en casa con esa persona. Esa clase de relación debe ser fomentada y cultivada. Incluir al o a la posible candidato o candidata en las actividades familiares e invitar a esa persona a una comida con la familia puede ser el tipo de estructura necesario para motivar una conexión.

En las condiciones actuales, en muchas familias ambos progenitores necesitan trabajar –para no hablar del creciente número de familias donde hay un solo progenitor–. No podemos retrasar el reloj a un pasado idealizado cuando uno de los padres, de ordinario la madre, se quedaba en casa mientras los niños eran pequeños o al menos hasta que se matricularan en la escuela. Económica y culturalmente hemos llegado a una etapa diferente. Pero debemos garantizar que nuestros niños formen fuertes relaciones con los adultos que escogemos para ocupar nuestro lugar, como explicaré en la siguiente sección.

Mi coautor, Gabor, visitó México por primera vez hace poco. Le impresionó la franca felicidad de los niños que vio en los pobres pueblos mayas. "La alegría se desprendía de los rostros de aquellos chiquillos –dice–. No vimos nada de la enajenación y agresividad que presenciamos entre los chicos de Norteamérica. Había una ingenua apertura en aquellos chiquillos, una inocencia, a pesar de la dura vida de sus padres." Los mayas, lo mismo que los pueblos indígenas de otras partes, practican la vinculación con los padres, sin que sean conscientes en absoluto de ello. Llevan a sus pequeños adondequiera que vayan durante los primeros años de vida y de ordinario los crían en pueblos tradicionales de vínculos. La idea de padres que se alejan de sus hijos o bebés les parecería extraña. Asimismo, de acuerdo con un reportaje periodístico de Nairobi (Kenya), una mujer que abrió una tienda de cochecitos para bebés explicó por qué el negocio iba lento. "Las mujeres aquí no entienden por qué le haría falta comprar un tal aparato para llevar a sus hijos. Las mamás llevan en los brazos a sus hijos adondequiera que vayan." De nuevo, cualquiera que visite África no puede sino notar la alegre espontaneidad, las sonrisas naturales y los sueltos movimientos del cuerpo de los niños africanos. Esto deriva del estrecho contacto con adultos cariñosos del pueblo de vínculos. Desafortunadamente, la cultura está en proceso de ser erradicada por las guerras y las hambrunas en muchas partes del continente africano.

Resalto estos ejemplos no para culpar a nuestra propia cultura, sino para mostrar lo que hemos perdido respecto de un ejercicio como padres instintivo y basado en los vínculos. Quizá no podamos regresar a tales prácticas, pero nos toca compensar su pérdida en cuanto podamos. De ahí mi insistencia en que hagamos lo que esté en nuestro poder para reinventar el pueblo de vínculos en el grado que lo permitan nuestras capacidades y circunstancias.

A menudo me preguntan a qué edad un niño está listo para manejar la separación porque alguno de sus progenitores sale a trabajar o, quizá, deja que el hijo se vaya de vacaciones. Mi respuesta es casi siempre que todo depende del carácter del equipo de soporte. Sólo la vinculación puede crear un sustituto del progenitor y por lo tanto, precisamos cultivar tales vínculos. Nuestra cultura social ya no hace ese trabajo. Junto con el cometido de traer un hijo al mundo, ahora viene la responsabilidad de crear nuestro propio equipo de apoyo. Si fuéramos conscientes de la vinculación y asumiéramos este papel, podríamos escuchar conversaciones como ésta:

—¿Cómo te va con la búsqueda de una niñera para Samantha?

—Creo que hemos encontrado a una candidata prometedora. Ahora están juntos en la cocina cocinando un montón de cosas. Se llevan de lo mejor. Quiero que pasen un tiempo juntas y que Samantha esté conectada del todo con ella antes de dejarlas solas. Después todo saldrá a pedir de boca.

Los vínculos con adultos son especialmente importantes en la adolescencia. Al apartarse de los padres, como suelen hacer los adolescentes al madurar, tener a otro adulto a quien acudir puede evitar que el adolescente se oriente hacia su compañeros. Sin embargo, para servir su propósito, estas relaciones deben cultivarse mucho antes que el chico alcance la adolescencia. Si nos toca ser reemplazados, sería mucho mejor que sea con sustitutos que hayamos escogido.

Que encajen con quienes los cuiden

En el pueblo tradicional, los vínculos de los jóvenes eran generados por los vínculos con los padres. En muchos casos hoy, nos resulta casi imposible escoger a los adultos, por ejemplo a los maestros, a quienes encargamos a nuestros hijos. En tales situaciones, el reto es asegurar que nuestros hijos se lleven bien con sus cuidadores. Lograr esa afinidad supone contribuir a que dos personas se vinculen recíprocamente. A menudo contribuimos a ese emparejamiento instintivamente al fomentar conexiones entre hermanos o, digamos, entre nuestros hijos y sus abuelos. Necesitamos aplicar este baile de vinculación instintiva al crear el pueblo de vínculos.

A veces los niños se vinculan espontáneamente con quienes los cuidan: sea las encargadas de la maternal, los maestros, las niñeras, los abuelos. Pero de no ocurrir así, es importante no quedarnos apáticos. Es mucho lo que podemos hacer para facilitar el desarrollo de una relación funcional entre nuestro hijo y la persona que ocupará nuestro lugar. Los casamenteros tienen algunos ases escondidos en la manga. Una vez que nuestro objetivo haya quedado claro, nos sorprenderá lo sencillamente que se encaminará lo demás.

Uno de los instrumentos más importantes es la presentación. Ésta constituye una oportunidad para crear buenas primeras impresiones. Es también una forma natural de dar nuestra bendición a la vinculación. Es preciso que el niño nos vea en trato afable con la persona a la que vamos a pasarle el relevo, trátese de una maestra de preescolar, de maternal, un profesor de piano, un instructor de esquí, el director del colegio o el maestro de la clase. El quid está en llevar la delantera en el conocimiento del adulto al que vamos a confiar a nuestro hijo y luego mantener el control durante la presentación. Es una oportunidad de oro para que ambos encajen.

Si viviéramos en un mundo en armonía con un diseño evolutivo, los padres y los maestros primero establecerían conexiones amistosas unos con otros y luego, los padres asumirían el papel, que por derecho les corresponde, de hacer las presentaciones. La mezcla escolar, en vez de llevar a que los alumnos se orienten a sus iguales, facilitaría el trato entre los adultos del equipo de vinculación. Habría estructuras que contribuirían a que los jóvenes pasaran suavemente de un adulto a otro. Y sin embargo, ¿cuál es la realidad? Mi coautor y yo recientemente fuimos invitados a dirigir un seminario de profesionales en una ciudad de la Columbia Británica. Para nuestra sorpresa, nos enteramos de que la escuela secundaria local planeaba llevar a cabo la ceremonia de graduación sin los padres, con la excusa de que la matrícula había sido tan numerosa que no había espacio para todos los estudiantes y sus familiares. Sin embargo, la ciudad tenía varias construcciones grandes, entre ellas una cancha de hockey. ¡El problema no era la falta de espacio, sino la falta de conciencia de lo que es importante!

Otro instrumento importante para la afinidad es crear afecto entre las partes no conectadas. Sea haciendo cumplidos o interpretando las señales de aprecio, la meta del socializador es facilitar que las partes se gusten recíprocamente. Con demasiada frecuencia, como padres nos saltamos este paso y discutimos sobre nuestras inquietudes y acerca de las cosas que salieron mal. La relación es el contexto para trabajar con el chico y, por tanto, la prioridad. La relación es lo primero que se tiene que establecer antes de buscar soluciones a lo que no funciona. Como padres hemos de llevar la delantera. Precisamos ser conscientes de este objetivo y el resto seguirá sencillamente. Por ejemplo, a la maestra podríamos decirle algo así: "Usted ha hecho muy buena impresión en nuestra hija", "podemos decirle con toda seguridad que usted le cae bien a nuestro hijo y que no quiere decepcionarla", "nuestro hijo preguntaba por usted cuando usted se ausentó. La echaba de menos". Y a nuestro hijo podríamos decirle:

"Tu maestra nos dijo muchas cosas buenas de ti", "no se interesaría tanto por ti si no fueras importante para ella", "la maestra dijo que te echaba de menos y dijo que cuándo estarías bien para regresar a la clase". Siempre se puede encontrar algo que se puede interpretar positivamente y contribuir así a establecer la conexión entre el hijo y el adulto responsable de él.

Todos los jóvenes precisan conexiones con los adultos para que no se escurran por los huecos de la vinculación. Cuando un niño tiene suficientes adultos de los que depender, no hay peligro de que se establezca la orientación a los iguales cuando va de la casa a la maternal o cuando sale al patio para el recreo. Nuestro trabajo es lograr que el niño esté protegido por un dinámico vínculo con un adulto en todo momento y como en las carreras de relevos, que funcionemos dentro de un equipo homogéneo. Debemos asegurarnos que hemos pasado el relevo de la vinculación con éxito antes de soltarlo. Es cuando lo dejamos caer que nuestros hijos corren peligro de ser captados por alguien más.

No hay límites a los tipos de afinidades que se pueden lograr. Un programa escolar de los años 80 que lanzó el doctor Mel Shipman, comenzó juntando a ciudadanos mayores con niños de primaria en el sector este de Toronto. El programa consistía en una hora de contacto por semana, pero el impacto positivo de los tratos intergeneracionales repercutió en todos los colegios. Muchos alumnos consideraron que las relaciones habían cambiado sus vidas y lo mismo dijeron muchas de las personas mayores que participaron. El éxito del Riveldale Inter-Generational Project dio origen a un movimiento por toda la provincia que ahora abarca a varios cientos de instituciones que fomentan las conexiones entre las generaciones.[1] Este popular programa se ha extendido también por varios estados de la costa este de Canadá. Es interesante que los iniciadores de esta maravillosa idea, sin tener conocimiento de lo que era la orientación a los iguales, no lograran explicar adecuadamente el éxito de su programa. Una vez que tomamos en consideración la orientación a los iguales, se entienden fácilmente los efectos benéficos del contacto transgeneracional. Tanto para los jóvenes como para los mayores, este contacto satisfizo una profunda necesidad.

El maestro que ha formado un vínculo funcional con un alumno

---

1. La cronología del programa intergeneraciones de Notario se publica en Internet por United Generations.

tiene el potencial de socializador para facilitar las relaciones con otros maestros y miembros del personal responsables del niño: el bibliotecario, el supervisor del patio de recreo, el director, el orientador, pero en especial el profesor del próximo curso. ¡Qué diferente sería si los maestros utilizaran su potencial de vinculación para crear relaciones funcionales con otros adultos de los que el alumno necesita depender! Mi querida señora Ackerberg fue lo mejor que me pudo haber ocurrido en el primer grado, pero si ella me hubiera socializado con mi maestra de segundo grado y le hubiera entregado el relevo de vinculación, yo no habría necesitado aguardar hasta el quinto grado para vincularme con otra maestra.

Desactivar a la competencia

Vivimos en un mundo donde abundan las rivalidades en los vínculos. Existe un potencial de conflicto cada vez que nuestro hijo forma un nuevo vínculo con alguien con el que no estamos relacionados. Las escuelas generan vínculos competitivos. El divorcio y el volverse a casar generan vínculos competitivos. Los pueblos de vínculos existentes se desintegran a menudo como consecuencia de vínculos competitivos, volviendo a los niños mucho más propensos a la orientación a sus compañeros. Nos toca desactivar conscientemente cuanta más competencia sea posible, sea que los vínculos competitivos se establezcan con diferentes adultos presentes en la vida del niño o entre los padres y los compañeros.

A veces, el vínculo competitivo puede ser con otro progenitor: uno de los padres divorciado, un padrastro o madrastra, un padre o madre adoptivos. En cuanto sea posible, es importante explicar al niño que la cercanía con uno de los progenitores no necesariamente implica el distanciamiento del otro. Necesitamos cambiar relaciones exclusivas de "éste o éste" a relaciones inclusivas de "éste y éste", lo cual puede lograrse hablando del otro progenitor de una manera amistosa y facilitando el contacto con el progenitor ausente. A veces, la competencia disminuirá para el niño cuando se percate de que ambos progenitores se tratan de manera afable: sentados juntos en alguna función escolar, ovacionando ambos al niño durante un partido, aplaudiendo al hijo en un recital de música. Por difícil que les parezca a los adultos elevarse por encima de sus diferencias, bien vale la pena. No sólo es posible mantener el pueblo de vínculos cuando la cercanía de uno de los padres no exige el distanciamiento del otro, sino que incluso puede ampliarse.

Suele ocurrir con mucha frecuencia que la competencia, real o potencial, no sea con otros adultos, sino con los compañeros del hijo. Hay centenares de formas de desactivar elementos divisivos. En primer lugar, podemos cultivar relaciones con los amigos de nuestros hijos, procurando quedar dentro del cuadro y que sus conexiones también nos incluyan a nosotros. Esto puede comportar, por ejemplo, contestar el teléfono y saludar por su nombre a los amigos que llaman e incluso entrar en conversación con ellos. Si los niños están bastante orientados a sus iguales, suelen actuar como si ni existiéramos. Nuestra única esperanza de contrarrestar esto es insistir en manifestar nuestra presencia, desde luego de una manera afable. Lo mismo vale para cuando esos amigos vienen a nuestra casa. Dejar que entren por la puerta de atrás o por una entrada secundaria los pone en situación de escapar a los rituales normales de vinculación como los saludos y las presentaciones a la familia. También, crear un área aparte dentro de la casa, donde los jóvenes puedan aislarse de nosotros, es lo peor que se nos puede ocurrir. Es preferible que estén en las áreas comunes, donde podamos mantener la conexión y subvertir la mentalidad de "éste o éste". En cuanto a los vínculos, quienes no están en relación con nosotros se convierten a menudo en rivales nuestros. Lo que a veces rompe el hielo y les empuja a relacionarse con nosotros es sentarlos a la mesa a comer en el ambiente familiar. Soy consciente de que este tipo de intervención no es fácil, pero hablo por experiencia propia cuando digo que bien vale la pena, a pesar de que uno se sienta un poco incómodo la primera vez.

Cuando los niños alcanzan la adolescencia, suelen pedir a los padres que les dejen organizar reuniones y fiestas con los amigos. Si la orientación a los iguales es lo que se estila, el mensaje implícito o explícito para los padres es que se vayan de la casa cuando estos eventos tienen lugar. Nuevamente, es importante que los padres se adelanten, frustren la polarización y establezcan un precedente. Cuando Bria, nuestra tercera hija, llegó a esa edad, teníamos ya bastante práctica en esa estrategia. Cuando llegó la inevitable petición, acompañada del ruego de volvernos invisibles, tomamos la iniciativa. Claro que ella podía tener la fiesta, pero desde luego que no nos esfumaríamos. Más aún, seríamos activos anfitriones y daríamos una merienda que ninguno de sus amigos rechazaría. Me decidí por un asado a la barbacoa para poder preguntar a cada uno de los huéspedes qué querían y cómo lo querían. Por lo tanto, mi estrategia secreta era presentarme ante ellos de una manera amable, mirándolos a la cara lo más posible, solicitar sonrisa y asentimiento de cabeza, conocer sus nombres y tratar de recordarlos, y desde luego, presentarme como el padre de Bria. Contraté a los hermanos menores de Bria de camareros. El mensaje no podía ser más claro: entrar en relaciones con Bria era entrar en relación con toda la familia. Todos o nadie. Cuando hablamos a Bria de nuestro plan ella se sintió muy mortificada. Dudaba de que funcionase. Temía que sus amigos no fueran a querer asistir a la fiesta y que si decidían hacerlo, después no volverían a hablarle jamás. Sus temores eran infundados. Desde luego no logré romper el hielo con todos, pero dudo de que aquellos con los que fracasé se hubieran sentido inclinados a regresar de todas maneras. Los chicos con los que el plan funcionó ya eran probablemente más inclinados en buscar un tipo de relación con nuestra hija que no compitiera con nosotros.

Otra forma también de disipar cualquier competencia potencial es cultivar relaciones con los padres de los amigos de nuestros hijos. En el preexistente pueblo de vínculos de antaño, ya esto hubiera ocurrido naturalmente. Mas al vivir en el mundo moderno, la única opción que nos queda es construir el pueblo desde cero: desde los compañeros de nuestros hijos hasta sus padres. De no hacerlo, el mundo de vínculos de nuestros hijos quedará dividido, fracturado, y lleno de competencias potenciales. Quizá no podamos controlar quiénes son los amigos de nuestros hijos, pero si logramos conexiones amistosas con sus padres, aportaremos alguna armonía y unidad a su mundo de vínculos. ¿Lo lograremos siempre? Desde luego que no. A veces las diferencias pueden ser demasiado grandes para que esto se pueda dar, pero al menos debemos intentarlo. El precio es demasiado alto para no aprovechar cualquier oportunidad.

Mi esposa y yo tuvimos suerte con Bria. Los padres de dos de sus amigas íntimas estaban abiertos a la idea de cultivar conexiones con el propósito de mezclar los mundos de las chicas. Ya habíamos iniciado una relación con las amigas de Bria, y los demás padres también habían hecho lo mismo. Mi intento era disipar cualquier posible competencia, creando un mundo donde la proximidad con las compañeras no fuera a expensas de la proximidad con los demás padres. La construcción del pueblo de vínculos funcionó mejor de lo previsto. La cereza encima del pastel fue la Nochevieja del milenio. Antes de este acontecimiento, cada miembro de la familia había expresado sus ideas sobre como festejar aquella especial noche y qué significado tendría para él. La fantasía de Bria era no sólo estar con sus mejores amigas aquella Nochevieja, sino con las familias de éstas, incluidos sus huéspedes. Pues bien, invitamos a todos bajo nuestro techo y pasamos la velada disfrutando juntos. Brindamos por las damiselas que nos habían inspirado para la creación de un pueblo desde los cimientos, fomentando conexiones que, de otro modo, jamás habrían existido. El acontecimiento confirmó claramente que cuando los amigos y los padres no compiten, los hijos pueden tener a ambos.

Sólo cuando su mundo de vínculos se queda dividido, amigos y padres viven en diferentes esferas. El reto es crear un cierto tipo de relaciones de vinculación con nuestros hijos y una cierta clase de pueblo de vínculos donde puedan vivir y, donde se incluyen a los compañeros sin que remplacen a los padres.

Como la infancia es función de la inmadurez, la duración de ésta se extiende en nuestra sociedad. Al mismo tiempo, como el verdadero oficio de padres es asunto de relaciones y existe sólo mientras el hijo esté activamente vinculado con nosotros, la duración de la efectividad de dicho oficio disminuye con celeridad. Es aquí donde la orientación a los iguales interviene: cuando los vínculos se distorsionan, perdemos el oficio de ser padres. Que dicho oficio se desvanezca antes de que concluya la niñez es desastroso tanto para los padres como para los hijos. Cuando somos despojados de nuestro oficio de padres, nuestros hijos pierden los aspectos positivos de la niñez. Quedan inmaduros, pero privados de su inocencia, vulnerabilidad y de la apertura infantil necesaria para el crecimiento y para el sano disfrute de cuanto la vida ofrece. Parte de su legado como seres humanos les es robado.

¿Quiénes tienen que criar a nuestros hijos? La resonante respuesta, la única respuesta compatible con la naturaleza, es: nosotros –los padres y demás adultos encargados de su cuidado– debemos ser sus mentores, sus guías, sus educadores, sus modelos. Nos toca sostener y proteger a nuestros hijos hasta que nuestro trabajo se haya completado. Nos toca sostener a nuestros hijos no por propósitos egoístas, sino para que puedan seguir adelante; no para retenerlos, sino para que puedan llevar a cabo su evolución. Nos toca sostener a nuestros hijos, hasta que ellos puedan sostenerse por sí mismos.

Glosario

Adaptar/adaptación/proceso adaptativo
Proceso adaptativo hace referencia a aquella fuerza natural de desarrollo mediante la cual el niño cambia –se desarrolla emocionalmente o aprende nuevas realidades– gracias al hecho de aceptar algo que no se puede cambiar. Éste es el proceso mediante el cual los niños aprenden de sus errores y se benefician con el fracaso. Es también el proceso por el cual la adversidad cambia a un joven para su bien.

Adolescencia
Utilizo el término de 'adolescencia' para referirme al puente entre infancia y adultez. Por lo general tiene que ver con el tiempo que va desde el inicio de la pubertad hasta la adopción de papeles de adulto en la sociedad.

Affair
Ver Affair de vinculación.

Affair de vinculación
Quitándole su connotación sexual, esta analogía sirve para designar la orientación a los iguales. La esencia de un *affair* marital es cuando un vínculo exterior compite con la cercanía con el otro cónyuge, apartándolo. Es cuando los vínculos con los amigos apartan a un hijo de sus padres, perjudicando el desarrollo.

Alarma
Ver Alarma de vinculación.

Alarma de vinculación

Los cerebros humanos están programados para alarmar a sus anfitriones cuando se enfrentan a la separación de aquellos con los que están vinculados. La alarma de vinculación opera a muchos niveles: instinto, emoción, conducta, química y sentimiento. Si se siente la alarma se puede experimentar como temor, angustia, conciencia, nerviosismo y aprensión y, por lo general, hará que el joven se vuelva cauteloso. Si esta alarma no se siente conscientemente, se puede manifestar como tensión o agitación.

Baile de cautivación

Término que se refiere a los instintos de cortejo en humanos, cuyo propósito es que los demás se vinculen con nosotros. He optado por el término de captación para eliminar las connotaciones sexuales que comportan las palabras 'cortejo' y 'galanteo'. Lo de baile se refiere al aspecto interactivo de este proceso.

Baile de vinculación

Ver Baile de cautivación.

Brújula

Ver Punto cardinal.

Conciencia de vinculación

Se refiere a los malos sentimientos que se despiertan en una persona –en especial un niño– cuando piensa, hace o considera algo que producirá desaprobación, distanciamiento o decepción en aquellos con los que está vinculado. La conciencia de vinculación hace que el joven se mantenga cerca de sus figuras vinculantes (idealmente, sus padres). Cuando un niño se orienta a los iguales, la conciencia de vinculación atiende a la relación con los iguales.

Contravoluntad

Se refiere al instinto de resistir la presión o coerción. Este instinto impide que los niños sean influenciados indebidamente por aquellos con los que no están vinculados. La contravoluntad, a menos que se haya agrandado por la orientación a los iguales u otros factores, sirve para el desarrollo, porque forma la voluntad del joven que aprenden a oponerse a la voluntad de los demás.

Defendido contra la vulnerabilidad

El cerebro humano está diseñado para protegerse contra un sentido de vulnerabilidad que resulta demasiado abrumador. Cuando estos mecanismos protectores son crónicos y generalizados, llevan a un estado de defensa contra la vulnerabilidad. Estos mecanismos protectores suponen filtros emocionales y perceptivos que desechan la información que la persona percibiría como dolorosa y lesiva.

Defensiva, desvinculación

Ver Desvinculación.

Desvinculación

Este término se refiere a la resistencia contra la proximidad. Esa resistencia es una defensa contra la vulnerabilidad. Con mucha frecuencia, el contacto y la cercanía se resisten para evitar la herida de la separación. Esta reacción instintiva es un mecanismo común de defensa, pero si se encona o generaliza destruye el contexto para ejercer como padres y para un desarrollo saludable.

Diferenciación

Se refiere al proceso de crecimiento consistente en la separación e individuación. Si la vinculación con los adultos cuidadores es la primera fase del desarrollo, la diferenciación es la segunda. Las entidades o seres tienen que estar, primero, lo bastante diferenciados antes de que se puedan integrar exitosamente. Por esta razón, la diferenciación saludable debe preceder a la socialización; de otra forma, la persona no podrá experimentar el estar junto con alguien sin perder el sentido del yo.

Elemento atemperante

Los pensamientos, sentimientos o intenciones que detendrían los impulsos a actuar de maneras inapropiadas –por ejemplo, el amor atemperaría el deseo de lastimar; el temor a las consecuencias puede atemperar un impulso a actuar de manera destructiva; la capacidad de conocer el punto de vista de otra persona atempera la tendencia a ser dogmático. Tal atemperación aporta balance a la personalidad o perspectiva en la percepción.

Emergente
Ver Proceso emergente.

Emoción
Este término tiene dos significados etimológicos: "entusiasmarse" y "mover". La emoción es lo que mueve al joven, al menos hasta que las intenciones se han vuelto lo bastante fuertes para determinar la conducta. Todo ser con un sistema límbico, que es la parte emocional del cerebro, tiene emoción, pero sólo los humanos son capaces de ser conscientes de su emoción. A la parte consciente la llamamos sentimientos. La emoción tiene muchos aspectos: químico, fisiológico y motivacional. Las emociones no necesitan ser sentidas para movernos, pues a menudo somos impulsados por emociones inconscientes.

Energía emergente
Ver Proceso emergente.

Frustración del vínculo
Esta frustración surge cuando los vínculos no funcionan. Cuando el contacto se tergiversa o cuando se pierde el sentido de conexión.

Fuga de la vulnerabilidad
Ver Defendido contra la vulnerabilidad.

Funcionamiento integrador
Ver Proceso de integración.

Guión
La analogía del guión ha sido tomada de la profesión de actor, donde la conducta es una representación y no se origina en el actor. Tal ocurre con la madurez. Las situaciones sociales demandan una madurez que nuestros hijos quizá no hayan alcanzado. No podemos hacer que crezcan por mandato, pero podemos conseguir que actúen con madurez en dadas situaciones, si les proporcionamos pistas sobre qué hacer y cómo hacerlo. Para que un niño acepte esas directrices, el adulto debe estar en la posición de suministrar pistas en la vida del niño, lo que es fruto de los vínculos del niño con sus padres. El buen guión se

centra en lo que hay que hacer, en vez de en lo que no hay que hacer, y proporciona pistas que el niño puede seguir con facilidad.

Horizontalización de la cultura

La pérdida de la transmisión vertical de la cultura, donde las costumbres y las tradiciones pasan de generación en generación. También coincide con palabras que designan la muerte de la cultura, como en la horizontalización o allanamiento de las ondas cerebrales.

Identificación

Forma de vinculación donde uno se vuelve lo mismo que la persona o cosa con la que se vincula. Por ejemplo, vincularse con representar un papel o rol es identificarse con un papel.

Impotencia de los padres

Uso este término en el más estricto sentido de la palabra: falta de poder suficiente. Los padres requieren tener potencial derivado de la vinculación de los hijos con ellos para poder cumplir con sus responsabilidades de padres. Cuanto más débil sea el vínculo, más impotentes se vuelven los padres.

Incompatibilidad de vínculos

Los vínculos son incompatibles cuando un joven no puede mantener la cercanía o un sentido de conexión en dos relaciones simultáneamente. La incompatibilidad se crea cuando, por ejemplo, el joven percibe una serie de pistas sobre cómo actuar o cómo ser, que le dan los padres, y otro conjunto por completo diferente, que le dan los amigos. Cuanto más incompatibles sean los vínculos, tanto más probable que haya una polarización entre ellos.

Individualismo

Este término suele confundirse con individualidad, y da a ésta un sentido peyorativo. Individualismo se refiere a la idea de que las necesidades del individuo son más importantes que aquellas del grupo o la comunidad. Esta confusión suele conducir a que la gente piense que la individuación se opone a la comunidad, como contrario al requisito para que exista una verdadera comunidad.

Individualidad

Aquella parte de la personalidad que es indivisible y que no se comparte con nadie más. La individualidad es el resultado del proceso que lleva uno a ser una persona psicologicamente separada de las demás y que culmina con la plena maduración de la unicidad de cadauno. Ser un individuo es tener sus proprios sentidos, ideas y límites. Es valorar sus preferencias, principios, intenciones, perspectivas y objetivos. Es estar en un lugar que no ocupa nadie más.

Individuación

El proceso de devenir un individuo, distinto y diferenciado de los demás, y funcionante como ser separado. Este concepto es a menudo confundido con individualismo, que se ha definido más arriba.

Inmadurez psicológica

Ver Madurez.

Instinto

Se entiende por instinto las urgencias o impulsos profundos que nos llevan a actuar y que son comunes a todos los humanos. Como la vínculación es el impulso preeminente, la mayoría de nuestros instintos sirven a la vinculación. La fuente de estos impulsos que llevan a actuar se encuentra en lo más profundo del sistema límbico del cerebro humano. Los instintos humanos, sin embargo, al igual que los instintos de las demás criaturas, para activarse necesitan de estímulos apropiados del ambiente. No son necesariamente automáticos.

Intimidad emocional

Un sentido de cercanía y conexión que se siente emocionalmente.

Intimidad psicológica

Sensación de cercanía o conexión que proviene de ser visto y oído en el sentido de ser conocido o entendido.

Intuición

Cuando uso este término me refiero de ordinario al conocimiento que se siente, más que se conoce; inconsciente como opuesto a consciente. Nuestra intuición, sin embargo, será tan buena como lo sea nuestra percatación. Cuanto más precisos seamos en nuestras percepciones, más podremos confiar en nuestra intuición.

Lágrimas de futilidad

Es un reflejo humano llorar cuando penetra la futilidad; en especial si la frustración ha sido intensa. Los sentimientos correspondientes son los de tristeza y decepción. La futilidad es lo que experimentamos cuando algo no funciona o no puede funcionar. Cuando la futilidad se registra emocionalmente, se envían señales a las glándulas lacrimales, de donde resulta que los ojos se humedecen. Estas lágrimas son diferentes de las lágrimas de frustración. La experiencia de captar que algo es fútil y los consecuentes sentimientos de tristeza y "de soltar" son importantes para el desarrollo del niño. Los jóvenes orientados a sus iguales carecen notablemente de esas lágrimas de futilidad.

Madurez

Proceso por el que un niño realiza su potencial humano. Si bien el crecimiento psicológico es espontáneo, no es inevitable. Si las circunstancias lo facilitan, el niño puede crecer sin realmente desarrollarse plenamente. Los tres procesos primarios por los que los niños maduran son emergencia, adaptación e integración.

Mente/cerebro de vinculación

Término de las partes del encéfalo y del sistema nervioso que tienen a su cargo los vínculos. No se refiere a un lugar particular, sino a una función determinada de la mente o el cerebro compartida por varias regiones de éste. Muchos otros seres tienen esta vinculación que funciona como parte de su aparato encefálico, pero los seres humanos son los únicos que tienen la capacidad de ser conscientes del proceso de vinculación.

Mente integradora

Cuando el proceso integrador está activo, la mente capta el pensamiento o sentimiento que entraría en conflicto con todo lo que tiene delante. Esto aporta equilibrio y perspectiva.

Naturaleza bipolar del vínculo

Igual que el magnetismo, los vínculos están polarizados. Siempre que se busque la proximidad con una persona o grupo, hay resistencia al contacto o cercanía con los demás. El niño resistirá especialmente a aquellos a los que perciba como una competencia frente a aquellos cuya vinculación busca activamente. Cuando un joven se vuelve orientado a los iguales, esa competencia son los padres y demás adultos encargados de la crianza.

No atemperado

Por no atemperado se entiende no mezclado o no mitigado, parcial. No estar atemperado es carecer de todo sentido de diálogo interno, conflicto o discordia en la conciencia. El signo primario de inmadurez emocional o social es una experiencia y expresión no atemperadas. La persona que no está atemperada carece de sentimientos mezclados respecto de lo que sea. Ver temple.

Oficio de padres

Por oficio de padres entiendo el menester de ejercer la paternidad y maternidad, en el sentido en que lo usaban los antiguos romanos: un deber, cargo o posición especiales que le eran conferidos a una persona. A los romanos, esta encomienda especial les era conferida por el gobierno. Este servicio especial, en el caso de los padres actuales, sólo se lo confiere la vinculación del hijo. Ser padres biológicos, adoptivos o un padrastro o madrastra, no significa automáticamente ser padres en ese sentido —sólo a través de la vinculación del hijo pueden los padres entrar en su oficio de tales y estar equipados para ese servicio.

Orientación

Orientar es poseer los puntos de posicionamiento. Como seres humanos esto supone no sólo obtener un sentido de dónde está uno, sino también de lo que uno es y cuánto importa. También conlleva sacar sentido de cuanto le rodea. Una parte significativa de la orientación es obtener las pistas de cómo ser y qué hacer, de lo que es importante y de lo que se espera de él. En tanto los niños no son capaces todavía de orientarse, se orientan mediante aquellos a los que están vinculados. Los niños orientados a los iguales miran a sus compañeros, no a los adultos, para posicionarse y para recibir pistas de cómo ser, cómo verse a sí mismos, qué valores perseguir.

Poder de ejercer como padres

La gente suele confundir poder con fuerza. Por poder entiendo no la coerción o los castigos, sino la autoridad natural que los padres tienen cuando sus hijos se conectan activamente con ellos y buscan en ellos sus pistas sobre cómo ser, cómo comportarse, qué valores perseguir. En realidad, cuanto más poder tenemos, tanto menos necesitamos recurrir a la fuerza y viceversa.

Predominio

Para facilitar la dependencia, los vínculos automáticamente asignan a una persona una posición de búsqueda de cariño o una postura de dominio que tiende a cuidar de otro. Así ocurre con los seres inmaduros, sean niños o adultos inmaduros. Se espera que los niños se mantengan en una posición de búsqueda con los adultos que cuidan de ellos.

Principio de la inmediatez

Principio de la teoría del aprendizaje que sostiene que para lograr un cambio en el comportamiento se tiene que intervenir de inmediato cuando el niño se desfasa. Este principio derivó de estudios con palomas y ratas.

Proceso de integración

Es la fuerza natural del crecimiento que lleva consigo una mezcla de distintas entidades. En este libro usamos esta frase para referirnos al proceso evolutivo que ocurre a medida que los diferentes elementos de la personalidad se conjuntan creando un todo. Por ejemplo, las emociones hostiles pueden integrarse con sentimientos que las cohíben, como la compasión o la angustia. Esta combinación es la que produce perspectiva, equilibrio, madurez emocional y madurez social. La esencia de la integración, en el reino de lo social, es mezclar sin fusionar o juntarse sin pérdida de la separación; lo cual requiere suficiente diferenciación previa.

Proceso emergente

Se trata de un proceso vital de diferenciación, cuya meta es la viabilidad de un niño como un ser aparte. Se caracteriza por un tipo de energía que impulsa hacia delante y que surge espontáneamente desde dentro del niño en su desarrollo. Dicho proceso se ve incluso en bebés. Es un proceso espontáneo, pero no del todo inevitable, pues depende de la satisfacción de las necesidades de vinculación del niño. El proceso emergente da origen a muchas de las cualidades que consideramos deseables en un joven: sentido de responsabilidad, curiosidad, interés, entendimiento de los límites, respeto por los demás, individualidad y personalidad.

Pueblo de vínculos
La red de vínculos que proporcionan el contexto en el que criar al niño. En las sociedades tradicionales, el pueblo de vínculos se correspondía con el pueblo real donde vivía y se desenvolvía la gente. En nuestra sociedad hemos de crear ese pueblo.

Punto cardinal
Se usa aquí para referirse al punto humano de referencia que se crea por la vinculación y mediante el cual el joven se orienta y toma sus pistas. Todo joven necesita un punto de mira o cardinal.

Reflejo de vinculación
Existen muchos reflejos primitivos de vinculación cuyo propósito es mantener la proximidad a través de los sentidos. El niño que agarra el dedo de su papá o mamá es un ejemplo.

Sentido de agente
La raíz latina de "agente" es "conducir", como en "conducir un carro". Tener un sentido de agente es sentirse como en el asiento del conductor en la vida, un lugar donde aparecen opciones y existen elecciones. Los niños no nacen con un sentido de agente, sino que éste es fruto de un proceso de maduración, de emergencia o de individuación.

Ser enseñable
Ser enseñable es ser receptivo a ser enseñado y sentirse motivado a aprender. El factor de ser enseñable se refiere a aquellos aspectos de la ecuación del aprendizaje que son de carácter psicológico, relacional y emocional. El ser enseñable no es lo mismo que poseer inteligencia. Un niño puede ser muy listo y ser inenseñable, y viceversa.

Síndrome preescolar
Empleo este término para referirme a los rasgos y problemas resultantes de la falta del funcionamiento integrador en los niños. Normales en preescolares, califico estos rasgos y problemas de síndrome preescolar cuando caracterizan a los niños y adolescentes que ya no son preescolares, pero no han superado esa deficiencia evolutiva. En nuestra cultura, la orientación a los iguales es la causa más común de la detención del desarrollo.

Socialización
Es el proceso de encajar en la sociedad. Esto tradicionalmente se ha percibido como un proceso singular, separado y distinto de otros dos procesos evolutivos importantes: vinculación e individuación. Al ver las cosas más de cerca, sin embargo, se advierte que la mayor parte de la socialización ocurre a través de la vinculación y los procesos consiguientes: identificación, emulación, búsqueda de significación, preservación de la proximidad. La vinculación es el primero de estos tres procesos evolutivos; la diferenciación, el segundo. Cuando ambos funcionan bien, la verdadera socialización ocurre espontáneamente.

Temple
Uso el término según su raíz, que significa mezcla. El temperamento es una mezcla de rasgos; la temperatura es una mezcla de calor y frío, etc. Los romanos usaban este término para describir la mezcla apropiada de ingredientes para hacer la arcilla del alfarero. La clave hacia la conducta civilizada y el autocontrol son sentimientos mezclados. Perder el temple habría significado, por tanto, perder la mezcla de impulsos en conflicto y de sentimientos que facilitan el autocontrol.

Vacío de orientación
Debido a que los jóvenes se orientan mediante aquellos a los que están vinculados, se sienten perdidos y desorientados cuando ha desaparecido el sentido de conexión. Este vacío de pistas y significados es intolerable para los jóvenes, lo que los fuerza a buscar una vinculación con alguien o algo, y en nuestra cultura esta vinculación es con los iguales.

Vacío de vínculos
Ausencia de un sentido de contacto o conexión con quienes

deberímos estar vinculados.

Vínculo/vinculación
En términos científicos, 'vínculo' se refiere al impulso o relación caracterizados por la búsqueda o mantenimiento de la proximidad. Proximidad viene del latín 'cercanía'. En su sentido más amplio, el vínculo humano incluye el movimiento hacia una cercanía, del tipo que sea: física, emocional y psicológica.

Vínculos en competencia
Ver Incompatibilidad de los vínculos.

Vínculos de respaldo
Establecer una conexión con alguien, distanciándonos o enajenándonos de otros. En el caso de dos niños, por ejemplo, un modo de vincularse entre sí podría ser el de insultar o menospreciar a un tercer niño.

Vínculos, predominio en
Ver Predominio.

Vulnerable/vulnerabilidad
Ser vulnerable es ser capaz de sentirse herido. Como humanos no sólo podemos sentir nuestras heridas, sino también nuestra vulnerabilidad. El cerebro humano está diseñado para protegernos de un sentido de vulnerabilidad que sea demasiado abrumador. Ver defendido contra la vulnerabilidad.

Los autores

El Dr. GORDON NEUFELD ejerce como psicólogo clínico privado en Vancouver, Canadá, y ha pasado gran parte de su vida profesional ideando teorías para entender el desarrollo infantil. Es conocido por su labor entorno a la agresividad y a la violencia en niños y jóvenes. Se presenta con regularidad en programas de radio y televisión, tanto en Vancouver como a nivel internacional.
Su sitio web es: www.GordonNeufeld.com

El Dr. GABOR MATÉ, canadiense, es médico y autor. Su más reciente libro *When the Body Says No: Understanding the Stress-Disease Connection* [Cuando el cuerpo dice "no": entender la conexión estrés-enfermedad] ha sido un best-seller en Canadá y se ha publicado en muchos idiomas. Actualmente trabaja en una clínica para personas sin hogar y escribe un libro sobre la adicción. El Dr. Maté vive en Vancouver, Canadá.
Su sitio web es: www.drgabormate.com